尼雷尔文选

第四卷

# 自由与解放

*1974~1999*

〔坦桑〕朱利叶斯·尼雷尔 著

谷吉梅 廖雷朝 徐红新 苏章海 译

沐 涛 译校

华东师范大学出版社

"东非历史文化丛书"编委会

主　任：童世骏
副主任：任友群　沐　涛

**委　员**（按姓氏笔画为序）：
　　丁树哲　艾周昌　任友群　李安山　刘鸿武
　　沐　涛　张宏明　俞　斌　洪永红　舒运国
　　童世骏

《尼雷尔文选》（四卷）

总策划：任友群　沐　涛
统稿人：沐　涛　王　磊

# 致 谢

这是尼雷尔总统的第四本演讲集,基金会特别感谢为该书的准备和出版作出过重要贡献的人:贝斯马克·姆旺萨苏博士(Bismark Mwansasu)、安娜·姆旺萨苏夫人( Mrs Anna Mwansasu)、穆兹·盖勒斯·爱贝蒂(Mzee Gallus Abedi)、伊萨·施乌基教授(Issa Shivji)、恩杜古·保罗·索兹格瓦( Ndugu Paul Sozigwa)、约翰逊·茹高耶( Johnson Rugoye)和贝蒂·托利夫人(Betty Tully)。他们都在尼雷尔生命中的某个时期与其关系密切,而且到现在都与尼雷尔基金会保持密切联系。他们都做了许多有益的工作,值得我们称赞和感谢。

最后需要说明两点。第一,该卷中收录的尼雷尔演讲和作品是在他逝世后出版的。因此,对原文没有做修改或编辑。这些演讲和作品是逐字重新整理的,我们在整理这些演讲的过程中,不能排除有些地方的文字和句子可能会有重复,订正一些错误或漏掉的地方,尽量以这种形式编辑并重现这些演讲。

第二,我们决定对这些书进行编号,第四、第五和第六卷,尽管这三卷的内容都是在1974—1999年间发表的。这些与之前尼雷尔在世时出版的三卷(《自由与统一》、《自由与社会主义》、《自由与解放》)构成一套被收集的他的重要演讲。

感谢尼雷尔对我们国家的历史,对我们非洲争取自由的斗争历史所作出的宝贵贡献,以及他那些关于人类平等、社会公正、民主管理、法制、以人为本的发展与和平、世界安全与稳定的哲理、原则和要求。他是一位伟人。感谢他表现出的崇高的博爱和领导典范。

约瑟夫·W.布提库
尼雷尔总统基金会执行董事
2011年8月

# 目 录

前言
1. 泛非运动的过去、现在与将来————1
2. 社会主义既不是一个蓝图也不是一个模式————10
3. 政党和独立后的挑战————14
4. 殖民主义与种族主义:挑战人类交往的基本原则————21
5. 古巴:第三世界革命解放运动的杰出承担者————29
6. 非洲解放运动新年致辞————39
7. 只有非洲统一才能解放非洲————45
8. 合作与加深经济关系是解放的基础————50
9. 继续战斗————54
10. 有关解放的一些问题————63
11. 非洲自由权不可分割————71
12. 坦桑尼亚在南部非洲解放斗争中的立场————74
13. 南部非洲的民族主义————78
14. 坦赞铁路——从一条模仿"中国"的铁路到"我们"的铁路————86
15. 解放之路————94
16. 罗得西亚:在多数人统治确立之前不会独立————102
17. 爱尔兰和争取自由与独立的斗争————107
18. 团结就是力量:合则立,散则落————111
19. 南部非洲发展协调会议——从对南非经济依赖中获得解放的明灯————117
20. 尼日利亚是前线国家的一员————121
21. 独立非洲承继的苦难————126
22. 南非与英联邦————136
23. 自由和正义是持续和平的基础————141

24. 全人类人性的不可分割——145
25. 非洲的彻底解放,非统组织的特别议题——153
26. 非统组织解放委员会未完成的任务——160
27. 南部非洲发展协调会议与南部非洲解放——168
28. 法律必须以正义原则为基础——174
29. 对个人政治生涯中某些见解的反思——176
30. 非洲是一个整体——181
31. 非洲彻底解放是最终目标——185
32. 非洲解放余下的两项必要任务——189
33. 反对南非种族隔离的贸易壁垒——197
34. 向塞雷茨·卡马学习——201
35. 获取政权仅仅是一个开始——204
36. 政党必须为人民服务——210
37. 城市反对种族隔离制大会和反对种族隔离制斗争——220
38. 为更加公平的南北关系而努力——227
39. 为什么必须加强反种族隔离制度的斗争——230
40. 非洲统一组织是非洲唯一的重要力量——237
41. 半奴隶和半自由的世界不适合人们和平相处——241
42. 非洲国家必须合作——247
43. 不得不采取的行动——252
44. 人民自由与国家自由不可分割——258
45. 团结起来,我们将克服万难,取得胜利——263
46. 联合国教科文组织对人类尊严和自由的责任——266
47. 种族隔离制必须彻底消除——271
48. 联合国儿童基金会组织工作必须继续——277
49. 一个正义的非洲:道德与经济——280
50. 非洲统一:非洲统一组织的未竟事业——289
51. 了解当代的非洲:在南南合作中印度所扮演的角色——294
52. 后种族隔离时代,既是对南非的挑战,也是整个非洲的责任——301
53. 领导与管理的变革——305

主要译名对照表————312

# 前　言

朱利叶斯·K.尼雷尔总统被大多数坦桑尼亚人尊称为老师,他起初通过他创建的政党坦盟和后来的革命党发挥影响力,在坦桑尼亚勾勒出一个独一无二的政治和经济发展模式,即关于社会主义和自力更生的《阿鲁沙宣言》,后来在1967年被执政党坦盟所接受。该模式植根于非洲传统文化习俗,努力将非洲传统家庭基本元素中的精华与现代社会的组织架构相结合。他希望在立足于非洲的基础上建设一个现代国家,同时也愿意学习其他国家的经验。在国际社会,尼雷尔总统是第三世界团结起来的倡导者之一。他持之以恒地致力于地区一体化,把它看成是最终实现非洲统一的首要的、必经的阶段。在坦桑尼亚独立以前,他曾有意延缓本国的独立,等待邻国肯尼亚和乌干达的独立,以便这三个东非国家可以作为一个联邦国家而一道独立。但这一想法未能实现,其原因以及后来匆忙成立的东非联邦造成的弊端在今天看来仍然很明显,跟1952年他在苏格兰爱丁堡大学学习时一样。

早在1963年初,在日内瓦粮农组织(FAO)总部"麦克杜格尔纪念讲座"中,他提出需要成立一个"穷国贸易联合会"。从那时起,他坚持不懈地为"世界经济新秩序"这一理念的发展作出贡献,引导着发达国家和发展中国家之间不可避免的交流与联系。在题为"非洲继承的十字架"演讲中,他是这样界定非洲和世界其他发达国家之间的关系的:"非洲的落后、贫穷与其他地区的富裕和技术进步不无关系。世界现存的财富分配模式是非洲独立后继承的十字架。我们关注占世界人口四分之一的人拥有世界收入的五分之四这一现状。通过相关的投资和权势,财富滋生财富,而无权无势,则贫穷滋生贫穷。"根据这个界定,他在1983年的一次演讲中明确宣称,他"已经厌倦了别人告诉我们坦桑尼亚的现状源自我们自己的政策失误、我们自己的无能和我们的过度野心,就是说非洲的现状是非洲人无能、腐败或能力方面普遍不足的结果;还被告知解决的方法就是与国际货币基金组织签订一份协议,尽管协议的内容可能是苛刻的,以及随后推行私人投资"。

他常说世界既是一个整体又不是单一的。作为南方委员会主席,他在《南方委员会报告》中,坚称为建立更加公正的国际体系的斗争巩固了合作,强化了南方国家进行统一行动的决心。他和委员会成员皆持同样的观点:"如果全人类都属于同一个国家,现在的南北分裂将会使它不可避免地成为一个半封建国家,因内部冲突而分裂——少部分先进、繁荣而富强,大部分欠发达、贫穷落后。世界的和平、安全、和谐与发展是不会轻易实现的。"

他发起了南北对话,其行为如同他在争取独立和反殖斗争期间在联合国及其专门机构、英联邦、不结盟运动、77国集团、非洲统一组织和许多其他组织的论坛上一样,显示了他活跃的、创造性的思维,以及他独特的思想和清晰的阐述。对于非洲和第三世界其他国家来说,尼雷尔总统是一位杰出而有远见的领导,他极力倡导集体自立和以人为中心的发展战略。对他而言,南南合作既是一种策略,也是一种努力实现自由与尊严的目标,在与发达而强大的北方打交道时,它强化了目标的巩固和统一。

对非洲、世界其他国家及全人类而言,还有未完成的议题。在该卷以及其他两卷中都清晰地阐述了"自由与解放"和"自由与世界经济新秩序"。正如尼雷尔本人希望的那样,在该卷及其他两卷中表达的观点和思想,能有益于那些对此感兴趣的人以及对人类发展大业有贡献的人。

约瑟夫·W.布提库<br>
尼雷尔总统基金会执行董事

# 1 泛非运动的过去、现在与将来

### 在泛非大会开幕式上的讲话
### 达累斯萨拉姆:1974年6月16日

"如果不能像人一样活着,至少应该像人一样死去。"

我代表坦桑尼亚人民欢迎各位前来参加泛非大会。坦桑尼亚很荣幸有义务和责任作为此次会议的东道主,欢迎从世界各地许多国家远道而来的客人。我们希望每一位客人,无论是与会代表还是列席者,都在这里有宾至如归的感觉。我们也非常希望大家能通力合作,让本次会议服务于人类自由事业。

泛非运动是由前人,尤其是往届泛非大会的领导人和参与者共同打下的基础。过去74年里泛非历史上有很多伟大人物参与到这项工作中来,包括布克·华盛顿、马库斯·加维、华莱士·约翰逊、乔治·帕德莫尔、拉斯·马孔能等,这里不可能一一提及。

然而,如果不提一下威廉·杜波依斯为这项运动所作的特殊贡献,那是不对的。因为他参加了1900年在伦敦召开的第一届泛非大会,会议由特立尼达的律师H.西尔维斯特·威廉姆斯赞助。当时他自己负责筹办并领导所有的泛非大会,包括1945年的那次会议。所有的非洲人及有着非洲血统的人都应该感谢杜波依斯博士。

他不是、也不自认为是一位受欢迎的大众领袖。但是作为一个有思想、有智慧、有组织能力的人,他在本世纪黑人所记录的提高人类尊严的过程中起着重要作用。很遗憾,他的遗孀——雪莉·格拉哈姆·杜波依斯,曾以她自己的名义为该事业作出了很多贡献——已永远地离开了我们。

1974年的这次会议,我们迎来很多1945年会议的参会者。但是让大家都感到遗憾的是乔莫·肯雅塔总统，第五届大会东非事务部的秘书长，不能参加今天的审议。我们非常希望能有机会当面向他道谢。由于这次不可能，我知道此次大会将通过肯尼亚信息部长罗伯特送上我们对肯雅塔总统的问候和感谢。我还想代表大家说，已故的克瓦米·恩克鲁玛仍然活在我们的记忆里，正如我们初识时一样，原因之一是他为1945年大会所作的贡献，二是为他在此后几年里为非洲解放所做的工作。

加纳独立后，已故的恩克鲁玛总统为非洲做过很多事，其中就有1958年在加纳阿克拉召集了全非人民大会组织会议。该组织之后在突尼斯和开罗召开过会议，尽管这些会议限制非洲居民的全体参与，但因为该组织确实包括了南非代表以及有欧洲和印度血统的非洲人，所以仍然很重要。该组织反映了非洲大陆地缘方面的团结，这一政策到发出这次会议邀请时我们仍在奉行。

但是促成往届大会成功举行的不只是那些享有国际声望的人，还有那些来自世界各地鼓励自由和人类平等力量的人们。不管当时看起来他们的作用有多卑小，我们仍然感谢所有非洲以外在往届大会上起着建设性作用的人们。进一步说，我们感谢会议期间那些在自己国家或其他地方一直以实际行动支持我们反殖民主义与反种族主义运动的人们。

作为其后继者，我们不能低估那些工作的规模。因为这正是非洲、撒哈拉南部各国的独立运动开展的基础，也是泛非大会得以建立的基础。更重要的是，这些黑人泛非大会为非洲统一组织打下了基础。是他们首先学会、应用并传授了"统一"这一课。非洲人民听取了这一课；非洲统一组织就是其中的一个成果。非洲统一组织不只是一个黑人组织，而是一个所有肤色人种的组织。

因为这种进步反映了人们为争取自由而斗争的基本的团结精神，因此值得强调。成立泛非大会运动，促进黑人自由和公平。正是因为非洲需要摆脱殖民主义压迫和种族主义，为自由而努力，所以需要非洲包括北非以及其他地区的非黑人统一起来。因此独立后的非洲各国于1963年成立了非洲统一组织；此次泛非大会也因而有非黑人参加，必须关注影响任何肤色的任何人的压迫。

但是泛非大会与往届大会的不同之处，不只在于其代表在地缘上的不同分布。因为直到1957年，非洲大陆只有两个国家既是统治者又是被统治者。这两个国家以及加勒比海黑人统治的主权国家都不能对黑人解放运动起到积极的领导作用，因此大会不得不在非洲以外召开。

因此,正是在欧洲的历届会议上非洲以及非洲人民的公平要求才得以表达。值得注意的是,这些要求总能够被表达出来。这些年来这些要求的格调发生了变化,但是这些要求却从未改变。这既是一种说明,也体现了要做的工作,回忆1900年泛非大会向英国维多利亚女王递交的一份纪念物,反对南非和罗得西亚黑人的待遇。

到了1945年,第五届泛非大会更坦诚地重新表达了这种顾虑。因为这届会议结束了"我们需要非洲黑人的自治权和独立权,至此,在这个世界上,团体和人民可能实现自治,服从于世界必然的统一和联合。"

尽管我们还未实现统一和联合,至少非洲大陆的大部分地区已满足了1945年的独立要求,因此我们现在能够在非洲相会。

而且本次大会与往届大会的最大区别在于我们取得的部分成功。最早的五次大会得以召开,是因为有关心政治的个人在推动和参与。少数参会者背后有商会、政治组织或社会组织的支持。但是世界上黑人的地位太低,以致个人只能在一种情况下成为代表:受苦且有意识的人永远会为相同处境的人代言。

这些人行动起来了,因为他们不再继续毫无反抗地接受世界政治和经济上的统治力量给他们的近乎非人的地位。我们今天能坐在这里,有这么多大会代表代表自己国家的人民,一部分就是赖于他们所做的工作。

因为在座的大部分代表是非洲或加勒比地区各国政府派来的。这些国家之所以存在,是由于个人之前的努力,正如那些成立了大会运动的人们一样。来自非洲的其他代表是国家解放运动代表,其可靠度可以用事实证明:没有人民支持的斗争注定会快速走向灭亡。而且,我们有来自其他受欢迎组织的代表,他们来自那些非洲血统为少数的国家。

此刻,我想说明的是,与过去一样,我相信关心政治的个人和团体参与泛非大会非常重要。因为事实已经很清楚,非洲加勒比地区的政府与其他政府一样都不是天使团。当然,不能说独立非洲已经摆脱泛非大会过去所谴责的压迫和不公正了。

因此所有政府和人民能够听取有责任心和同情心、关心人权和全人类公正的个人和团体的评论,并从中获益多多。本次大会不是对于某些政府的攻击论坛,但是如果大会认识不到新独立的国家与以前的国家同样需要公正的话,大会将是失职的。

关于大会组成的这些事实意味着大会的参与不是以地理位置为基础的,也不是以政府权力现在或可能的成就为基础,更不是以国际经济联系为基础的。我们坐在一起甚至不是因为政治意识。在座的每一位所代表的每一个国家或组织都不会乐意被说成是"社会主义者",不管这个词的意义已变得如何模糊。那么,是什么将我们联系在一起,让我们相会于此次大会呢?

正如我希望我已经说明白的,这个问题的答案在于历史,以及历史遗产与现在的联系。但是对于我们来说,充分理解答案的意义以确保本次大会不会破坏往届泛非大会所服务的解放事业,是很重要的。

因为早期泛非大会的组成是由那些对共同遭遇做出一致反应的人决定的,从运动最初到现在,全非洲以及有着非洲血统的人有一个共同点:仅仅因为出身,被强加的受到隔离和屈辱的经历。他们的肤色成为一个标记,也成为贫穷、屈辱和压迫的根源。

美国及欧洲的民众在1900年的时候已经成为发达、富裕国家的公民,但是那些有着非洲血统的人却不能平等地分享这种进步和富庶。他们过去是、现在仍然是美国人或者西印度人,像栖息在那些土地上的所有移民一样生活,他们的祖先是被作为奴隶带到那些国家的,这是无法改变的事实。确实,这使得种族对他们而言更加重要,因为在奴隶制的作用下,他们祖先的语言、文化和传统等已经与传统撕裂!(然而,尽管如此,连绵不断的先进武器过去常被用来削弱他们的自信。)而且他们所继承的肤色成为实施他们所遭受的隔离以及不公正待遇的原因。

一些个人确实设法冲破由肤色导致的教育障碍,能够分析自己以及与他们共患难的人的处境。他们认识到,尽管他们是美国人或者西印度人,他们对于尊严和自由的要求与其他大陆上人民的地位紧密联系在一起。换句话说,他们自己的经历迫使他们成为国际主义者,关心世界其他地区人类的状况。

而且使他们同胞保持相互联系的非洲,从现代意义上来说,并非一个能激发民族骄傲的、维护平等的大陆。人民争取自由的斗争在对抗技术上更先进的力量时宣告失败,从而生活在不同形式的殖民统治下。其文化与生活方式受到藐视和嘲弄;技术上仍然落后。在其祖先的土地上,他们在政治和经济上位于下层。自由的力量似乎是,也确实是几乎到处陷于混乱或者遭遇一连串失败的打击。组织和个人只在少数地区公开、积极地捍卫非洲人自己管理非洲的权利。

因此，泛非大会为非洲人和非洲血统的人所认可，只有通过宣告所有黑人的人权和尊严，他们才能保卫每一个人的权利。他们都不得不与世界各地那些让黑肤色或非洲祖先在社会、经济和政治上处于劣势的政策和态度作斗争。而且他们都得为非洲人居住的自由国度而斗争。因此肤色成为团结人民的因素，而不是因为民族、政治信仰、宗教和文化的差异而分裂。

泛非运动是为反对种族主义而诞生的。而种族主义仍然存在。种族主义在任何地方都未被彻底消灭。在非洲的大部分地区，种族主义现在被称为是一种国策，无情地强加在占人口大多数的黑人身上。这股邪恶力量催生了泛非运动，它还没有使得类似这次的会议毫不相关。

说得更明白些，我们反对种族思维。但是在任何地方，只要黑人继续因为他们的肤色而受到压迫，不管是过去还是将来，不管身居何处，黑人都会站在一起反对压迫。在此过程中，他们需要得到所有心怀善意的人的支持，过去的经历以及本次大会的组成表明他们会接受这种支持。

尽管种族主义的存在使大会运动成为必需，而且运动本身原来仅限于黑人，我们为尊严而进行的特殊斗争一直是世界范围内人类解放斗争的一个方面。很多非黑人与那些黑人一样积极地投入斗争。

此次会议上很多人是由独立国家政府派来的，那些政府由不同肤色、不同血统的人民组成，受人民支持。这一事实是目前为止反种族主义斗争取得部分胜利的一个例证，也是一种标志。我们现在必须阻止破坏这种进步的行为。

如果我们将自己视为与人类其他种族不同的人，不断地要求维护我们的黑人身份，我们会削弱自己，世界上的种族主义者会是最大的受益者。现在全世界都在为争取人人平等而斗争。压迫并不总是建立在肤色的基础之上。强制性的社会不平等导致的耻辱不只因为他们的肤色。我们学会了反抗压迫，因为我们曾受压迫之苦，所以也期望，非常地期望能全力支持那些为争取自身权利而战的同命运的人们。我们需要别人的支持；我们也愿意向别人提供支持。

历史表明我们帮助别人的能力实际上很有限。但是，相同的历史意味着我们必须对世界上任何地方被压迫者发出的呼声给予积极的响应。尤其是，我们有必要检查一下我们自己，我们怎样利用我们所取得的进步。黑人获得自治权的时候，种族主义者并未停止对他们的敌视；为了他们自己的目的，他们立即攻击黑人统治国家中存在的不公正。但是他们攻击的理由并不充分,只能让他们感觉更加尴尬。

当那些从我们过去的斗争中受益的人们在反对压迫之时,那些一直在反对压迫的黑人有更大的义务去斗争。我们必须审视自己,看一下是不是凡是黑人统治的地方,都在努力地建设一个正义的社会。如果不是这样,当别人指责我们的时候,我们还能保持沉默,继续为我们反对种族主义和压迫的斗争寻求支持吗?

因此在我看来,这次大会的目的是讨论反对各地的种族主义、殖民主义、压迫和剥削的方式方法。我们的讨论会特别提及我们自己过去和现在的经验。但是这些讨论必须在全球为人人平等和民族自决运动的大环境下进行。

尽管这些都还有待去完成,但自1945年以来,我们反对殖民主义、种族主义的斗争已取得巨大进步。政治独立对于非洲和加勒比地区的大部分地方来说已成为事实。殖民主义已淡出生活,进入历史博物馆。现在我们必须认识到殖民主义的终结只意味着肤色基础上压迫的结束,而并非是人类压迫的终结。我们还要反对那些刚刚获得独立的国家的领导人的压迫,无论是针对其他黑人还是针对不同种族人民的压迫。

过去的29年见证了人权运动的巨大进步。人们现在已看清了种族主义,不再将其视为自然法则的一部分。确实,当前激烈的争议本身就预示着一种进步。不断有人加入斗争,受害者不再默认他们被贬低,而且很多人不再愿意仅仅因为自己的肤色不同而受到别人的羞辱!

在经济方面,我们的进步则缓慢得多。确实,在很多国家黑人已经被融入盛行的资本主义制度。他们不再总是因为肤色而被排除在外。而且在非洲和加勒比地区,黑人现在从事各种各样的工作。他们不再仅仅局限于从事低报酬、高强度的工作。

但事实是,在国家内部以及全世界范围内,黑皮肤确实会导致经济上的一种劣势。在美国、加拿大和欧洲地区,黑人的平均收入以及平均雇佣水平都比非黑人低。为了作为一名工人被接受、被看重的斗争还在继续。而且世界上的黑人国家都被列入贫穷国家也是事实。25个世界最贫穷的国家中有16个位于非洲。

然而,经济方面的真正问题不在于肤色。在国家内部和国家之间,这个问题本质上还是由于剥削制度导致的压迫。我们贫穷，一直处于贫穷状态，并非因为我们是黑人；我们仍然贫穷是因为世界贸易和金融体系，不管是否有其他不足，这些都是与肤色无关。这严重影响了整个第三世界。

这意味着为了解决经济问题，非洲大陆内部必须联合起来，与世界其他贫穷国家进行合作。当泛非主义促进这个大陆人民为统一而努力时，它的重要性就体现出来了。如果它导致一个黑人非洲和阿拉伯非洲之间的分裂，那就不幸了。而且如果泛非主义使非洲和加勒比地区试图从其他第三世界国家中孤立出来，或者让其他第三世界国家将非洲和加勒比地区孤立起来，那么它对人类解放而言将是一个巨大的损害。

这些正在被关注。在非洲和加勒比地区，国家之间的经济合作已取得一些进展，而且正继续进行。同时，第三世界国家更广泛的成员正在联合国贸易与发展会议这个专门机构下共同合作，与欧共体及其他必要的中心进行协商。这样，即使在这一领域，为人类平等和尊严而进行的斗争仍在继续，而且正取得初步进展。

换句话说，我们已经在各个领域都取得了进步。但是这些进步应该激励我们继续努力，而不应该让我们沾沾自喜。由于我们要克服的障碍特别巨大，而且除非我们继续前行，否则整个人类的自由与平等就又会退步。除非各地的种族主义被消灭和所有领域的不公受到质疑，我们的成果不仅远远不足，而且也不稳固。

在非洲，南非、纳米比亚、罗得西亚、安哥拉、莫桑比克、几内亚比绍、西属撒哈拉、阿法斯和埃萨斯地区①的自由事业都还未取得胜利。直到几个星期前，至少上边提到的6个地方本来预期能取得独立，却不得不通过更长时间的艰苦的流血斗争去获取胜利，因为在反对强大的、残暴的敌人中，自由战士只能艰难前行。

现在情况仍然是这样。但是自从葡萄牙发生政变之后，对于几内亚比绍、莫桑比克和安哥拉来说又出现了一种新的可能。在这些地方，现在可能不需再延续过去10年里进行的解放战争就会取得独立了。目前我们还不能确定。但是有一些事情我们是很确定的。

---

① 前称法属索马里兰，独立后改称吉布提。——译校注

解放运动需要和平,正如非洲也希望葡萄牙殖民地实现和平一样。我们希望现在能实现那种和平和我们所要求的自由,为此,如果有必要,我们将继续做出牺牲。在解放运动进入斗争的新阶段时,他们需要来自泛非大会的全力支持。

在过去的斗争中他们没有退缩,他们现在也不会。但是他们及其民众有能力判断他们往后该怎么走,他们已遭受了现代战争之苦,而且如果军事斗争继续的话,他们还将继续忍受其苦。如果我们在达累斯萨拉姆这里所说的任何话让他们的任务更加艰巨,那么我们就是在做一件非常可怕的事情。

但是不管葡萄牙殖民地发生什么事情,罗得西亚、纳米比亚和南非会继续进行争取自由的斗争。非洲和加勒比地区的自由国家不会阻止它,即使想阻止也阻止不了。

因为对于这块大陆和整个世界来说,这是最基本的:人性是不可分割的。如果某人默许人们由于肤色或种族而受到屈辱的话,他就不会活得有自尊或者值得别人尊敬。在南非就是这样,白人压迫非白人。在非洲的其他地区和加勒比地区也是如此,权力掌握在非白人的手里。不管这是谁强加的,也不管受害者规模的大小,无论导致恐惧和复仇的情感多么可以理解,种族隔离都是战争、痛苦和失去自由之源。因为不能像人一样地活着,至少应该像人一样死去。

本届大会将讨论影响人们解放的一些问题,有些人由于其黑皮肤和黑人祖先就遭受苦难或者正在遭受痛苦。但是人不会通过奴役其他人而变得自由。因此,大会将讨论影响人类解放的事宜。

这意味着大会议程上有很多涉及地球上大部分地区的压迫和剥削的议题。但是这次大会不是非洲统一组织的会议,也不是不结盟会议,更不是77国集团聚会;否则,那将会是一个严重的错误。相反,我希望我们无论是作为团体成员,还是个人,都将精力集中在那些事情上,不管我们住在何处,我们的宗教或政治信仰是什么,来自哪个国家,都应作出积极的贡献。因为我们不仅仅是通过出身和历史而与非洲相连的人。

我们也是自己国家的公民。我们也是基督教徒或穆斯林、社会主义者、保守主义者、资本家或共产主义者。这些身份比我们的肤色或血统更真实地体现我们自己。我们继承的那些,即使我们希望改变也不可能。而其他的身份则是选择与决定的问题,真正反映了我们作为个体的存在。正是通过我们对正义事业承担责任的方式,我们结成了与我们祖先毫不相关的群体,展现了这次泛非大会的实际意义。

有件事情很重要。如果本届大会发表支持非洲解放运动的声明,它必须要有在未来的数月或数年里付以行动的承诺,在斗争进行过程中要有政治和物质上的支持。如果本届大会认识到第三世界团结的需要,以克服那么多人所遭受的经济上的不公正,也必须通过做工作以达到这一目的。对于结束种族主义的任何要求来说也是如此,必须伴之以个人或集体行动反对任何形式、任何地方的种族主义。

我们的任务很明确。作为世界公民,在人类发展的过程中我们必须竭尽全力。要做到这一点,我们必须摆脱殖民主义和种族隔离带给我们的精神上的影响。我们必须与世界各地的肤色歧视和种族隔离作斗争;我们必须维护、尽可能地促进全世界的人平等分享世界资源的权利。

各位兄弟姐妹,坦桑尼亚人民希望本届大会能为这些目标作出贡献。但愿你们的解放事业能取得巨大成功。

# 2 社会主义既不是一个蓝图也不是一个模式

## 刚果共和国,布拉柴维尔:1974 年 8 月 26 日

"目前只有一种方法能解决我们当前的问题,这个方法就是前进。林火在身后肆虐之时,通往安全的唯一出路就是前行,如果需要的话,还要穿越沼泽地。"

我和我的同事们很高兴有此机会访问刚果共和国,谢谢总统先生代表政府和人民向我们发出的邀请。很明显在这件事情以及其他方面您确实代表了这个国家和这个国家的人民。你们的热情和善意极大地鼓舞了我们,你们跟我们一样相信非洲的统一和合作非常重要。

接待我们的方式证明贵国人民也渴望坦桑尼亚和刚果之间能密切联系、加深理解。我请求您,总统先生,让您的同事,市长先生,为今天下午我们受到的热情欢迎向布拉柴维尔人民转达我同事以及我本人的谢意。

总统先生,我们相信不管非洲国家的意识形态有多么不同,必须扩大非洲内部的合作。地理位置不容忽略;我们非洲大陆要实现和平与进步首先需要邻国之间进行合作。这就是为什么东非和中非各国首先被呼吁召开会议。这被视为一种方式,可以减少邻国之间的争端,增加邻国之间贸易和发展合作的机会。

但是,如果地理因素不可避免地决定经济和社会合作的模式,政治会在国际友谊发展中起很大作用。而且刚果和坦桑尼亚政府、政党都承诺建设社会主义社会。因此两国之间存在真正的友谊和互相学习的基础。

这种友谊的好处,或确切地说对于这种友谊的需要是很明显的,因为我们两国所承担的任务极其艰巨。我们每个国家都正努力将继承的新殖民主义经

济转变成一个服务于我们人民需要的经济。我们正努力将传统的合作体系国有化、现代化，这种体系最初是建立在村庄或氏族的基础之上的。此外，我们在没有产生经济不平等基础上出现的阶级结构的情况下，正努力战胜个人贫困和公共贫困。

做到这些不容易。没有哪一本社会主义的经典著作能解答我们所遇到的问题。其他国家的经验并不总是符合我们的情况。我们不是生活在真空中。过去帝国主义势力一直在剥削我们的人民，掠夺我们的资源，他们现在渴望加大剥削程度，竭力反对我们的社会主义发展。

然而，这些并不会让我们气馁；他们只是向我们提出了更刺激的挑战。因为人们渴望独立和进步，将不可避免地走向社会主义制度和实践。我们能够根据自己的利益管好我们自己，而不是为了世界上富裕地区谋取暴利的人的利益，这没有选择的余地。我们必须要保证我们的资源用于满足广大人民群众的需要而不是少数特权个人的奢侈行为。

我们要么选择社会主义，要么背叛非洲各国人民的自由。我相信非洲所有真正的领导人迟早会明白这一点。像我们一样的国家面临的问题和机遇使我们早一步而不是晚一步认识到非洲强烈愿望的含义。这并非因为我们更高尚或者我们更聪明，而是因为历史很巧合地让我们两个国家即使按照非洲的标准，经济上都很贫穷。因此我们被迫面对资本主义的不足，作为对于我们发展问题的回应。我们已有机会目睹资本主义的不公平为努力发展的贫穷国家所带来的危险。

当然，那是坦桑尼亚的真正情况。独立后数年里，我们没有真正的社会主义计划或目标，只有对人类平等原则的一些模糊的认识。但是过去发生的事已向我们发出了警告——向资本主义发展会发生什么后果的警觉。首先，我们远大的发展计划由于缺少国外资金而失败。其次，一些领导个人富裕了，人民群众却跟以前一样贫穷。然而我们国家的独立是在坦噶尼喀非洲民族联盟的领导下，人民努力的结果，他们希望物质生活能得到提高，同时希望能摆脱外国统治而获得自由。

独立的成果不大，而且掌握在少数人手中，因此这一事实是对他们初衷的一种背叛。如果这种情况持续，我们的统一大业就会遭到破坏。经济发展所需要的合作行动只能在一团怀疑中勉强进行。

幸运的是，在一些坦桑尼亚人义无反顾地投身到资本主义生活方式之前，我们的党意识到了这一点。1967年我们的政党颁布了《阿鲁沙宣言》，明确了社会主义目标，勾画了之后的道路。坦盟政府执行了党的指示。

政府将当时现存的银行、保险公司、批发贸易和类似的其他大型工商企业都收归国有，并且以"领导法规"的立法形式写进了《宣言》。这样设计是为了保证人民领袖一直是人民的公仆，而不是利用手中的权力牺牲人民的利益，谋取个人财富或权力。

从那时起，坦桑尼亚经济的公共领域扩大了。我们还在社会主义原则基础上努力发展农村及教育，在国家发展计划的制订和执行中强调需要人民的参与。

这就是我们已经做到和正努力去做的。我们的目标非常好，计划也很好。但是在很多方面我们缺乏实践。特别是我们没有设法将公共所有、控制和管理权与效率结合起来，而工商企业必须好好服务于人民。

在这些问题上刚果人民共和国有我们需要借鉴的经验。这是我们在贵国逗留几日期间想了解的内容之一。如果你们的经历与我们的类似，愿望与成就之间存在差距，我们可以相互帮助。因为我们的错误可能并不相同。至少，我们可以相互学习在努力解决遇到的问题时什么不能做。

但是要记住，这些行政和管理问题是从过去到将来过渡时期的问题，这一点很重要。社会主义制度不一定是低效的，确实，我们能举出一些向人民提供良好服务的例子。孩子在刚刚学会走路的时候，经常会摔跤。解决的办法就是继续走路，别停下！同样，我们正在社会主义基础上设法找到社会主义的运作方法。我们摔倒的时候，就要站起来重新尝试！我们必须分析任何一个失败的原因，这样第二次、第三次尝试就会吸取前几次的教训。

目前只有一种方法能解决我们当前的问题，这个方法就是前进。林火在身后肆虐之时，通往安全的唯一出路就是前行，如果需要的话，还要穿越沼泽地。只有渡过难关，进入社会主义，才能保卫我们为我们民族所争取的政治自由及人民所需要的经济自由。

在这个阶段，我们需要做三件事情。我们需要人民内部、我们国家内部和非洲各国之间的团结统一。我们需要坚持人类平等和公正的原则。我们需要全心奉献、大公无私的领袖，始终跟人民站在一起——与人民一起努力、一起受苦，还能激励人民继续努力。

我来这里就是想了解你在这些方面的经验。你们的经验以及在朝社会主义目标努力的过程中所取得的进步我们听说得很少。我们自己的经历让我们相信你们会遇到一些问题，而且你们遇到的问题可能会更多。但是，从我所掌握的情况来看，我相信你们不会被你们所遭遇的困难打败，而是将这些困难作为跳板，做出更多的努力。

因此，总统先生，请允许我表达我的希望，希望将两个国家分开的地理上的距离今后不会将我们两国人民和政府分开。过去我们曾经并肩战斗，尤其是通过非洲统一组织进行非洲解放斗争，但是我们需要加强双方之间的联系和相互理解。我们需要这样做，这样我们对于各自所进行的战斗所感受到的同情能得到现实的相互支持。

我希望我们对于贵国的访问能为将来刚果和坦桑尼亚两国之间的此类合作奠定基础。我们可以通过继续合作而彼此帮助，支持仍在为摆脱殖民主义和种族主义、为争取自由而斗争的兄弟国家。我们可以通过交换在通往社会主义过程中的想法和经验而互相帮助。我们可以通过扩大整个非洲大陆的统一和合作这一共同任务而互相帮助，并惠及非洲的其他地区。

# 3 政党和独立后的挑战

## 在人民民族党会议上的讲话
## 牙买加,金斯敦:1974 年 9 月 15 日

> "因为我们都宣称我们大部分人所遭受的贫穷在 20 世纪是不可容忍的。我们都试图在各自的社会进行彻底的变革,本着有助于人类平等和人类尊严的原则组建社会。特别是我们双方都会努力承担起责任,为了一个不论种族,无论黑白,所有人都不再忍受种族偏见的目标而共同努力。"

近来坦桑尼亚和牙买加宪法上的不同似乎导致了一些困惑!贵国有一位作为政府首脑、代表女王执行职责的总督,还有一位总理和两个主要政党领导人,其中一位可能会成为总理,而另一位将会是反对党领导人!在坦桑尼亚,国家元首、政府首脑至少目前是我们唯一政党的领导人,都是同一个人。不好意思,那个人就是我!因此,我首先要说的是我所说的话代表我们的党。我是作为坦盟主席的身份来参加本次会议的;很高兴以这种身份出现在这里,接受贵党领导人代表大家向我发出的邀请,我感到很荣幸。

尽管我相信对于我们双方来说这是第一次出现在对方召开的会议上,但这绝不是我们之间的第一次联系。贵党还是反对党的时候,迈克尔·曼利先生就作为贵党领导人出访过坦桑尼亚,而且,在那之前很久,从 1948 年到 1956 年间以及在 1962 年,我的老朋友杜德利·汤姆普森,现在是贵党的一名领袖,曾经与我们在坦噶尼喀共事。你们肯定能想到汤姆普森先生向我们介绍过贵党。

再往前说得远一点,我作为个人得感谢诺曼·曼利,贵党第一届领导人。我与他从未谋面,但他进行的独立战争鼓舞了我们,当时我们作为来自政治上落后的非洲国家的学生,在英国读书。从那以后我听说过的有关他的消息都没

有减少我对他的尊敬,他为牙买加和加勒比地区的自由作出了巨大贡献。

因此,我带来了坦桑尼亚大陆民族政党——坦盟对本次会议的祝贺不只是一种形式。甚至在坦桑尼亚,我们几乎都忘记了我党的全民代表的是照亮前方道路的民族主义政党。在我们的政党成立之前,贵党和其他此类政党让殖民地独立的理念得到尊重,至少理论上如此。坦噶尼喀能够在牙买加之前就获得"乌呼鲁",是历史的偶然,我们并无特别之处!

同志们,我希望我们之间的这种私交将来能够进一步加深。我相信我们会从合作中获益良多。

这么说,并没有忽视我们是在两个完全不同的政治体制下相互支持、共同合作这一事实。坦盟领导下的共和制是宪法允许的一党执政。而贵党是多党体制下的两个主要政党之一。你们已明确表示无意改变体制。

体制方面的不同不会导致我们之间的冲突或误解。我们双方都受各自国家历史的影响并对这种经历做出回应。如果我们有一样的体制反而会让人觉得奇怪了。牙买加在遭受了300多年英国强加给移民和奴隶的殖民统治后获得了独立。坦桑尼亚历经40年德国人强加给当地四分五裂的土著民殖民统治,以及之后英国在托管协议名义下管辖的一段相似的时期后,获得了独立。

更重要的是,不同的环境下我们两党都致力于民主,根据人民的利益进行治理。我们运作民主的机制必须要适合相关国家。我们对于不同机制的效能可能会有不同的观点。我相信我们双方都有优缺点。但是在反映我们各自民众的意愿方面,重要的是机制的有效性而不是机制本身。

事实上,坦桑尼亚"一党执政"的形成有其历史原因。为了获得独立,1954年成立坦盟,而在其成立之前,国内没有政党。1958及1959年大选期间,殖民政府随后建立了一个竞争党——坦噶尼喀联合党的尝试证明是彻底失败的!该党从此销声匿迹。

一些对坦盟不满的人试图挑战坦盟,但在1960年大选中彻底失败。两次大选中每个选区都选了坦盟的候选人,大部分对手都白白搭上了竞选保证金。在1962年第一次成人大选中,另外一个政党——非洲人国民大会(African National Congress,简称ANC)赢得了3%的选票,但随后也退出了历史舞台。

这样,到1964年,坦盟成为坦噶尼喀的唯一政党。但是,尽管事实上只有一个政党,我们的宪法和实践的基础仍然是多党制,我们的人民也因此充分经历了这两种体制。坦盟的议会候选人通常都无人反对。即使在少数情况下遭到反对,仍然会当选。不管人民如何评价某一个坦盟候选人,他们都不愿意投票反对坦盟,他们最终会选择坦盟的候选人。

因为我们保留了党魁的传统,而我们的议员应该支持政府,议会中的讨论就没什么特别令人关注的了。议会中没有反对党,这有点可笑,而且不太民主。此外,我们努力保持多党体制下所需的政府和政党分离。然而人民希望本地的坦盟委员会起引导和领导作用,而不是听那些带着殖民印记,反对坦盟的政府官员们的话。

要让人民在政府中有发言权,有两种选择。在形式上,可以在国家建立一个人为的、虚假的反对党,或者接受政治现实,改变体制,给人民从两个坦盟候选人中选择一个担任公职的权利。认识到国家统一在建设新国家中的重要作用,我们选择后一种做法。结果就是目前的一党民主体制。

同志们,我没有认为这种体制已解决坦桑尼亚所有的民主问题。尽管文件规定有纠正政党领导不诚实或恶劣做法的机制,实施起来却并不容易。如果民众认为某人没能按他们的意愿行事,可以将其逐出议会。但是村级的政党领导职务未必需要解除或被重新启用,所以很快就会出问题。如果民众或者普通党员有政治上的觉悟,那么就可以利用大量的纠正性机制。但如果他们不愿或由于不知情而不能报告当地政府或党领导的失误,那么在得到纠正以前,情况就会变得很严重。

这种情况在多党体制中不存在。在你们这里,反对党在揭发政府或地方政党活动的错误时,会有既得利益。确实,反对派可能认为因为有"反对义务"而需要反对意见,这样一些有益于国家发展的事就会受到阻碍,仅仅因为其发起者是执政党。

解决这两个问题的方法是相同的。那就是在大众教育中进行党的活动。无论是一党体制还是多党体制下的政党,政治教育都是首要任务。政党必须宣传其政治理念,并告知民众正在实施的党的政策相关的知识。必须深入人心,才能帮助民众了解所提议的政策及推行该政策的原因。必须深入人心才能激励民众为了政党和国家目标热情地合作与工作。

我再重申一下,任何体制下,在任何地方,政党的首要功能都是教育。但是这对一个致力于为了人民群众的利益,彻底改变社会的政党来说是一个特别的挑战。我们不仅要解释推行某种经济或社会政策的原因,还要为新的社会和经济价值观打好基础。

就拿坦桑尼亚来说,我们坚持认为工薪阶层不应受其雇主的剥削,因此坦盟政府要制定一整套法律法规保护工人免受任意的剥削或其他形式的欺骗。但以往工人们是自行保护,以对抗这种行为。他们内部紧密团结,往往抵触能逃避的任何工作,对管理部门或政府的劝诫强烈怀疑。

这种防护性态度不会通过法律条文的改变而改变,然而这种态度若持续下去,会破坏为了人民群众利益而进行的国家发展。因此坦盟的教育目的是让人民群众理解新的社会环境,引导工人在为了国家转型而开展的工作中充满社会主义热情。我还想说,到目前为止,我们这项工作还没有十分成功,因为它并非易事,即使创建了政府的政党在选举中失败,保护性法规也不太可能被废除。

政党的第二个功能是建立并维护人民和政党高层领导之间的双向沟通。除非存在这种双向沟通,否则政党不会领导人民或者对其服务的人民做出回应。但是只有希望不行,这需要一个强大的从村到国家层面的政党组织。

它需要领导的亲民性,以及他们的正直性。它需要政党工作人员的热情;需要积极地认识到政党需要赢得人民的信任和支持;需要倾听人民心声,向人民学习,这意味着总结经验,并在此基础上形成政策;意味着向人民群众解释这些政策,再次听从他们的建议。如果一个政党没有良好的组织,其成员不能扎根于群众,既不能与穷人同甘共苦又不能将教育深入大学课堂,这样的政党是没有未来的。在我看来,这种政党活该没有未来。

因为人民最终不会从外部得到改变,有些事情可能被强加给许多少数族群,如像多数群体能看到有益于国家的儿童入学率或健康法规。但是不管通过的法律从客观上说多么合理,如果不能得到人民的同意就是浪费时间,至少在现代社会是如此。如果人民不相信这个社会需要变革,他们不相信你或你的变革理由,你当然无法改变社会。

只有通过人民并依赖人民工作,才能让一个民主政党在实现目标的道路上取得进步。在决策和政策实施方面,如果没有热心的政党工作者通过政党机制组成强大的组织,政党将一事无成。对于像你们这样的进步政党的政策功能是一个固有的问题,这一点尤为重要。

政党需要设立清晰的、毫不含糊的目标。这样政党本身就不会完全陷入组织任务及获得选票中,以致忽视所有活动的目标。这一点很重要,因为目标的解释会为政党的支持者提供动机和鼓舞。其重要性也在于明确活动方向的同时提供了成就的衡量标准。

因此政党需要陈述其目标,然后教育组织人民,获取人民信任,以达到这些目标,或完成作为短期目标而进行的临时性步骤。像你们一样,我们党获得支持并组成了政府。不管政党决策层和新政府的体制关系如何,一个新问题出现了。

因为愿望与成就之间总是存在差距。在现有的情况下,决定要做什么事比找出做这件事的最好方法、实施政策及保证政策的结果恰如所期望的要容易得多,也快得多!除非政党的教育工作已做得相当好,或者特别好,除非与人民群众有密切相连的关系,才能理解所有出现的问题,否则人民群众、基层党员或具有同情心的旁观者可能会疑虑重重,大失所望。

他们会指出目标和现实之间的差距,他们会指出你说你想要做的和你实际取得的进展之间的不同。随后如果出现困难,即使是我们无法控制的困难,党员都会失去热情,人民群众会大失所望,对新的挑战不再做出回应。

我们坦桑尼亚就是一个在愿望和现实成就之间存在巨大差距的例子。我们的政策很好,坦盟表达得很清楚,所以在1967年,人民热情非常高,我们国家也赢得了良好的国际声誉。现在来坦桑尼亚参观的人以为他们来到了一个社会主义国家,人们在平等的基础上联合起来,过得有尊严,生活富足。但是这些参观者和同志们很快就失望了。我们的声誉与事实极不相符。声誉是建立在目标之上的,而不是建立在已取得的成就之上的。

我们政策的最基本方面是对平等的诉求。但是,我们还没有达到!即使在缴纳直接税费以后,坦桑尼亚还是有人拥有12倍于其他工薪阶层的可支配收入。确实,比起独立时我们所继承的状况,我们已经有了很大的改进,当时首席秘书比一个经理的收入高50倍,而坦盟认为我们应该为目前所看到的变化而感到自豪。但是,这几乎不能被称为平等。此外,工人之间的不平等还不是关键问题,大部分农民的收入比工人的最低工资还低得多。

我们的教育政策享有盛誉,在国际会议上得到过表扬。但是想到45%的适龄儿童甚至连小学都上不了,我们觉得很不舒服。而政策号召学校变成"自立社",减少他们的花费。"自立社"规定除了教师工资和基本教育设施的配备以外，学校的所有开销应该通过孩子和老师在学校农场或工作室进行的生产性活动获得。政策是这么制定的。但我认为全国没有一所小学或者中学达到这个目标！

很多寄宿制学校的膳食及教育机构运转所需要的所有其他花销仍然完全依靠政府补贴。很多学校连运动设备都配置不起。

乌贾马村非常有名，但是我们的新村不多，而且没有多少新村在合作的基础上进行生产性工作。撇开名字不谈，大部分新村更像普通"村子"，而非"乌贾马村"。

我们谈到人民有权享用基本的健康设施。但是有大约20%的民众仍然居住在离健康设施10公里以外的地方。婴儿死亡率还有16%。坦桑尼亚人均寿命只有41岁。疟疾、结核等常见疾病仍很流行。

我们已实施党的决策，将所有重要的生产和交换方式都收归公有。我们从这种转变中收获了很多。但是我们还没能保证群众从公有设施或合作企业中获得良好、高效的服务。我们还没能让这些机构的所有工人清楚他们应当对向他们支付薪水的人负责，他们应该为谁而工作。

还有，坦桑尼亚在总体发展方面以节约和朴素而出名。但是即便是这种声誉，也是更多地建立在目标而非实际成就之上的。审视我们的消费习惯，会发现坦桑尼亚仍然在努力模仿富裕国家，装成世界上最富裕，而不是最贫穷的国家之一！

我们还以非种族主义社会而出名。确实，我们正努力建设一个非种族主义社会，但在实际过程中若说我们是完全的非种族主义社会是不真实的。即使在这一根本的主题方面，我们的行动仍然远远落后于我们的既定目标。

领导规范本身有意确保处于领导地位的人与他们承诺要服务的人在经济上是平等的。但是规范本身在精神方面并未一直得到遵守。有时有些领导会发现一些政策漏洞，并且在成为丑闻之前利用这些漏洞，我们又要实施新一轮的政策。

事实上，对于坦桑尼亚政策与成就之间的差距我可以一直说下去。从某种程度上来说，这种差距是不可避免的。一致目标的实施总是个过程。我们也相信很多失败是因为在贫穷不发达的情况下，目标过高而不可避免。有些是过渡时期的问题，是那些在资本主义范式下成长、受教育的人一起努力实施社会主义政策时遇到的。有些问题是由于缺少经验以及在特别困难的条件下做新的事情产生的。

但事实就是如此。政策、目标和我们目前取得的成就之间差距很大。大学生很清楚这种差距。比较激进的学生对政府失去耐心,会指控任何一个当权的人,进行严厉的指责。还有些人变得愤世嫉俗。一些普通工人由于坦桑尼亚政府辜负了他们的厚望而攻击政府。这种时候人们通常会忘记所取得的伟大进步。

这样,我认为坦盟和贵党现在有三重任务。要保持我们对于未来的憧憬,鼓励民众尽力去实现,为了未来,牺牲现在;要继续努力培养能够胜任此任务的领导,一个全心全意为人民服务的领导;也要向人民解释目前存在的问题、任务以及不能立刻完成任务的原因。换句话说,坦盟和贵党需要承担起此重任以及履行领导职责的重任。

在缺少有组织的反对党的坦桑尼亚,这是够困难的任务。而在牙买加更加不易,因为贵党是在多党体制下执政。

然而,在我们两党从事的工作中,它们是隐而不露的。因为我们都宣称我们大部分人所遭受的贫穷在 20 世纪是不可容忍的。我们都试图在各自的社会进行彻底的变革,本着有助于人类平等和人类尊严的原则组建社会。特别是我们双方都会努力承担起责任,为了一个不论种族,无论黑白,所有人都不再忍受种族偏见的目标而共同努力。因此,我们承担起不分公民种族,建设自己国家的重任。

这些对于我们来说都是原则性问题。它们是我们行动的目的,也是我们政党存在的原因。而且无论我们目前离目标还有多远,双方都在朝正确的方向前进。如果我们不丧失勇气,在面对不可避免的困难时做出更多努力,我们的事业最终会取得胜利。

同志们,我希望在将来的工作中,我们两党加强联系,加深我们之间的友谊。我们只能在不同的环境下从彼此的经验中相互学习。因为我们有一个共同的目标:把我们两国政府建设成为有益于全人类发展、公正和尊严的民主政府。

# 4 殖民主义与种族主义：挑战人类交往的基本原则

## 对牙买加国事访问期间在议会联席会上的演讲
## 牙买加,金斯敦:1974年9月17日

"殖民主义和种族主义都否定人性。而且这种否定不是建立在人类美德、智力或体力的差异上。……但是种族主义与殖民主义建立的基础是上帝决定论——种族和肤色决定人性的程度,以及在社会中的权利与义务。"

女士们先生们,今天被邀请在议会联席会上讲话,我感到很荣幸,在此表示感谢。但是我相信你们已经做得更多；你们已表示渴望与我所代表的坦桑尼亚共和国建立友谊和密切的关系。

首先,我想告诉你们,我国政府和人民热诚接受贵国的愿望。我不是坦桑尼亚立法委员。宪法只允许我履行我今天在这里所履行的职责:发表演讲,然后离开！然而,我明白我从坦桑尼亚联合共和国带到牙买加的问候,受到了坦桑尼亚议会和全体坦桑尼亚人民的支持。我们都希望通过尊敬的议会议员,能够将我们的美好愿望和友邦之情传达给全体牙买加人民。

议长先生,此刻请允许我个人感谢贵岛人民让我和同事到达牙买加后在各地受到热情款待,感到无比温暖。我们知道无论是在公开场合还是在私下里,我们都不配得到如此多的赞扬。我只能通过您,议长先生,向热情欢迎我们的牙买加人民表示感谢。

很遗憾我们在此逗留期间,天公不作美,我们无法像预期的那样了解更多关于贵国与贵国人民的信息。但是我保证一回到坦桑尼亚,我们就会着手做两件事情。第一件是向我们的人民说明牙买加与我们国家的伟大友谊。第二件是尽力通过我们的行动做到贵国溢美之词中所提到的一切。

不过，就在本次来访之前，坦桑尼亚人民非常满意我国和牙买加之间快速发展的合作，尤其是近几年的发展。到目前为止，这种合作确实大部分都是在多国会议上表达的。于是，在此基础上，双边联系迅速得以建立。

我相信，而且也希望将来会发展得更快。1962年以来，我们两国的代表在英联邦政府首脑和部长级会议上多次会晤。在这些会议上，尽管我们两国之间存在差距，在人口和历史方面都存在差异，我们还是逐步发现了共同利益。我们还在不结盟国家会议上会晤。只是在该组织的上届会议之后，我们才有幸接待贵国总理到坦桑尼亚进行短暂访问。

牙买加和坦桑尼亚两国之间的国际合作有很多具体实例，我只提其中的两个。但这两个非常重要。第一个就是加勒比、太平洋及非洲国家在和欧洲经济共同体谈判中的共同立场。我们44个国家的联合说明了其价值所在。我们第一次不做俾格米人①，没有向国际巨头恳求让步。我们是真正的谈判者。

确实，我们仍然是贫穷国家，在与富国对话。但是我们站在一起，作为一个整体讲话，意味着我们不能离开彼此而开展活动。我们所取得的任何进步都是富裕国家做出的让步，而不是以牺牲另外一个贫穷国家得到的。当然，这些谈判仍在进行。如果我们一如既往地保持联合，我们会集体获胜。

我想提的第二个例子是牙买加自愿参加南部非洲的解放斗争。牙买加不是非洲统一组织，一个区域性组织的成员国。但是通过向非统组织的解放基金进行捐助，贵国在支持人类解放和人类平等方面展示了国际团结。我们坦桑尼亚非常感谢。

坦桑尼亚的这种感激是发自内心的。坦桑尼亚密切地卷入到非洲争取自由的斗争中。莫桑比克及其他南部非洲国家自由战士的命运与我们息息相关。地理位置不允许我们保持中立。我们无法摆脱反对殖民主义、反对种族主义的持续斗争。在南部非洲取得胜利之前，坦桑尼亚的村庄和城镇会继续受到地雷、炸弹和绑架的威胁。我们国土上仍然会飞满南非的飞机。

但是，这并不是坦桑尼亚安全的真正威胁，也不是赞比亚、博茨瓦纳、莱索托和斯威士兰的更大威胁，它使得南部非洲的状况与世界其他国家，紧密相连。事实上南非和罗得西亚不只是暴政国家，就像数月前的葡萄牙法西斯一样。世

---

① 世界上最矮的人种，生活在非洲中部。——译校注

界上有很多推行暴政,实行压迫的国家。我们不喜欢它们,但不能阻止在一定程度上与它们进行贸易往来或国际合作。

现行的南部非洲政权违背所有人性及文明国家,反对它是必要的,因为其持续存在是对人类交往基本原则的挑战。殖民主义和种族主义都否定人性。而且这种否定不是建立在人类美德、智力或体力的差异上。有人认为这些差异及其内容不危及人类进步,但是种族主义与殖民主义建立的基础是上帝决定论——种族和肤色决定人性的程度,以及在社会中的权利与义务。

在牙买加,我想这一点我无需多言。你们与别人一样非常了解殖民主义。你们遭受了 300 年的殖民主义,而且可能还未克服其心理和经济上的影响。但是牙买加像坦桑尼亚一样和平取得政治独立,因为我们的殖民宗主国试图在宣称自由原则的时候维持其势力。葡萄牙从未这样做。直到今年四月份,葡萄牙甚至在理论上仍然坚持否认殖民地自由的权利。事实上,葡萄牙宣称已没有殖民地,而非洲的那片地区只是欧洲大陆不可分割的一部分。为获取非洲人自由的和平努力被当作叛国行为,受到无情的惩罚。

这种局面现在已发生变化。几内亚比绍、安哥拉和莫桑比克人民改变了这种状况。是他们为自由自愿战斗,去牺牲,使得情况发生了改变;是他们成功地耗尽了葡萄牙的人力和财力资源,才使得情况发生了改变,尽管葡萄牙想竭力维系其帝国。

但代价是高昂的。十多年来,莫桑比克人民在解放阵线的领导下为反抗殖民统治进行着艰苦的游击战。几内亚比绍和佛得角非洲独立党与安哥拉人民解放运动在各自国家的战斗时间更长。人们在空袭、汽油弹爆炸和直升机袭击中丧命。由于殖民主义者竭力阻止村民们支持自由的斗争,他们在还未摆脱葡萄牙控制的地区被屠杀。

但是,尽管有这些苦难,斗争还在持续。逐渐地,三个殖民地中的大部分地区都被人民运动有效控制。葡萄牙武装力量最终意识到他们的行为是无效的、非正义的,他们正在为邪恶事业献出生命!

现在,军队在推翻法西斯掌握政权之后,葡萄牙承认了几内亚比绍的独立。这个国家在一周左右会被纳入联合国。莫桑比克几天之后就会成立解放阵线领导和管理的临时政府。9 个月之后,在 1975 年 6 月 25 日,坦桑尼亚的这个邻国就会取得完全独立。将权力移交给安哥拉人民的谈判也将很快进行。

这些进展是过去十年里所有苦难和努力的回报。它们意味着人类平等和民族自决事业的胜利。而且这个胜利不只意味着这三个直接相关的国家人民的利益。这是他们的胜利，也是全世界的胜利。它意味着人类的民主和正义事业取得了进步。

此时，几内亚比绍政府以及莫桑比克和安哥拉的解放运动跟过去一样需要我们的支持。唇亡齿寒。葡萄牙政府已经承认失败。但是那些从法西斯殖民主义获益的人可能会试图篡夺人民的权力，他们还会从南部非洲其他未获自由的国家那里获得支持。

即使在葡萄牙殖民地最终取得胜利时，南部非洲的斗争仍在继续。南非早已是独立国家，也是联合国成员国。但是，它同时也是种族主义的大本营。其统治者坚信：除了白人、黑人、棕色人种以及那些祖先是不同肤色的、他们称之为"有色人种"的人外，没有其他人。在南非，这种区别非常重要，一个人的肤色决定了其命运及其整个人生。

在南非，每人都有一张身份证和一个注册号，说明其种族，如果有疑问，由裁判委员会决定其种族。然后，工作会根据种族进行分类，收入也根据种族确定。居住区，土地权，经营权，进入某个学校、医院、教堂的权利，所有这些都由种族决定。

这种规定不只是错误的，而且是邪恶的。即使国家资源的分配与不同种族的数量按比例划分，这种原则也是错误的，种族分类与种族的优劣没有任何联系。这种原则是邪恶的，原因在于它试图把人与人分开，否认人们之间作为地球上平等的居民相互联系的权利。

但事实上，整个南非的种族隔离制度是一种压迫手段。一种少数统治者保持对多数人统治的手段，维护自己从殖民政府遗留下来的特权地位。

在这一点上毫无争议。南非所有的法律条文和统计数据让这些事实十分清楚。"白人"只占南非人口总数的17.5%，而其收入则占总收入的73.4%。被白人称为"班图人"的非洲人占人口总数的70.2%，他们的总收入只占19.8%！每年有72英镑用于一个白人孩子的教育，而用在一个非洲学生身上的钱只有6.5英镑，而且很多非洲孩子根本没有学可上！

这个国家被分为白人的土地和土著保护区——现在被称为"班图斯坦"。只有土地总数的13.5%被分配给非洲人。其他的，当然包括所有已知的矿区都是留给白人的！所谓的亚洲人和有色人种没有土地，在一些城市地区专门划出一些地方作为他们的住所。如果在分配土地之前不住在那里，他们也会像非洲人一样大量搬出这个地方。当然，很多非洲人住在"班图斯坦"以外的地方，可能更多的人住在"班图斯坦"内。他们如果有工作的话，经过政府批准可以住在那里，如果他们失业，就会被遣送到他们过去从来没有到过的地方，那里的生活难以为继。

这种体制意味着将一个人与家庭、母亲与孩子强制性隔离，而这一点在南非政府看来根本不重要。因此也就出现这样的现象，仅仅在约翰内斯堡的一个镇，每天就有600名非洲人因为违反《通行法》而被捕，一般会被判监禁。在南非每年有250多万非洲人被捕，大都是因为触犯了《通行法》。南非还保持着官方执行死刑的世界纪录！

我还能继续举出这样的例子。这件事的本质是：南非除了名字，在其他各个方面都是一个奴隶国家。如果你是黑人，你得住在允许你住的地方，在政府允许你工作的地方工作。大多数黑人几乎没有收入，极少数的黑人收入还可以，但总是比白人得到的薪水低。

你会没有公民权：没有选举权，没有被选举权，没有组织工会的权利。你会因为违反任何用来维持其顺从的法律而受到严厉惩罚。如果你想改变任何法律，很可能会不经宣判就被拘留，或者被控犯有共产主义罪。对此的宣判可以直至终身监禁，就是这么规定的。

另一方面，如果你是白人，你会经济上富有。你的孩子会有受教育权，享受好的医疗服务，有足够的仆人服侍你，如果一个能力比你强的人不是白人，不必担心他会抢了你的饭碗。

当然，如果你是白人，这种制度的不公伤害了你，你会发现"公正是不可分割的"这句话的真实含义。你不仅会受到邻居朋友的排斥，还会发现自己肯定会根据《反共产主义法》被拘留、被迫害。但是拘留的地方会与非洲人及其他非白人不一样，你会被关在一所独立的监狱里！

这些事情与坦桑尼亚或者牙买加不是没有关系。两个国家的公民都有着不同的肤色，属于不同的种族。我们两国都承诺要建立一个人人享有平等的权利和义务的社会，保护通过自己的工作和努力得来的报酬。我们都还未达到这个目标。在此之前，我们得克服一些遗留下来的经济问题及对待殖民主义的态度问题。但是除非全世界范围内消灭种族主义，否则我们永远不会达到我们的目标。

南非政府的官方条文宣称，如果一个人有黑人血统，或者有部分黑人血统，他就不是享受完整权利的人。而且，如果他是白人，那么就被剥夺了与其他人同等行动的机会。然而，人类在跨越地图上的赤道时，未经历根本的变化。我们与南非政府争论的是南非黑人和白人之间的关系。这是种族主义向我们展示的真正含义。事实上，我们争论的是人类的未来。目前南非问题的关键甚至都不是少数族裔是压迫者的问题。无论谁、为了什么理由，种族主义都同样糟糕。

南非国内的斗争及与南非的斗争就是想让所有人拥有人的权利，有权根据人的个人能力与品质对社会作出贡献。无论出身是什么，无论不同的文化对世界发展作出的贡献如何不同，所有人都有权自由平等地居住在一起共同工作。这场斗争不能局限在某一个国家或某一个大陆。种族平等原则要么到处有效，要么处处无效。种族不平等原则同样要么全世界有效，要么对每个社会而言都是危险。

地理上，坦桑尼亚是最接近种族主义大本营的独立国家，其殖民行径已扩展至罗得西亚和纳米比亚。这只是历史的偶然。我们只是碰巧遇到了恶劣的种族主义行径，1939—1945年间很多牙买加人参加了反对种族主义的斗争，当时他们在从事反纳粹主义的战争。依目前的情形，我们坦桑尼亚和牙买加无需派我们的儿女去用枪或者飞机参加战斗。

我们要做两件独立而又相互联系的事情。一件是根除我们国家的种族主义，消灭肤色歧视及与其相关的一切。另一件是向仍在自己家园遭遇而且仍会遭遇敌人的南部非洲人民提供积极而实际的支持。

我是首次访问牙买加。但是，很明显稍有知识的人都知道贵国人民的祖先可以追溯到世界许多不同地区：欧洲、非洲、亚洲。你们的民族口号"一个民族，来自八方"说明了你们的过去和未来。

然而过去和未来将大家直接卷入我所谈论的冲突。坦桑尼亚的大多数人，大约98%的人，通过反对种族主义对南非种族主义做出回应。他们可以宣布黑人的优越性。这同样是邪恶的，对世界和平与发展而言同样是毁灭性的。但是他们可以这样做，仍然是一个国家。加勒比地区的国家则不能这么做。在任何反对种族主义的斗争中,你们自然会参与,因为接受种族主义不仅会把牙买加人分裂开来,还会使很多牙买加人尽力否认自己的某一方面或者祖先的某一方面。

在国际舞台上,牙买加已持续不断地表明了自己的政治主场。从刚才你们承诺要对解放运动作出的贡献中也可以明显看出来。但是我请求你们,贵国的人民,请继续甚至加强在这方面对非洲的支持。我们需要你们的国际支持。我相信非洲也需要你们保护其不受逆向的种族主义和以种族为基础的仇外情绪的威胁。

斗争将长期进行。葡萄牙领地独立的时候,罗得西亚和纳米比亚必须从种族主义者的控制中脱离出来。然后南非,这个在国防方面花费比整个坦桑尼亚的预算都高的国家必须赢得自由和公正。

在这项工作以及在国际经济公正问题方面,我们两国彼此需要。牙买加,这个由殖民主义者的蓄意行动所分离的国家,需要多了解非洲。坦桑尼亚需要多了解牙买加、其发展以及过去在各个方面团结在一起的方式。

我相信我本次访问的结果之一会是增加联系,这是必要的,对两国人民而言是有益的,原因是两国政府有相似的目标。在不同的环境下,以不同的方式,我们为了这个星球上的所有人,为了更美好的世界而作出了各自的贡献。

我和总理在过去几天里,在以往的会议上,或通过信件,一直在讨论这些事情。在《原则联合声明》里,我们努力总结那些激励我们进行政治活动、我们都为之而努力的信念。

这些原则一点都不陌生。所有的以前都听过,或者以更响亮的语言陈述过。但是我相信再次陈述也并非多余。

因为这些原则很难实现,我知道,我们坦桑尼亚当前的压力允许我们有时远离这些原则。我们需要提醒自己,提醒那些选我们党代表的人民,我们活动的基本目的和目标是什么。只有这样我们才能根据真正的标准评价自己,被人民评价。但是我希望不管在不同时期我们离目标有多远,我们已在宣言里说明,坦桑尼亚人民、牙买加人民会一致认为这些原则为真正的人类发展和社会进步提供了基础。

正是我与贵国总理个人之间的友谊、志趣相投及钦佩,使我们共同制定了这个《原则联合声明》。但是,我认为《声明》不只是个人的事。我相信,当然也希望我们两国的大多数人能够而且愿意为了自己而接受这些原则。这些原则必须付诸实施,制成国家行动指导方针。我们需要通过未来数周、数月甚至数年的共同努力与合作使其变成现实。

我相信我能让坦桑尼亚人民在此过程中起到积极作用,而且我也可以使他们增加牙买加和坦桑尼亚联合共和国之间的相互理解与合作。

# 5 古巴：第三世界革命解放运动的杰出承担者

## 对古巴进行国事访问时在群众集会上的讲话
## 古巴，哈瓦那：1974年9月21日

> "古巴为第三世界国家树立了自力更生和独立自主的好榜样。古巴向全世界展示了一个有决心的民族所能取得的成就。我相信有古巴的参与，第三世界国家的联合可以达到一个新水平。因此，联合起来，我们可以摆脱剥削、贫困和控制，获得新的、更高程度的自由！"

首先，感谢古巴所有人民在我们所到之处对我本人和我的同事们的访问所表示的欢迎。在哈瓦那，在农村，在圣地亚哥，以及今天的这个场合，我们处处都能感受到友谊与热情。我们不配得到这个革命国家如此的欢迎。我们只是才开始为社会主义奠定基础。

但是我们接受你们的欢迎，并会将这种精神发扬光大。我们将其视为友谊及鼓励的象征。因为你们告诉我们尽管革命不容易，但是那些闹革命的人不一定冷酷无情或令人难堪。在街道上、学校里，欢迎我们的古巴人民一点也不冷漠或令人难堪；我们看到了成千上万的古巴人！

我们将记住这些。我们回国后要把这些场景告诉我们的同胞。所以，再次感谢大家的盛情。我们很高兴来到这里。

我们向勇敢的古巴人民送上坦桑尼亚联合共和国全体人民的真诚问候。坦桑尼亚以志同道合和羡慕的眼光见证了你们的社会主义进步。古巴总理，菲德尔·卡斯特罗是你们、也是我们心目中的英雄，他是整个第三世界国家的自由斗争英雄。

贵国有着悠久的为自由而战的传统。你们上次进行反抗西班牙殖民主

义的战争时,坦桑尼亚人民仍在努力抵抗德国的最初占领。1905年马及马及战争中,我们最后为了自由做孤注一掷的尝试时,古巴早已有了自己的总统和国旗,理论上来说已经是一个独立国家了。古巴人民推翻了传统的殖民统治。

当时,我们坦桑尼亚人民对拉丁美洲所发生的一切一无所知。1905年,我们国家没有人听说过古巴。但是现在这个国家在非洲无人不知。整个非洲大陆都了解了古巴为自由所表现出的决心。你们的声誉就展现在你们面前,激励着我们为了彻底的自由而继续努力。

然而非洲的很大一部分地区仍然在遭受殖民主义束缚和万恶的种族主义之苦,需要取得独立的非洲国家还很多。西属撒哈拉、所谓的法国索马里兰(吉布提)、科摩罗群岛、安哥拉、莫桑比克、罗得西亚、纳米比亚及南非,在这些地方,斗争仍在进行,而且还将继续。反对殖民主义的斗争在这些地区是头等大事。

所有的非洲国家都认同这是头等大事。我们各国实行的是不同的意识形态和政治体系。但是我们因自由而联合。而且在自由方面全世界人民都支持我们。我们很重视这种支持。现在,我想说,古巴人民,感谢你们持续给非洲自由斗争以支持。

在为经济独立进行的斗争中,你们并未得到你们应该得到的支持。但是你们从未因此而削弱你们在其他地方对自由斗争的支持。无论是政治上的斗争还是军事上的斗争,反殖民主义者知道,他们在必要的时候,可以仰仗古巴的支持和协助。我们坦桑尼亚人为你们对我们的共同事业所作出的贡献表示敬意。

但是,斗争仍在进行。为了让英国帮助非洲大多数人通过和平手段获取独立,我们已做出了很多尝试。但是这些尝试都失败了。

罗得西亚人民已认识到这一基本事实。他们需要为自己争取自由。无论是在内部还是在外部,无论是政治上还是军事上,他们已开始为自由权和人类尊严而斗争。斗争是联合起来进行的。游击队战士正在罗得西亚国内进行斗争。他们赢得了大众的积极支持。而且伊恩·史密斯及其种族主义支持者正越来越绝望。他们不能再对自己或对别人假装他们的统治是稳固的了。相反,他们已走投无路。他们正面临着为了特权阶层的生存而挣扎。他们很明白这一点!

葡萄牙殖民地的发展是这种觉醒的部分原因。史密斯现在不得不在没有支持的情况下对付罗得西亚自由斗士。

莫桑比克和安哥拉还未独立,但是葡萄牙在非洲的统治已经结束。葡萄牙不能再纵容罗得西亚白人的不肯让步。经过对非洲几百年的占领,葡萄牙帝国主义土崩瓦解。葡萄牙人民已经受够了为帝国主义梦想而斗争。几内亚比绍、安哥拉及莫桑比克是欧洲的一部分这一伪装已经被撕去。

这对于葡萄牙殖民地的人民来说是伟大胜利。他们不想因为自由而丧生,他们想自由地生活。但是他们在通往"乌呼鲁"的道路上别无他法,只好拿起武器。在一个又一个国家,武装斗争开始了:1961年,安哥拉;1962年,几内亚比绍;1964年,莫桑比克……

10多年来,人民都在疲于斗争。这期间,他们遭受着痛苦。受到烈性炸弹和燃烧弹的轰炸,农作物和家园遭到破坏。在战斗的跌宕起伏中,村庄的所有人都遭殖民主义者屠戮。欧洲最落后的国家不顾一切地想维持其帝国,但是最终葡萄牙军队将枪支对准了让他们为非正义送死的法西斯政府!

因此尽管那时候战争不得已仍在继续,非洲自由战士取得的第一个胜利就是将葡萄牙人民从法西斯主义中解放出来,获得自由。一些葡萄牙人试图夺取革命果实,以其他名义维持殖民主义。

他们失败了。几内亚比绍去年宣布独立。葡萄牙现在已承认其独立。本周几内亚比绍成为联合国的一个成员。人民主权普遍得到承认。

莫桑比克人民本月庆祝解放战争爆发10周年。昨天他们成立了由解放阵线领导并控制的临时政府。整整9个月后,1975年6月25日,该国将成为独立国家。莫桑比克的殖民主义宣告终结。

安哥拉很快会向这些榜样学习。各个民族主义运动派别现在都感受到联合的需要。其他的也会随之而来。如果安哥拉人民不能很快获得"乌呼鲁",原因会是他们被其领导人出卖。我相信他们不会遭到背叛的。

这些伟大的胜利主要是三个国家人民的成就。几内亚和佛得角非洲人独立党、解放阵线、安哥拉人民解放运动,这些民族主义运动带领人们走过殖民主义最后的痛苦。人民成立了这些组织。他们领导了这些运动。人民追随着这些组织,而且人民胜利了。

很多人没能活着看到这一天。非洲两位最伟大的领袖在这些斗争中被害:

爱德华多·蒙德拉纳①和阿米尔卡·卡布拉尔②。这两个名字受全世界尊重，因为他们为民族主义运动打下了如此牢固而又坚实的基础，他们的牺牲只是坚定了人们获取自由的决心。今天，让我们向这些被谋杀的领导致敬。与此同时，我们还应记住其他为了同胞能够自由地生活而牺牲的人。

胜利属于那些参与斗争的人，属于那些已逝的人。但是胜利离不开来自本国或本大陆之外人们的帮助。如果没有这些帮助，斗争可能会持续得更久。坦桑尼亚与莫桑比克接壤，我们有责任，也应当首先成为解放阵线的后方基地。

我们有机会作为向安哥拉人民解放运动运输供给的渠道。我们也别无选择。我们得支持这些自由运动，否则就是对我们自己容易得多的自由斗争的背叛。我们没有背叛非洲。我们设法通过我们的地理位置提供所需的支持。

然而，功劳不是我们的，是那些远离战场的人们，他们本来可以站在一边而不管。欧洲和亚洲的社会主义国家，它们本可以无视南非正在进行的斗争。但是它们没有这么做。我们感谢它们对非洲解放所提供的帮助。

古巴有自己的难题。这是一个试图建立社会主义的小国，被世界上迄今为止最强大的资本主义国家所轻视和威胁。你们必须保护自己国家不受蓄意破坏和武装袭击。你们得被迫忍受经济制裁。然而，正是贵国的人民，在菲德尔·卡斯特罗的领导和鼓舞下，向非洲解放运动提供了实际支持。同志们，我们坦桑尼亚向你们致敬，代表非洲自由运动感谢你们。

我们请求你们继续支持几内亚比绍、莫桑比克和安哥拉的自由运动。他们的斗争还在继续。现在，他们得建设自己新的国家，得修复战争留下的创伤。他们得带领人民发展。同时他们得时刻准备着捍卫已取得的自由。安哥拉和莫桑比克还在自由的前线。罗得西亚、纳米比亚和南非获得自由以前，他们是不会安全的。

南非是一个独立国家，一个联合国成员国；这是个世界性的难题。如果不解决这个难题，正义和人类平等事业处处受到威胁。

如果一个人因为肤色是黑色的、棕色的，或者黄色的而在南非被剥夺人权，

---

① 1920—1969，莫桑比克解放阵线创始人、首任主席，1969年初在达累斯萨拉姆的一次邮包爆炸中遇害。——译校注
② 1924—1973，几内亚和佛得角非洲独立党首任总书记，1973年初在几内亚首都科纳克里被暗杀。——译校注

那么人权在任何其他地方也会被剥夺。无论住在哪里，每个人都会被羞辱。如果人类团结在南非遭到威胁，在其他世界各地也会受到威胁。我们必须击败种族隔离，必须推翻南非的种族隔离统治；我们必须帮助种族隔离恶毒教条的直接受害者。

南非人民多年来一直勇敢地进行斗争。他们遭遇了一次又一次失败。但是他们仍在坚持斗争。人民领袖经过或根本未经歪曲的审判就被监禁，不管有没有宣判死刑就被杀害，被折磨，但是仍然有新人拿起自由火炬。自由火炬并未因警察的恐吓而熄灭。

让纳尔逊·曼德拉这样的名字提醒我们，数万南非人受苦只是因为他们相信自由和人类平等。让我们记住无论何种肤色，为正义斗争的所有人。而我们首先得支持他们。就非洲范围而言，南非在军事上和经济上很强大。南非拥有最庞大的军队、最发达的警力，但这些都不能永远反对自由的力量。如果我们联合起来，如果我们有决心，种族主义的堡垒一定会被攻克。

这取决于我们。我们有三个任务。第一个是在我们的土地上与任何形式的种族主义进行斗争。因为如果种族主义之毒感染到我们，我们的事业注定要失败。它会将我们相互之间、人与人之间、国家与国家之间进行分离。通过赞扬黑人种族主义对白人种族主义做出反应，是将胜利果实拱手让给我们的敌人。停止对南非有关肤色的争议吧，我们的事业是人类平等和尊严。因此人类的大团结就是我们的目的，也是我们反对种族主义压迫，取得胜利的武器。

第二，我们可以从外部削弱种族隔离制度。我们可以从国家共同体中宣布南非为非法，我们可以抵制其商品，拒绝向南非出售商品。种族隔离制度的根本目的是维持经济特权和剥削。使用经济和社会武器可以削弱种族隔离政权，可以帮助南非人民在更为平等的条件下与压迫者作斗争。

第三，通过支持纳米比亚的自由削弱南非，因为纳米比亚被南非所占领、压迫和剥削。联合国已决定掌握其管理权，组织一个过渡的权力给人民，但是决定仍然是一纸空文。纳米比亚人民为自由而拿起武器时，西方世界列强在与纳米比亚相关的所有问题上继续与南非交往！他们继续假装西南非洲人民组织并不存在，以联合国纳米比亚特使没有权力为由，拒绝承认其权力！

所有这些任务都需要我们使用现有的所有武器。我们必须在政治上和经济上进行斗争。如果那些国家的人民已做好准备，我们要在军事上帮助他们。

古巴正在这么做。既然我们邻国的自由已确定无疑，我们承诺坦桑尼亚不会放松努力。古巴和坦桑尼亚在这些方面会一如既往地进行联合。

坦桑尼亚是一个非洲国家。因此我们要将精力集中在非洲自由斗争上。但是自由斗争是全世界范围的。非洲已从世界其他地区的人们那里受到很多鼓舞，尤其是正如其他每一个热爱自由的民族一样，我们从越南的斗争中看到并学到了很多。

此前从未见过如此伟大的英雄主义，从未有过如此惨烈的痛苦和毁灭。越南人民已经战斗了30多年。他们的敌人已发生了变化，但是他们要自由的决心从未改变。他们为了独立与日本作战。这些侵略者被归来的法国殖民主义者所代替的时候，越南人在法国统治下为独立而战。法国军队被这小块土地上的人民打败而撤退。

大约一年以后，斗争不得不重新开始，于是战争开始了。越南人民甚至不可思议地打败了美国。美国军队于1973年撤退，但是斗争仍在继续。如果这个又小又穷的国家人民能够打败美国军队，那就没有哪个美国人的傀儡能经受住他们的打击。阮文绍[①]现在继续装腔作势。但是尽管有他和他所领导的腐败政权的顽抗，自由最终会降临整个越南。

这个奸贼的名字很快会被遗忘，而其他一些人的名字会被永远记住。胡志明是越南领导人，现在他属于全世界，因为他和他长期领导的人民继续鼓舞各地的自由斗争。

但是，痛苦是巨大的，而且仍在继续。越南人所遭受的苦难永远不会得到补偿，得到的是他们的自由和我们的自由。然而，让我们至少承认我们是欠他们的，我们要准备好给予他们我们所能尽的微薄之力。古巴一直在这么做。坦桑尼亚已表明立场。我们支持越南的自由斗争，而且我们会继续这么做。

在柬埔寨，人民也在为获得自由而斗争。其领导人被迫遭到流放。但是西哈努克会走在凯旋的人民军队的前面归来。叛逆行为在柬埔寨不会得逞，人民会获得自由。他们会完全光复其领土。

世界斗争中有挫折。我们缅怀那些为自由和正义而进行的斗争中牺牲的人。我们不会忘记切·格瓦拉，我们不会忘记阿连德。我们会尊重其他地方的

---

[①] 1923—2001，前南越政权的将军和总统(1967—1975)。——译校注

数百万为了我们的事业而献出生命的人。人民的胜利就是为他们报仇。而且可以肯定的是,不论经历多久,人民的事业最终会在各国取得胜利。

你们古巴人民已经说明能做什么,要做什么。你们的胜利已融入世界人民历史的一部分。这些胜利推动世界自由与正义的发展。菲德尔·卡斯特罗是古巴领袖,也是世界领袖。

在1959年前这个国家是什么样子呢?当然是一个独立国家,在联合国中有席位。但是那是众所周知的"香蕉共和"。与其说它独立,不如说一个影子独立。其人民遭受双重剥削。他们受到控制他们经济命脉的外国列强的剥削,而且他们还受到独裁者巴蒂斯塔的贪婪的掠夺和剥削,他作为帝国主义主人的代理掌握着权力。大家知道这在生活中意味着什么,在座的有些人会记住。我当时不在这里,但是大家可以告诉我听到的这些是否属实。

1959年以前种种迹象表明古巴极其富有,但是只有极少数人可以享受。大部分人都无衣无食。他们住在破屋子里,失业成为普遍现象。人的生活取决于他们愿不愿意在那些窃取了古巴土地和自然资源的人面前屈服。

我说错了吗?

我相信1959年以前,这片土地上的普通人生病的话,他们大部分会死去或者不医自愈。大学教育对工人的孩子而言是不可能的。很多人从小未接受过教育。商店里满是商品,但是工人和农民买不起。大街上有大汽车,可能会有工作,但上班却连公交车都没有。

我说错了吗?

如果不是因为革命,所有这些甚至更坏的情形仍然会是古巴工人阶级大部分人的现状。你们现在面临困难,可并不奇怪。什么时候能让古巴人民自己和平建设他们的国家呢?

1959年以前,这个国家经济上依赖美国。突然之间,所有的贸易被中断。让他们永远都觉得丢脸的是,连其他贫穷的独立国家都看出了统治者所发起的制裁行为。但是,你们没有被压垮,你们没有放弃革命,没有为主张人权平等而道歉。

因此,有了猪湾事件,你们再一次获胜。侵略者从上来的地方被赶入大海,在新古巴已无立足之地的剥削者也随之一起流亡。一些对建设自由国家缺乏勇气的技术工人也加入进去。我跟大家一起向他们说声"谢天谢地"。

那些不情愿的工人对一个自由的国家来说是无用的。不管他们有什么技术,他们的出现比他们的缺席带来更大的破坏。但是,看看你们从1959年以来一起取得的成就!你们古巴人民可根本还没有意识到你们做过什么,你们把这些看作理所当然的事情。你们可能只注意到那些还没做的事情。墙是一砖一瓦垒起来的,但是每天垒砖的过程无人注意。在我看来,没有几个人能配得上他们的成就。

我和我的同事们刚来贵国,我们在古巴看到了许多我们在坦桑尼亚还只是愿景的成就。我旅行了许多贫穷国家,我告诉你们,他们谁也不能和你们的建设成就相比。

我们在古巴看到了什么?我们看不到什么?现在的古巴,民众的贫穷和痛苦不会被同时存在的奢侈和浪费所嘲笑。多而共享,寡亦共享,直至解决短缺问题。现在的古巴,人们不会在没有工作的情况下堕落,与此同时,工人们不再为资本主义剥削者而拼命卖力。

文盲已彻底消除。每个人都根据社区的需要和个人的能力平等地接受教育。我看过很多古巴建起的学校。所有人有足够的食物,他们的健康状况也比过去好。而且,如果人们生病,每个人都享有基本医疗服务。

这些是我所了解的古巴。我们得看看你们是如何在这么短的时间内取得这些成就的。我们来了解你们的经济生产情况。我们想知道你们是如何组织自己,克服经济抵制的。我们想知道你们生产什么,两国之间的贸易能否在互惠互利的基础上得以扩大。

我们想向你们学习这些,这些是你们最基本的成就。古巴是一个自由国家。古巴人民的决心和努力使古巴获得了自由。社会主义规划让这个国家在一个敌对或者冷漠的世界里生存。在社会主义制度下,人民因自己的努力而受益。你们获得了其他社会主义国家的一些帮助。但是成绩是你们的,不属于其他任何人。

过去你们遭遇过困难,现在或将来可能还会遭遇困难。你们可能会遭遇失败,或者有需要纠正的错误。这些都是你们内部的事情。我们所知道的是在社会主义制度下,古巴比以往有更多的自由。比起其他可能的制度来,古巴人们在社会主义制度下能更好地把握自己的命运。

古巴的经历对于所有其他发展中国家来说很重要。我们可以选择不同的政体。我们这些选择社会主义制度的人可能会喜欢一种新的组织形式。但是我们都希望在自由中进步。可能连木偶都会想要一种自己喜欢的生活。弱小贫穷的国家不能孤立存在，古巴无需尝试。问题的关键是我们跟谁，在什么条件下进行贸易往来。此外，这些条件是我们来定还是让别人来定。

第三世界国家已认识到这些问题的正确答案。在不结盟会议以及77国集团内部，我们决定为了共同的利益齐心协力。因为我们正是通过国际贸易被世界富裕国家剥削压迫的。通过弥补该领域的弱势，我们获得了经济自由。我们也因此加强了政治自由。

第三世界合作对于所有贫穷的发展中国家来说至关重要。分离开来，我们每一个国家与世界发达国家相比都弱小贫穷。联合起来，我们占世界人口的一大部分。联合起来，我们控制着很多世界原材料资源。作为一个联合起来的团体，我们不会弱小。通过联合行动，我们可以与世界列强在任何贸易关系中慢慢变成平等的合作伙伴。

在我们各自的国家，受剥削的工人们学会了组织工会保护自己。他们学会了在改善他们的福利方面合作的价值。我们通过吸取相同的教训帮助自己。我们可以成立一个贫穷发展中国家世界贸易联合会。我们可以成立贫穷国家生产商与市场营销合作社。我们可以成立联合工商企业满足我们的需求。我们已经开始着手做这些事情。在世界不同地区，发展中国家已经开始为了共同的利益成立经济体。我们已经开始尝试更广泛的合作。

这些事情并不是克服贫穷和国际不平等的全部答案。只有为经济发展和人类平等所做的社会主义世界计划才能克服这些邪恶。我们必须为之而努力。我们各个国家的社会主义有基本的公民之间的正义。工人们为改善他们处境的基本任务成立了工会，壮大了自己。发展中国家也可以在国家的基础上这样做。

做到这点并不容易。对于工人来说，要使国家工会运动团结起来不容易。他们的领袖常常背叛他们。在那些工会领袖试图组织的人中，领袖们自己常常因为缺乏勇气或谋生的手段而背叛。因此，古巴也因为领导了经济独立斗争而成为受害者，在最需要支持的时候，得不到应得的支持。其他贫穷的发展中国家不来助你一臂之力。

但是第三世界国家是幸运的。古巴人民没有忘记团结就是力量。在不结盟会议、77国集团以及其他地方,古巴在第三世界经济合作方面起着积极作用。只要其他国家有勇气去为自己争取一点点独立,古巴都会做出回应。古巴和其他发展中国家的贸易又会因此而扩大。第三世界正在恢复团结。

对于我们所有人来说,这才是最终通往自由的道路。贫穷国家对彼此的需要,胜过任何一个贫穷国家对富裕国家的需要。把我们的技能、劳动力和资本等资源联合起来,要大于我们现在所有的。我们几乎还未开始开发这些资源。

古巴为第三世界树立了自力更生和独立自主的好榜样。古巴向全世界展示了一个有决心的民族所能取得的成就。我相信有古巴的参与,第三世界国家的联合可以达到一个新水平。因此,联合起来,我们都可以摆脱剥削、贫穷和控制,获得新的、更高程度的自由!

菲德尔·卡斯特罗同志,同志们,今天能跟大家在一起,我感到很自豪。贵国勇敢的人民这么热情地欢迎我,我感到很骄傲。我代表坦桑尼亚祝贺大家。谢谢你们。

# 6 非洲解放运动新年致辞

### 在非洲统一组织解放委员会上的讲话
### 1975年1月8日

"非洲人民都不会愿意为了斗争而斗争。世界各地的人民都想自由地生活。只是因为绝望他们才被迫为其献出生命。"

---

欢迎非洲统一组织解放委员会的各位成员来达累斯萨拉姆参加1975年的第一次会议,我感到很荣幸。你们在非洲要完成很重要的任务,要确定解放斗争的进度,考虑斗争的下一个阶段,自由非洲如何能最大限度地帮助我们非洲大陆被压迫的人民。

该委员会自1963年成立以来,非洲很多国家都取得了独立。但是,其中大部分国家没有受到该委员会的干预或得到其帮助。这是可能的,因为其主权地位的获得是相关人士和他们以前的殖民统治者之间的和平政治斗争的自然结果。我们其他人只需要提供道德支持,也不需要委员会为支持非洲的反殖民而大声疾呼。

然而,在1963年,很明显南部非洲和几内亚比绍人民的任务不一样,而且要艰难得多。他们试图通过和平手段取得自由和人类尊严,却被无情镇压。我们唯一的选择就是要么屈服,要么进行武装斗争。但各地都拒绝屈服。

确实,在解放委员会成立以前,两块殖民地已开始了战斗。莫桑比克的战争准备也取得了很大进展。在非洲这样的环境下,用暴力争取自由的斗争需要来自自由非洲以及其他地方的有组织的支持。一个在进行解放战争的国家不会用弓箭或部落式战争的方式进行战斗。

这些事实决定了委员会工作的本质。委员会集中组织与协调向葡萄牙殖民地的武装斗争提供非洲支持。随着罗得西亚和纳米比亚和平的形势逐步恶化,委员会还帮助这些国家的民族主义运动,为他们进行下一次类似的尝试做好准备。尽管在遇到其他求助时很难选择,但对于非洲头等大事的策略性选择现在证实是正确的。

1974年非洲取得了巨大成功。葡萄牙的殖民主义被打倒。全世界都承认几内亚比绍的独立。莫桑比克和圣多美的独立日期已确定。安哥拉的独立只是时间问题,确切地说,是非洲人内部的团结问题。

我们得祝贺这些国家所取得的成就。我们甚至可以作为委员会成员表扬一下自己。因为1974年的事件是十多年来武装斗争确定无疑的结果。如果不是那些牺牲与努力,葡萄牙殖民地不会比1960年进行第一次斗争以前更加接近独立。

非洲人民都不会愿意为了斗争而斗争。世界各地的人民都想自由地生活。只是因为绝望他们才被迫为其献出生命。但是我希望大家明白以下两点。一是如果这是获得民族独立的唯一途径,非洲人民会进行斗争,二是非洲人民会持续进行斗争,直至达成目标。几内亚比绍、莫桑比克和安哥拉人民就是这样做的。如果有必要,罗得西亚和纳米比亚也会这么做。葡萄牙殖民主义被打败后,非洲政策的根本改变目前十分清楚,已无需以武力对抗葡萄牙。

几内亚比绍在几内亚和佛得角非洲独立党的领导下于1973年9月宣布独立,但是预计他们会继续进行几年的斗争,将占领者驱逐出去。相反,几内亚比绍现在是非洲统一组织成员国,也是联合国成员国;所有的葡萄牙军队已离开这片领土。我有信心代表该委员会所有成员向几内亚比绍政府和所有其他为本国的自由而斗争时遭受痛苦的人表示祝贺和美好的祝愿。

自由的代价是高昂的。太多人被害或者受伤,包括非洲最伟大的领导人之一,阿米尔卡·卡布拉尔。但是他们牺牲的结果是目标的实现。他们获得了自由以及为本国人民建设一个人类有尊严、公平正义的社会的机会。

10年斗争期间,莫桑比克也有很多非洲公民被杀害、受伤或被折磨,同样,这些人中也包括非洲能力最强、最好的领袖之一,爱德华多·蒙德拉纳。

但是,目前莫桑比克有一个由解放阵线领导的临时政府。今年6月,坦桑尼亚的南部邻国将庆祝解放阵线政府领导下取得的民族独立。同样,我们向那些为了该目标而斗争,而受苦的人们表示我们最衷心的祝贺,并对在人类平等基础上建设新社会的艰巨任务,保证给予持续的支持。

安哥拉非殖民化的步子放慢,至少部分责任在于非洲解放运动本身。直到最近几年,他们的不团结让他们不可能与葡萄牙之间进行任何有意义的谈判。确实,非洲曾经遭遇安哥拉内战这个幽灵,取代了自由斗争。我知道我们听到来自蒙巴萨的消息都感到很高兴,安哥拉三次运动派别建立了一个共同的政治平台,统一为民族重建共同努力。

祝贺所有参与这些进步的人们,鼓励他们经受后面的时间考验,好好保护他们之间的团结。安哥拉人民已忍受了太久的痛苦,还有很多敌人在阻止他们获得自由。他们需要目前已达成的团结,以获得或者保护他们所能掌握的自由,以便利用自由取得安哥拉和非洲的进步。

所有这些进展意味着这可能是解放委员会的最后一次会议,葡萄牙殖民地的自由战士参加本次会议,报告他们取得的进展,为他们的斗争寻求支持。让我们为此而欢庆。这些民族主义运动的问题还在继续。在未来几个月,也可能几年的时间里,新政府可能会需要非洲的支持,但是所需要支持的类型会有所不同。解放委员会将继续进行其他工作。

然而,这些任务的本质已因葡萄牙殖民主义的结束而大受影响。南部非洲自由斗争的形势已彻底发生改变。自由非洲取得很大进展,合作领域逐步扩大。因此,随着莫桑比克和安哥拉独立取得的进展,毫不奇怪,南非和罗得西亚的少数人统治当局会采取新的政治立场。

纳米比亚和罗得西亚在非洲解放所做的努力中将不可避免地起到最重要的作用。因此我们重新阐述一下这些国家的目标很重要。

纳米比亚的目标可以简洁地说明。非洲在为整个纳米比亚多数人统治基础上的独立方面,态度很坚决。我们完全摒弃了那些将国家分裂成班图斯坦或留下其中的某些地区,让他们成为南非的一部分这种计划。

罗得西亚人民以及整个非洲也在津巴布韦的多数统治基础上要求独立。其他的都不可接受。有了自由非洲的大力支持,罗得西亚人民永远废除了少数统治的独立这种想法。有两种方法可以实现这个目标。一个是和平手段,另一个是武装斗争。实际采用哪种方法不是靠非洲民族主义者,而是完全依靠史密斯先生及其支持者。

我相信非洲民族主义者更愿意以和平手段实现他们的目标。但是如果他们的对手不同意他们多数统治的和平进展,非洲人将只能拿起武器。他们将为了独立而准备去杀人,去牺牲。因为没有多数统治,罗得西亚独立不能也不会存在。

我们已多次阐述过这些。首先我们决心取得多数统治基础上的罗得西亚独立。第二,我们愿意在会议的谈判桌上实现这一目标。第三,如果种族主义者拒绝在谈判桌上谈判,或者他们来谈判只是想窃取多数统治基础上已取得的独立成就,非洲也必将会加强武装斗争。这种加强了的战争要么会继续进行,直到取得多数统治基础上的独立,要么等非洲敌人愿意进行比较实际的谈判。

在这三个方面,我们说到做到,我们希望非洲的朋友和敌人都能接受这一事实。他们必须相信我们。我们在葡萄牙殖民地问题上也说过类似的话。葡萄牙的朋友和敌人现在都知道我们说到做到。如果多年前他们就相信我们,情况将会好得多,本来可以避免很多不幸。但是,如果葡萄牙殖民地的杀戮和痛苦已经让南部非洲政府相信我们在这三个方面说到做到,每个相关的人会从更加灾难性、更可怕的战争中获救。

因此非洲一直坚持,如果有异议的制度讨论取代罗得西亚的斗争,非洲政治领袖首先会被释放,这样他们可能会充分而自由地参与制度谈判。现在有些领导已被史密斯政权释放,前不久还进行了制度会议谈判。

这些进展意味着南非政府以及罗得西亚的少数统治者现在开始认真对待自由非洲这件事情。我们确实不知道:时间会证明一切。我们不能坐以待毙;非洲最终必须做出同样的准备。

如果有制度会议,该委员会应该鼓励罗得西亚民族主义者为其做全面准备,带着使会议成功的目的认真参与,这意味着只能是多数统治基础上的独立。

但是,如果制度会议失败,该委员会、民族主义领袖及我们所有人应该为罗得西亚延长并加强了的武装斗争做认真准备。

每个人都必须明白我们在要求多数统治基础上的独立以及我们寻求武装斗争的能力方面,态度极其认真,很遗憾,这些都是必须的。

正如我前面所提到过的,有一些希望的迹象。尽管现在看起来这种自由不太彻底,津巴布韦非洲人民联盟、津巴布韦非洲民族联盟和非洲国民大会党的一些领导人被从拘留和监禁中释放出来。我们相信接下来会召开立宪会议;非洲的目标在这样的会议上十分明确。然而,围绕非洲多数人统治基础上立即取得独立的要求还是有些困惑。目前的问题好像源于"立即"。我想阐明一下立场。

非洲希望罗得西亚以葡萄牙殖民地和纳米比亚取得独立的方式获得独立。因为对于其他任何一个非洲国家来说,独立是非洲现在的目标是很荒谬的。但是,对于罗得西亚而言却是更遥远的、将来某个不确定的时间的独立。确实,在独立这一问题上,我们相信所有的罗得西亚人,不管黑人还是白人都达成了完全一致。我们不一致的地方过去是、现在仍然是独立的条件。如果1965年有多数统治,而且英国当年拒绝独立的话,我相信整个非洲会支持罗得西亚的《单边独立声明》。正如过去与现在一样,我们决心获得非洲独立,却拒绝了史密斯的《单边独立声明》,因为它宣布的条件不可接受。

事实是非洲的主要和根本需求从未发生变化。我们现在这样说,正如我们一直说的,我们要求罗得西亚多数统治基础上的独立,没有多数统治我们将永远不会承认其独立:"(实现)非洲人的多数统治之前没有真正的独立"尽管是一种消极的表达,但仍是罗得西亚要求的合法声明。

史密斯需要法律和国际上承认罗得西亚独立。他想撤销在他试图宣布独立后联合国强加给罗得西亚的制裁。非洲及世界其他国家拒绝承认罗得西亚少数统治基础上的独立。

1971年,罗得西亚独立得到英国承认后,罗得西亚的非洲人拒绝了英国当时"向多数统治逐渐过渡"的建议。换句话说,在自由非洲的全力支持下,津巴布韦的非洲人已经摈弃了在已独立的罗得西亚向多数统治过渡的中间过程的承诺。伊恩·史密斯不得不接受其行动的后果。他宣布了《单方面独立宣言》,而《单方面独立宣言》排除了走向独立的任何中间环节。

这样,如果史密斯想避免可怕的内战,其政治选择就很明确。他要么不经过向多数统治过渡的中间环节,接受多数统治基础上的立即独立,要么宣布放弃1965年的《单方面独立宣言》,跟民族主义领导人一起与英国政府进行多数统治基础上的独立谈判。通过第二种方法获得独立的话,能够在完全的多数统治之前商量一下中间环节,正如每一个其他英国以前的殖民地一样,在独立获得承认以前,经历不同的阶段。

换句话说,如果伊恩·史密斯及其支持者想避免战争,想撤销制裁的话,他们可以在这两种方法中选择其一。他们要么接受立即多数统治,使自己国家的独立被接受；要么接受罗得西亚仍是英国殖民地的现实，经历不同的中间阶段，最终实现多数统治基础上的独立。

我希望这中间不再有误解。非洲没有突然变得迷恋英国殖民主义。我们的目标是多数统治基础上的罗得西亚独立。我们希望独立能被承认，得以实施。但是，如果罗得西亚人同意独立前经历一个中间时期的话，这只是他们自己的事情。

非洲非常坚决的一件事情是独立被承认、制裁被撤销后，不能向多数转移权力；必须在独立以前完成。无论是现在、下个月、明年独立，或者经过多年的斗争，罗得西亚独立必须建立在多数统治基础上。

我们希望英国和世界其他国家会理解并接受这一立场。我们请求他们保持对罗得西亚的制裁直到这两件事情中的任意一件发生。第一个对取消制裁做出解释的事情是独立后的罗得西亚目前的少数统治为多数统治所取代。我们相信英国政府会接受这样的进展，而且会通过必要的立法给罗得西亚独立以合法地位。

取消制裁的另一种解释是英国在非洲民族主义者可接受的过渡时期，为了多数统治能取得进展，在罗得西亚重建其权威。我相信这在政治上是一种不切实际的选择，但是，如果罗得西亚人民喜欢，我们非洲的其他人也应该接受。

1974年，非洲自由进程取得了重要进展。之后的一年新的机遇与挑战并存。过去12个月里发生的事件必须能鼓励我们而不是缓和我们的决心，或放松我们的努力。津巴布韦和纳米比亚获得解放是非洲解放日程上的下一个项目。说到这个，不管什么时候如果出现和平进展的机会，我们必须为严肃而困难的谈判做好准备。如果不存在这样的条件，我们必须是不屈不挠的自由战士。

非洲统一组织解放委员会没有完成这项任务。非洲的殖民主义和种族主义还未被打败。非洲大陆上的自由国家现在不能放松努力，解放运动过去的支持刚刚结出第一茬果实。我希望本次会议上，解放委员会会考虑非洲自由进一步发展的策略，并制定出相应的计划与部署。

我代表坦桑尼亚祝愿本次会议和非洲所有的解放运动取得圆满成功！新年快乐！

# 7 只有非洲统一才能解放非洲

## 在非洲统一组织外长会议上的讲话
## 达累斯萨拉姆：1975年4月7日

> "非洲整体统一的观点很重要。原因在于召开本次会议的目的正如我们过去所召开会议的目的一样，促进非洲解放和非洲团结大业。这是非洲统一组织的两大任务，实则是同一事物的两个方面，相辅相成，缺一不可。"

欢迎各位前来参加非洲统一组织外长会议，欢迎大家来到达累斯萨拉姆，我非常荣幸地代表坦桑尼亚共和国全体人民及我个人欢迎大家的到来。我们希望各位在敝国逗留期间能够过得舒适愉快，这样你们可以暂时卸下对非洲所承担的重任，忘却不必要的紧张及个人痛苦。

今天我不打算长篇大论。相反，所有的外长都已拿到一篇文章，里面阐述了坦桑尼亚在此问题上的立场，大会上我们会探讨这个问题。我们希望该文对外长们的重要任务会有所帮助。

但是，我们传阅的这篇文章只给出了坦桑尼亚对于该问题的看法，重要的是我们需要的不是任何一个国家的观点。非洲整体统一的观点很重要。原因在于召开本次会议的目的正如我们过去所召开会议的目的一样，促进非洲解放和非洲团结大业。这是非洲统一组织的两大任务，实则是同一事物的两个方面，相辅相成，缺一不可。

非洲统一组织早就认识到统一与自由斗争之间的联系，其经历也充分证明了这一点。因为我们朝非洲大陆最终解放前进的程度反映了我们成功实现统一的进度。对于南非问题持续增长的国际意识以及世界范围内对于殖民主义与种族主义的持续谴责不是任何一次事件的结果，也不是任何一个国家或团体活动的结果。

正是由于非洲各国在一次次的会议上、一次次的访问中、一篇篇的报刊文章里持续、统一的强调,才达成了这一共识:世界和平与人类尊严需要南非的公正。这场运动不只是非洲发起的,但在此过程中统一以及非洲的共同目的过去一直是、现在也仍然是最基本的。

对于殖民主义与南非的种族隔离主义的谴责口头上达成统一从来都不成问题,但渐渐地出现了一些动摇和困难,非洲在行动方面也取得了很大程度上的统一。在史密斯执政的九年半里,持续的隔离问题涉及到很多因素。但是,在这些因素之外,大家还清楚地认识到,任何一个国家政权或者公开的政府支持都会引起整个非洲的愤怒报复。

联合国在多年的官方、非官方但又统一的非洲外交活动之后,才对纳米比亚的状况做出决定,为纳米比亚任命了一名全职的联合国专员。目前还不是所有国家都遵守联合国关于禁止向南非出售武器的禁令。尤其是法国,似乎还可以向南非出售武器,保持与非洲统一组织很多成员国之间的活跃关系。

然而其他强大的国家已经注意到该禁令,原因仅仅是因为非洲率先表示对违背该禁令持反对意见。而且在过去的一年里,我们仍然通过统一,成功恢复了南非被暂停的联合国大会成员国资格,原因是代表团不能代表南非人民的意见,而种族主义是该国的官方声明。

对支持非洲统一组织解放委员会表示出越来越多的责任变得至少同样重要。该委员会不再被非洲国家怀疑,而成为非洲统一组织被接受的一部分,代表整个非洲履行责任。无论怎样,我不希望为非洲统一组织争取那些原本属于解放阵线和几内亚和佛得角非洲独立党的信任。但是我认为通过解放委员会和双方的努力,可以说非洲对于武装斗争的一致支持确实对本次会议的成功召开作出了贡献。

因为这是葡萄牙殖民地武装斗争所取得的胜利,需要非洲重新审视其在南非的战略。非洲的敌对力量没有发生实质上的变化。葡萄牙政府发生了变动,因此葡萄牙人民对于非洲和平的渴望成为现实。但是,南非种族隔离的领导者和支持者们以及罗得西亚少数政权的领导者和支持者还未改变他们白人至上的想法、态度、政策及信仰。他们仍希望在罗得西亚、纳米比亚和南非通过白人保持种族统治。

然而，这种变化非常重要。直到现在，随着解放斗争的向南推进，非殖民化的常见问题一直是我们的重点。我们提到非洲的时候，总是一致反对南非殖民及种族主义各州。但实际上，我们针对南非和罗得西亚发动政治和外交攻势是因为了解这两个国家在很大程度上受葡萄牙殖民地持续进行的武装斗争的保护。因为我们十分正确地将重点放在葡萄牙殖民地的民族主义运动。正如非洲其他所有的自由运动一样，葡萄牙殖民地的民族主义者也利用欧洲大城市的势力。

虽然安哥拉和莫桑比克即将独立，非洲面临的问题却有所不同。首先解放战争的地缘因素已发生变化。安哥拉和莫桑比克确实有很多内部问题需要解决，可能包括反动势力的蓄意破坏。但是他们的存在改变了罗得西亚甚至南非的政治和军事形势。因此，这两个由少数派统治的国家不可避免地需要重新思考，并且针对卡丹奴①统治下葡萄牙的失败采取行动，以适应变化的形势。这本身也需要非洲重新评估其策略。

但是，还有一个事实。非洲将来需要应对一个跟我们所熟悉的不同的政府伙伴。到目前为止每一次民族主义运动都不得不跟某一个深植在欧洲的殖民势力作斗争，对其政府来说维持其殖民权威，部分原因是出于其整体经济与安全考虑。甚至对于葡萄牙殖民地也是如此。葡萄牙殖民地的形势和非洲其他地区形势的不同仅仅在于葡萄牙未接受非洲独立原则，然而英国、法国甚至比利时却接受了。但是在罗得西亚、纳米比亚及南非却没有非洲以外的有效力量，而这是问题的核心。

罗得西亚是英国殖民地。但是史密斯政权不承认英国对其的主权，而且更重要的是，英国政府一直对在罗得西亚实施其权威表示无能为力。因此根据国际法的规定，英国有责任也有权利对其行使权力，而且随着形势的发展，其政治支持仍将十分重要。

但是对于罗得西亚现阶段进行的斗争更为直接、更为重要的，是罗得西亚对于南非的经济及军事的依赖。南非还未正式承认史密斯政权。但是如果没有南非的军事和经济支持，史密斯政权将迅速瓦解。

---

① 马尔塞洛·达斯内维斯·阿尔维斯·卡丹奴，1968～1974年间任葡萄牙极右政权的总理。——译校注

纳米比亚也有一个法律上和形式上的政权。法律上来说，纳米比亚是联合国托管领土，由联合国直接管理。实际上南非控制着纳米比亚而法律上并不拥有其领土。

然后是南非。我们此处谈的根本不是殖民形势。我们在南非的目的是帮助广大的南非人民从恶意的种族分离制度的压迫中解放出来，向他们说明种族主义在全世界都是非法的。南非和非洲解放力量的敌人其实是强加并实施在南非人身上的种族主义的条条框框。

因此，无论我们谈的是罗得西亚、纳米比亚还是南非本身，实际统治者是南非。非洲考虑其未来战略的时候，对这一事实必须慎重考虑。举例来说，过去某一殖民地的民族主义运动在进行政治斗争的时候，无论这种斗争是取代武装斗争还是作为武装斗争的补充，总是频频忽视当地的殖民当局。

相反，民族主义直接针对宗主国权力、政府及其议会。南非没有类似的外部权威。纳米比亚有效的外部权力为南非所掌控。

在罗得西亚，唯一可能会产生实际效果的外部影响也是由南非掌控的。实际上，南非有军队在罗得西亚驻扎，帮助维持少数政权的统治。因此非洲在南部非洲的冲突基本上是与南非的冲突。也就是说南非在纳米比亚作为一种殖民力量，在罗得西亚在各个方面发挥作用，而在南非则是作为一个种族主义政权而存在。

非洲承诺致力于将整个非洲大陆从殖民主义和种族主义中全部解放出来。其意义在1969年非洲统一组织通过的《卢萨卡宣言》中得以体现。我们决心支持所有非洲及南非殖民地进行的自由战争，而且我们的这种支持将持续至全非洲取得以多数人政权为基础的独立。此外，我们明确表示，无论何时何地，非洲将尽可能通过和平手段开展自由战争。但是其和平手段被压迫者的行为所排斥。

《卢萨卡宣言》是原则声明，而不是战略大纲。宣言中说如果能够和平取得独立，人们就无须做无谓的牺牲；而如果不能和平取得独立，相关的人必须使用武力而不是接受永远的统治。

《卢萨卡宣言》的主要对象继续忽视这一点，我们又发出《摩加迪沙宣言》加强武装斗争。目前被称为变化了的南非形势实际上是葡萄牙殖民地加强武装斗争的结果。

因此此次会议即使只能完成一个目标也将会是一个成功。这个目标就是让南非确信我们仍准备在罗得西亚和纳米比亚使用和平手段取得独立。但是，如果不行，我们将继续进行并加强武装斗争。我们的盟友和敌人都应明白我们会说到做到，这一点很重要。

但是，如果我们在此次会议上浪费太多时间与南非对话，我们将无意让别人相信我们。此次会议不是所谓的对话或与南非缓和关系，而是南部非洲的解放；其目的是确保我们自己明白在安哥拉和莫桑比克的自由奋战者取得成功之后，现在将如何进行我们的斗争。

我相信无论我们是针对葡萄牙还是南非，原则是相同的。如果他们准备跟我们谈非殖民化，我们就谈；如果他们不准备谈，我们会战斗到他们肯谈为止。因此经过深思熟虑，我对此次会议的建议是不要让它退化成一次对话或缓和。请允许我们重申我们解放南部非洲的决心，再次表明我们将支持沃斯特和史密斯之间的对话以及与此相关的解放运动。

完成这些之后，本次会议剩余的大部分时间将用来讨论如何帮助非洲人国民大会和西南非洲人民组织加强其武装力量。没有武装力量的存在，宪法谈判支持者和武装斗争支持者都不会获取信任。而对我们来说获取信任非常重要。因为宪法谈判可能失败，而武装斗争需要武装力量。无论是以和平方式还是暴力方式获得独立，南非非洲人国民大会和西南非洲人民组织都需要那些武装斗争。

正如我开头所提到的，坦桑尼亚对于我们应如何继续进行的看法在我们发给大家的文件中已做详细解释。因此，请允许我以重述我和所有坦桑尼亚人民对于本次会议的美好祝愿作为总结。毫无疑问，在座的每一位部长撇下自己国家的紧急事务来参加本次会议，目的就是希望本次会议能够为非洲解放的下一个阶段制定出非洲战略。

因此，我确信各位的讨论将非常认真，而且讨论将进行得非常坦诚而温和，是一次适合致力于共同努力的同事们的讨论。我还知道部长们始终明白，在我们取得非洲解放最终胜利的过程中，保护非洲统一至关重要。

# 8 合作与加深经济关系是解放的基础

### 在对莫桑比克国事访问期间在国宴上的讲话
### 1975 年 8 月 30 日

> "非洲大陆统一所取得的进展不是两个、三个或四个国家所决定的,但是随着广泛努力的继续开展,可以在双边或三边的基础上取得进展。"

萨莫拉总统以及诸多的解放阵线积极分子都是我们的老朋友、老战友。很高兴此刻在独立的莫桑比克再次见到他们。能够来到洛伦索-马贵斯①这个自由国度的自由首都,我们感到非常幸福。

多年以来,我和萨莫拉总统作为兄弟和非洲解放斗争中平等的参与者有过多次会面。而现在我们能为作为国家元首,作为国际社团里法律上平等的法人会面。因此此次会议能够代表两个独立的国家和人民,非洲统一组织的平等成员,以及联合国平等成员。法律上和事实上我们现在都是友邦。总统先生,很高兴今天能在这些新环境下与您在一起。

自从莫桑比克庆祝其独立以来,莫桑比克已不是世界媒体新闻头条的主题,因为只有灾难才会上头条。而今年 6 月 25 日以来该国未发生任何人为灾难。由于解放阵线的领导保证了其独立,莫桑比克政府和人民已能够开始着手发展国家。

但是结束血腥和建立合作机会对于莫桑比克来说可不是意外的好运。这是与殖民主义斗争中所表现的统一、人民的勇气和解放阵线自成立以来正确领导共同作用的结果。

---

① 今马普托。——译校注

已故的爱德华多·蒙德拉纳为本次会议所作的贡献很难被高估。他是一个享誉极高的知识分子。他本应该通过学术研究和教学或者通过在联合国秘书处日益增长的影响继续为世界作出令人尊敬的贡献。但他却放弃了这种安逸与安全的生活。相反,他接受了统一不同的民族主义团体这个任务。这些团体的存在本来没有多大作用,因为它们之间不团结,这种状况持续至1962年。他与他的妻儿尽管知道问题巨大,而且不可能很容易或快速地取得成功,但还是一起接受了被流放的民族主义者的生活。尽管如此,爱德华多·蒙德拉纳时常受到那些本该推动他做出努力的人以及那些公开反对莫桑比克自由的人的攻击。

最初他遭到批评是因为在他的领导下,解放阵线在将其战士送去奋战而死之前,很明智地为战争做了准备。他被攻击是因为他考虑到解放问题,而不只是空喊口号。他的敌人利用部落主义、种族主义和宗教,反对他和他的妻子,希望能将他与他的同事分离开来,破坏解放阵线。但是,解放阵线的激进人士看穿了他们这些小把戏,而爱德华多·蒙德拉纳坚定地坚持原则,反对阴谋,因此莫桑比克自由的敌人们杀了他!

他们成功地杀害了一个伟人,但是他们并未成功地实现他们试图消灭解放阵线的真正目标。因为尽管蒙德拉纳很伟大,但解放阵线不是他一个人。多亏了蒙德拉纳,解放阵线从一开始就是作为一个人民的组织而成立的。因此该组织能够经历领导人被刺杀、叛徒试图改变革命运动事业方向而生存下来。

解放阵线推选了第二任总统,一个在斗争中表现出绝对忠诚于莫桑比克自由,认同为了彻底的自我解放而进行人民斗争的人。萨莫拉·马谢尔曾参加过游击战争,在解放阵线军队证明了其作为军事领导人的能力。他已经明白解放阵线有必要和人们同心同德。在特别困难的情况下,他接受委托担任斗争的最高领导职务,而且很快展示了其政治能力和优越感。

尤其是葡萄牙革命之后,他体现出对于战术灵活性需要与严格遵守运动原则相结合的理解。总统先生,很高兴有这次机会代表坦桑尼亚全体同胞向您致敬。

解放阵线很明智,因此莫桑比克很幸运地认识到最初两任总统的性格与能力。但是莫桑比克现在的自由并不只是因为两个领导人所做的一切。战争的胜利以及国家的发展不是由个人完成的。

这两位领导人真正的伟大之处在于他们与其他有能力的民族主义者一起努力,而且作为一个团队来说,他们对解放阵线的级别和档案成员及莫桑比克的普通大众有责任心,反应敏捷。正是好政策下人民的努力和解放阵线的正确领导,莫桑比克的解放运动才取得了成功。也是这些因素让本国人民和平拥有了他们的国家。对于成功来说,这些因素缺一不可。

一个勇敢而又坚定的民族、好政策以及正确的领导在战争中都是必不可少的。而且这些因素在独立后多年也同样是必要的。无论是和平年代还是战争年代,人都是会死的,但是非洲是永存的。个人可以为非洲革命作出贡献,他们本人不能是非洲革命。非洲革命比我们任何一个人都伟大。

解放阵线明白这一点。我相信解放阵线领导人明白这一点。解放阵线从与人民共同作战的经验中了解到非洲人民以及为了满足人民需要而进行的非洲革命的重要性。现在的任务是将这些原则用于国家发展问题中去。

坦噶尼喀是撒哈拉南部东非第一个宣布独立的国家。我们了解伴随独立而来的兴奋以及新的自信。我们还明白我们实现"乌呼鲁(自由)"所肩负的责任,而非洲的敌人在等着利用我们的错误和缺点。然而,坦桑尼亚在庆祝独立后已学会如何为了自己本国和非洲的发展履行这些责任。近14年后,我们仍在学习如何更好地满足人民的需要,如何更好地为非洲自由服务。

莫桑比克正沉浸在独立的喜悦之中。你们可能要比曾经的我们更兴奋,因为这也是在经历了十年的死亡与毁灭之后对于和平的庆祝。但是,也可能更加理性,因为你们经历了解放的过程。你们也知道,独立只是真正斗争的开始而不是结束。我们理论上知道,但实际上不行。

正如坦桑尼亚一样,莫桑比克有开始独立生活的责任,那些还处在被压迫,在敌人的监视下的兄弟国家一双双热切的眼睛都在望着它。因为整个南部非洲还未全部获得自由。你们,莫桑比克人民已经将殖民主义的前线从坦桑尼亚挪开,但是你们自己周围并不都是友邦,因此已经取得的政治上的独立并不稳固。

但是1975年的莫桑比克有1961年坦噶尼喀所不具备的两个优势。在十年的斗争过程中,随着被解放地区的慢慢扩大,你们已获得人民政府的经验,而且你们能够从坦桑尼亚和其他非洲国家所遇到的问题、危险以及政治独立的局限性中吸取教训。

我今晚只想说一件事情。坦桑尼亚从1961年到现在的伟大目标之一就是与其他独立国家合作，一起推动非洲统一。我不必告诉大家非洲在这方面犯的错误以及遇到的挫折和失望。我无需向大家解释那些所取得的很小却很重要的进步。但是我们对于非洲统一的承诺是坦桑尼亚欢迎在解放阵线领导下莫桑比克取得独立的一个另外的原因。

因为解放阵线也致力于真正的非洲统一，这种统一不管种族部落、肤色或教义，都建立在人类尊严和男女平等的基础之上。因此莫桑比克的独立意味着我们非洲大陆统一的斗争力在增强。如果非洲的所有潜力能被挖掘出来，所有人民、所有国家迫切需要的胜利会离我们更近。

非洲大陆统一所取得的进展不是两个、三个或四个国家所决定的，但是随着广泛努力的继续开展，可以在双边或三边的基础上取得进展。坦桑尼亚和莫桑比克之间以及莫桑比克与其他自由邻国之间的贸易、经济、社会文化关系的发展有三个优势，可以通过我们自己的行动取得发展，会对所有人有益，对更大程度的融合以及非洲最终的统一是一个贡献。

很高兴坦桑尼亚能够参加当前这个莫桑比克国际贸易博览会，因为我相信，这会帮助大家为了共同利益组织更广泛的双边贸易。而且我可以保证我们联合共和国会尽全力与该国人民在这方面以及其他方面进行更深层次的经济合作。

对于非洲任何一个贫穷而又热衷参与的国家来说，生活很不容易。如果有用的话，我们可以通过与稍微发达一些的国家进行合作与协商、相互帮助。但是如果贫穷国家接受彼此的污垢或者在经济斗争中比肩而立，那么不发达问题就得不到解决。

而且除了这些广为人知的困难，莫桑比克还有一些特殊困难，这些困难是由传统生产和社会关系的突然颠覆以及许多技术娴熟的技工和专业人士的离开导致的。事实上，莫桑比克独立的最初几年不会好过。

但是该国政府和人民已表示，他们能够面对挑战。对取得积极的革命性的回应，他们有这个决心和能力。我们，坦桑尼亚人民相信你们会继续鼓足勇气，不断取得成功。

# 9 继续战斗

### 在洛伦索-马贵斯群众集会上的讲话
### 1975 年 8 月 31 日

> "在这件事情上谈债务没有任何意义。我们一直是共同参与这场斗争的兄弟。非洲还未获得自由。因为有了之前更容易的坦桑尼亚战役,莫桑比克自由之战才成为可能。但是,除非你们取得胜利,否则坦桑尼亚的自由并不稳固,不彻底。我们曾互相帮助。"

---

对于莫桑比克来说,1975 年 6 月 25 日是一个伟大的日子,这一天对于坦桑尼亚和整个非洲来说也是一个伟大的日子。这一天见证了我们经历几个世纪的殖民主义后取得的胜利。这一天见证了无数莫桑比克人以生命或健康的代价换来的成功,这是本国人民加入非洲自由人行列的一天。

我想向大家的成功表示衷心的祝贺。成功是突破了巨大困难,经历了艰苦斗争才取得的。为莫桑比克自由而战的根基深厚,因为本国人民不是被动接受外来的统治。他们与侵略者作斗争,在 500 年的殖民制度下,他们多次奋起反抗侵略者的压迫。

但是一个分裂的民族是一个被打垮的民族。只有解放阵线能让人们击败殖民主义。因为解放阵线意味着统一。在爱德华多·蒙德拉纳的出色而有远见的领导下,解放阵线团结了所有真正希望莫桑比克自由的人。无需提醒大家也知道,前方的路还很长、很艰难。你们进行了这次旅行。解放阵线要求成员们乐意为自由事业而牺牲自己。要达到这个目标需要 100% 的投入。需要每一个人拿出巨大的勇气来面对极端的艰苦和苦难!

莫桑比克自由战士们在战场上牺牲,甚至在经历痛苦的折磨之后在监狱牺牲,他们死于爆炸,死于对他们生活的破坏。有些人受了伤,有些人永远残废、带着战争的伤痕度过余生。

这些莫桑比克自由战士们只是莫桑比克人民。有些是解放阵线的全职领导;有些是解放区的村民;有些是占领区的同情者或支持者;有些人甚至跟解放阵线没有直接联系,但是反抗殖民制度的侮辱和压迫。

决定谁能成为莫桑比克战士的,不是年龄,不是性别,也不是肤色。儿童、青年人和老年人都为自由而努力。男人和女人都携带武器,运输供应品,开垦土地,做所有其他与真正的自由战斗相关的一切工作。黑人、白人、混血人种都尽自己所能,冒着生命危险为自由而努力。

我们坦桑尼亚人向你们致敬。我们以和平手段获得自由,我们向这个国家牺牲的兄弟姐妹致敬,同时祝贺大家。你们接受了极端的困苦和危险;你们遭受了很多挫折也取得了很大进步;你们永不放弃。即使面对叛国和背叛,你们,莫桑比克人民仍然坚持战斗。你们的努力是一个榜样,也是对非洲热爱自由的人的一种鼓舞。你们的努力还展示了在培养了好领导后,非洲人们可以做什么!

我们祝贺你们,还要感谢你们。我们感谢你们为非洲所做的一切,感谢你们为坦桑尼亚所做的一切。1957年加纳独立的时候,克瓦米·恩克鲁玛发表了重要声明。他说:"如果我们的独立不能跟非洲大陆的全体解放联系在一起,我们国家的独立将毫无意义。"这些话被引用了多次,这在非洲已经成了一种共识。但是,对于我们坦桑尼亚人来说,这是事实上的声明,而不只是口号。坦桑尼亚的自由因莫桑比克自由而扩大了。

对于我们的人民和我们的国家来说,确实如此。居住在鲁伍马河北部的马孔德族跟住在鲁伍马河南部的马孔德族并无差异,否认其中任意一个的自由就是对两个的同时否认。而且出生于鲁伍马河北部的马孔德是一个坦桑尼亚人,因此而否认了他的自由,就相当于否认了所有坦桑尼亚人的自由。如果还有其他坦桑尼亚人的自由被否认,那所有的坦桑尼亚人都是不自由的。如果其他非洲人还在受殖民主义的统治,那所有的非洲人都不自由。因此你们,莫桑比克的人民,已经克服了坦桑尼亚自由所面临的一个挑战。你们通过解放自己的国家做到了这一点。我们感谢你们。你们的成功既是你们的收获也是我们的收获。

此外，你们还给予我们另外一种自由。你们冒着突然死亡的危险，护送我们住在莫桑比克边境的坦桑尼亚人。他们再也不用小心翼翼地前行，以免路上被葡萄牙殖民军队埋放了地雷。我们的妇女和孩子以后不用再冒着被葡萄牙士兵射杀的危险打水或在水边嬉戏。村民们不用再将时间和精力用在保护坦桑尼亚不被葡萄牙侵犯上。如果与我们接壤的是一个殖民统治者，这些都是必须要做的。我们不用害怕一个自由的莫桑比克。我们感谢你们。

在这一点上我不想犯错误。我说到做到。关于坦桑尼亚给予解放阵线的帮助已说了很多，我想我们能够给予一些帮助：希望如此。因为帮助解放阵线意味着帮助莫桑比克人民作战。非洲自由是所有非洲人所关心的，无论他们住在哪里。

坦桑尼亚为解放阵线提供后方基地、医院、学校和一两个训练营。我们为莫桑比克战士们运送武器提供便利。坦桑尼亚人民贡献他们所需的资金，为他们献血。这些行为对莫桑比克自由斗争是一种贡献，因此对维护坦桑尼亚自由斗争也是一种贡献。你们受到非洲其他地区以及世界各国反帝国主义力量的很多精神以及物质上的帮助。

但是，莫桑比克人民在这项事业中献出的是他们的生命；莫桑比克人民在金钱上不欠坦桑尼亚，也无需感激。我们坦桑尼亚人在今年6月25日与你们共同庆祝了这标志着你们自由的日子。但是，那天我们觉得更自由，而且是真的更自由了！那天我们卸下了敌对邻国的负担。那天对于我们两个国家来说，开始为共同的利益而合作成为可能。对于两国人民来说，经济、政治、社会发展变得更简单。

在这件事情上谈债务没有任何意义。我们一直是共同参与这场斗争的兄弟。非洲还未获得自由。因为有了之前更容易的坦桑尼亚战役，莫桑比克自由之战才成为可能。但是，除非你们取得胜利，否则坦桑尼亚的自由并不稳固，不彻底。我们曾互相帮助。

现在我们可以更进一步，为将来更大的斗争而共同努力。因为我们还没有将自由变成人们日常生活的现实。国家独立只是第一个阶段，必须将其作为铺路石，彻底打败禁锢人们的贫穷。在这方面，我们也需要相互帮助。而且坦桑尼亚在这方面因莫桑比克的独立获益多多。

坦桑尼亚13年以前通过和平方式取得了独立，而我们仅仅在呼唤"乌呼鲁"统一七年之后就成功取得了独立。我们不必再面对子弹,或发射子弹,这是我们的好运气,没人会对此表示遗憾。不用我说大家也知道,战争是残酷的。我相信没有人会不愿莫桑比克在无需斗争受苦十年的情况下取得独立。

但是,到那时,对于政府来说,从殖民政府到民族主义领袖的和平过渡是有危险的。首要的危险就是领袖们会以为斗争已经结束,目标已经达到。独立后,领袖们会沉醉于不习惯的权力,可能在人民要求权力时忘记了人民的意图。

由于他们从民族主义者那里继承了优越的位置,他们会轻易相信领导人有特权,他们可能会陷入个人物质的诱惑而不能自拔。他们没有依靠人民的经验,因此可能会与群众失去联系。我们在非洲已目睹了这些情形。

第二种危险几乎同等厉害。有时权力被转移到民族主义领袖手中,他们这些人是想为人民服务的。他们在新的位置上并不腐败,但毫无政府工作经验。他们不了解政府存在的问题,或面临的诱惑,甚至连新政府要做什么都不清楚。独立的目的并没有被击垮,也不为人所道。

在权力的和平移交过程中,政府的殖民工具仍然存在,并且传递给民族主义领袖。其他任何政府工具都未在独立斗争中产生,殖民发展目标被接受,而且没有想出其他任何目标。

即使民族主义政党组织严密,每个村庄都有分支机构,这些情形也照样存在,这些新的民族主义政府领袖像孩子一样天真。在作为人民的一部分的同时如何领导人民发展,他们也同样没有经验。他们所知道的只是这个国家以前是如何管理的,因此他们致力于如何将更多好东西带给人民。

他们努力普及教育,修建医院等,但是他们的教育理念、健康服务理念来自于他们的殖民经验,因此主要来自欧洲。他们并不质疑他们所知道的教育是不是正确的教育,或者健康服务对于非洲是否合适;这是他们所知的唯一的教育和健康服务体系。他们确实以为他们的任务就是让黑人做那些原来由白人完成的工作。独立斗争并未要求思想方面的根本变化;这不是一种革命经验。

非洲民族主义领袖通常在独立后不得不了解民有、民为的政府;他们不得不在政府权力和国际地位的诱惑中寻找正确方向,获取经验,犯下错误。

莫桑比克解放阵线政府在执政前就已清楚自己的目标和方向。在独立前就学会了我们有些国家在独立后才学会的东西。莫桑比克独立斗争对于那些只想自己舒适和安逸的人来说并无诱惑力,抑或如果这些人确实加入了解放阵线,他们很快必须了解不同的观念!你们的斗争必须是人民斗争。如果斗争不是为了人民,只能走向死亡和失败。

一个地区不得不用武力解放。如果人民害怕他们,那么解放阵线战士的出现对葡萄牙人来说是一种背叛。一个地区被解放后,除非所有的居民都成为自由斗争的一分子,否则这个地区就是不稳定的。解放阵线绝不会成为那些地区的专制政府。解放区必须由人民自治。解放阵线和人民必须结为一体,成为为自由团结在一起的力量。

解放阵线的领导人不会幻想拥有特权,他们受人民支配。正如毛主席曾说过的,他们得像水中的鱼,而人民是水,军民鱼水情。解放阵线战士和领导的生命靠的是与他们共进退的人民,他们所能要求和支持的唯一特权就是为了共同的自由事业做出更大努力和更大牺牲。

因此,解放阵线在为独立而斗争的同时,明确了独立的目的。解放阵线不得不这么做。重大的进步依靠人民对于斗争目的的理解,而且解放阵线必须在斗争过程中找出斗争的目的。

这是莫桑比克人民在独立时所拥有的第一个优势:明白自己要做什么,知道往哪个方向前进以达到目标。解放阵线政府有一定的革命政府经验。

解放阵线未在解放区接管任何政府机构,因为政府机构根本就不存在。殖民统治者要么已离开,要么无能。旧体制彻底名誉扫地。人民拒绝接受旧体制及其全部。他们希望自由能够取代专制。人民需要的不是黑人领导,他们需要好领导。人们需要的不是葡萄牙的学位,他们需要的是与斗争相关的教育。人民需要的不是设计复杂的医院,他们需要的是改善健康状况的一些方法。

因此,解放阵线知道其工作任务是全体人民的自由及发展,必须在实践中摸索出如何将目的转变成现实。因此解放阵线在与殖民者斗争的同时,建立了由人民治理的政府机构。解放阵线通过在战争中运用教育了解到教育适合人民的发展。这些事情不能等到独立以后才做。

从一开始,解放阵线机构就必须是人民的机构,服务于自由事业。失败的惩罚是灾难。解放阵线通过管理了解政府;通过发展了解发展。其老师就是自己的经验;法官则是人民。解放阵线准备将学到的教训运用到独立的莫桑比克共和国中去。

过去的十年将解放阵线打造成人民真正的武器。解放阵线中无人因为是唯一强大的演说家或者某人的儿子而走上领导的位置的。没有哪个领导会长久地相信他享有比别人更多的权利，或者应该享有其他人享受不到的特权。解放阵线成员相互依赖，甚至生命也是彼此依存；他们都依靠人民。解放阵线就这样在独立的莫桑比克取得了政权，因为这是人民尝试并证明了的工具。

过去的十年中以及未来，解放阵线都有一个外部支持，而且只有一个。解放阵线可以从非洲其他地区学习经验，尤其是坦桑尼亚的经验。解放阵线的领袖们已经见识过我们所犯的错误；他们无需再重蹈覆辙。解放阵线政府不会复制坦桑尼亚，既不会复制我们的成功，也不会复制我们的失败。但是，解放阵线可以从我们所做过和曾经尝试做过的事情中学习经验，可以借鉴我们那些好的经验。有时会赞成我们的目标，但仍会拒绝已被证明是错误的方法。

这也不是单方的优势。我们坦桑尼亚也需要向解放阵线学习。我们可以学习解放阵线与人民的团结，学习解放阵线开展人民工作时的纪律。我们可以向解放阵线战士及你们的政治体系学习。我们可以从你们的经验中学习自力更生在乡村地区的真正含义，因为解放区只能利用自己的资源发展自己：不使用这些资源根本不会有任何发展。坦桑尼亚的新村需要向你们学习。

你们的经验丰富了我们，你们也可以从我们的经验中学到这些。未来我们可以像过去那样互帮互助。人民若想摆脱贫困和无知，活得有尊严、有自由，莫桑比克和坦桑尼亚还有很长的路要走。我们在追求非洲发展和非洲统一的过程中还有工作要做。我们必须按照我们所代表的原则在自己国家、在整个非洲及其他地区开展行动。

我们两国目前政治上已取得独立，但还未击垮新殖民主义。新殖民主义偷偷靠近非洲已独立的国家，就像母狮接近其猎物。莫桑比克的独立意味着抵抗这种新形式的非洲统治又多了一位新成员。为了我们的自由你们变得更强大，而你们的独立则进一步强化了我们的自由：解放区又稍微扩展了一些。

瓦扎纳奇部落有一句谚语："勇气在人。"每个独立的个体都会害怕我们的敌人。相对而站的时候我们膝盖发软，他们能嗅到我们的恐惧。团结起来，我们从彼此获得勇气。非洲独立国家欢迎你们加入为经济自由而战的斗士行列；非洲需要你们的力量，正如你们也需要整个非洲的力量。

独立的莫桑比克人民所面临的任务都是新的。在很多方面不同于解放运动的任务，但这些任务一点也不简单。武装斗争中，几乎没有什么个人主义诱惑,原因是你们在农村地区开展斗争,而在城镇及工业区开展斗争的话,诱惑则大得多,似乎更可能避开人民的愤怒。

莫桑比克革命战士需要解放战争中所培养的那些自律与献身精神,原因是他们现在要担心的不是子弹,他们的风险不再是直升飞机和炮弹。新的危险是那些试图通过跟少数人分享特权而保有特权的人的虚假领导,是那些不讲事实,只说革命领袖喜欢的话的人的虚假言辞,危险来自那些试图讨好别人的人窃窃私语的谎言。他们在指责别人犯罪的同时,自己也在犯着同样的过错。

莫桑比克战士和领袖们:要警惕!向非洲其他地区学习,从其他革命运动中吸取失败的教训。跟人民在一起;如果有人告诉你你比人民重要,不要相信他们。记住凯撒大帝垮台是因为他听信了叛徒的话,叛徒告诉他"但是当我说他讨厌拍马屁的人时,他说他是讨厌拍马屁的人,这样他就受到了恭维"。

解放阵线能克服这些新的危险,正如曾克服过去那些危险一样。事实已经证明解放阵线能发现那些诱惑人民力量的人。解放阵线表明可以将那些受堕落者影响的人踢出局。不要放松警惕。腐败是潜伏的敌人,有多种形式和伪装,而且一旦其立足于社会,很难清除。我们深知这一点,你们也知道。一定吸取我们的教训!

但莫桑比克还面临另一种危险,那就是不耐烦的危险。十年来,这个国家的人民工作、战斗、等待。现在取得了国家自由,国家由革命政党和革命政府来领导,采用了正确的政策来为人民服务。确实,如果说人民不想放松并享受他们努力的果实,确实会让人感到惊奇。

我给大家讲个故事。曾经有一群政治犯,被关在一个孤岛的监狱里,饿得奄奄一息,整天被打。他们身体上很虚弱,但是他们对所遭受的野蛮和惨无人道感到愤怒。于是他们一起策划。到了晚上,他们在监狱的墙下面挖隧道。连续几个月,尽管又饿又弱,他们持续进行着这项秘密工作。终于在一天晚上,他们通过隧道逃出了监狱。他们向监狱和大海之间的沼泽地和森林走去。他们克服自然界的困难,打败那些试图擒获他们的人类敌人。而且,他们发现了一艘小船。在此过程中,他们成功越过了广阔大海里庇护着孤岛的礁石。他们扬帆起航,赶往家乡,那是他们的目标。尽管累得筋疲力尽,他们内心很放松。

他们忽视了一个可能性,那就是警船可能会搜索并重新抓获他们;他们未注意到海里的水流;他们未留意波浪的方向以及风力,所以船沉了。大部分人被淹死。一两个被狱警从海中捞起,将他们再次投入监狱。他们勇敢的努力白白浪费了,因为他们放松得太早了:他们永远不能到达他们所为之奋斗的目的地。

莫桑比克现在已海阔天空:是一个自由而独立的国家,但是还没有达到人民所奋斗的目标。不要没有耐心,不要现在就放松。

不管一个政党革命性多强,不管政府和人民的革命性多强,目标的完成仍然是一个过程。莫桑比克或坦桑尼亚的贫困不可能一夜之间消除,一年或者十年可能都不会克服。汹涌的大海仍待跨越。经济只能随着所走的每一步一点点前进。在此过程中,还会遇到洪涝干旱的阻碍,也会有一些与不希望非洲在自由中发展的人所采取的行动相关的问题。所有这些问题都能克服,但是只有在跟这些问题抗争的过程中才能克服。不会有新的奇迹。

一个革命政府及其人民能立即开始采取正确的政策。不会立即收获那些政策的果实。假若你今天植下一棵椰子树,不会明天就喝上椰子汁。在其成长的过程中,如果你不浇水,不锄草,防止被野猪吃掉,根本不会有椰子汁喝。土壤和时间都需被准备好。革命也是如此。革命的良种是解放阵线政府的好政策。好的土壤是国家的人民,是那些倒下的革命同志用鲜血滋养的。但是种子即使在黑暗中也会发芽,会静静地成长;其成长在某一刻是难以觉察的。只有成熟时才会结出硕果。

你不可能让树长得更快,但是如果你失去耐心,你会毁了它。如果你不给植物浇水,在吃到果子前,它就会死去。如果你将其连根拔起,看看根是不是在成长,你会害了它。如果你任杂草丛生,野生动物遍地,树根本不会成长。

要拿到你栽的树所结的果实需要理解、有纪律的工作及耐心。如果你想吃革命的果实也需要这些。本国人民感到饥饿,但食物不会因为土地不再为葡萄牙殖民主义者所有而停止生长。莫桑比克的孩子们需要学校,但教育和培训教师需要时间。这个年轻的共和国的人民需要医疗服务,但是健康工作者需要培训,给他们配备仪器和药品。所有这些你都不会从殖民主人那里继承下来,必须自己创造。

有些人知道下金蛋的鹅的故事。鹅每天有吃的,每天会产一枚蛋。但是农民变得不耐烦,所以他杀了鹅,立刻切开拿更多的蛋。唉,里面根本就没有蛋。

贵国正在为解放而战斗的战士已受到类似的教训,勇士们的耐心接受着考验。新的战争需要经验教训和耐心——与贫穷、无知、疾病及建设进行的斗争。

莫桑比克人民用力打开了监狱的门：你们是自由的国家啦！现在在为经济自由而进行的斗争中，你们能够加入非洲其他地区的弟兄中，你们可以为自己的利益自由建设自己的国家。现在你们可以加入我们，一起建设一个自由的大陆。

让我们共同前进！继续战斗！

# 10 有关解放的一些问题

## 英国国事访问时在牛津大学的讲话
### 1975 年 11 月 19 日

> "……如果由于失去了自由平等的原则,法律禁止和平表达观点,没有任何变化的可能,人们则面临一个清晰的选择。要么默默忍受压迫和羞辱,要么投入武装斗争。"

我曾在美洲大陆、亚洲和澳大利亚以及欧洲的很多国家做过关于反对种族主义和殖民主义的讲话。坦噶尼喀独立后的五天里,我第一次作为一个自由国家的总理在联合国讲话的时候,我一直在谈论这个问题。我持续谈论殖民主义和种族主义不只因为它们像珠穆朗玛峰一样客观存在着,还因为与珠穆朗玛峰不同,我们必须一起将它们从地球上清除。我今天将再次谈论这个主题。因为牛津大学及其毕业生在态度发展方面举足轻重,而且英国比像坦桑尼亚这样的小、弱而年轻的国家在世界上有更大的影响力。

我们坦桑尼亚没有解放南非的野心,我们也不会要求其他国家来承担这一任务。我们不相信一个国家可以解放另一个国家。我们不相信任何一个民族能"被给予"自由。他们只是在为自己争取自由时,受到帮助或是阻碍。然而,同样地,我们不相信哪个民族最终会得不到自由。因为人就是这样组成的,除非感到已获得自由以及随之而来的人的尊严,否则将永不停歇。

所以,人们早晚会采用某种方式,在社会中为自己的自由而战,为不受外来统治的社会自由而战。世界及每个国家的历史位于人类斗争的底层,在技术变化的社会,要求作为一个自由的个体,在与别人平等的前提下,调和对于秩序的需要。

坦桑尼亚对于南非自由运动的兴趣并非来自人民对解放别人负有天赋的使命。如果是这样的话,全世界都将正确地将坦桑尼亚视为对非洲和平的威胁;救世主式的责任比蓄意的邪恶模式对真正的自由带来的破坏更多。而且,我想在我结束演讲之前将其简单化,我们本国还未将自由变为现实。

然而,在一种意义上我们是自由的。我们自我管理:我们选举自己的政府和议会,我们决定我们自己的发展方向。我们自己犯错误,取得自己的成功。因为非洲有很多国家目前的存在是1939—1945年世界范围内反殖民运动的结果,坦桑尼亚只是其中一个。

我们为了独立而战。如果不是我们有决心,我们1961年不会取得胜利。但是我们的庆祝并不只是我们自己努力的结果;我们得益于一个事实,殖民主义对世界人民来说不可接受。众所周知,殖民主义与人类平等与自由的原则不符。而且,即使是现在,我们正在继续的独立与其说是我们自己的抵抗能力使然,不如说是因为国家自由的原则。因此,任何有助于加强国家独立原则的对我们来说都是重要的,而任何削弱这一原则的,我们都要关注。

这样,我们认为独立权要么每个国家都有,要么对于坦桑尼亚来说也不存在。坦桑尼亚不具备罗得西亚人所不具备的那些超人美德。与葡萄牙、黎巴嫩或者任何其他一个早就独立的因为语言或意识形态而呈分裂状态的国家的人民一样,纳米比亚人拥有同样多的权利自己解决不统一的问题。而达累斯萨拉姆或卢萨卡或拉各斯的所有人与约翰内斯堡或比勒陀利亚或开普敦人有着同样的尊严。我们自己要求什么,也得接受别人所要求的权利。如果其他人不被赋予这样的权利,我们所拥有的权利就不可靠。

但是尽管我们为自由而战的时候,弱点和盲点使我们支持其他非洲人的责任更清晰,这种联系在其他国家和人种中也同样存在。欧洲曾有邪恶,种族主义的危险严重威胁着欧洲大陆。纳粹德国为了一己之私试图占领、统治、控制欧洲其他地区,非洲殖民主义只是纳粹德国的更古老更长久的翻版。不只非洲存在这个问题。也不可能将其控制在非洲范围内,正如不可能限制欧洲对其相邻地区的影响一样。非洲种族主义和殖民主义与全世界都有联系,要回答清楚的问题是世界其他国家将对南非的自由斗争作何反应。

罗得西亚、纳米比亚和南非人民不接受从属的地位。在南非,现代形式的斗争可追溯至1912年非洲人国民大会的形成。在罗得西亚,第一个非洲人大会是在第一次世界大战之后成立的。而且尽管纳米比亚民族主义组织在成立时间上更近，传统非洲领袖纠正其不足的努力可追溯至国际联盟授权开始之时。

这些组织和平表达了对于尊严和自由的需求，却屡遭暴力。然而，政治组织的努力继续，而且确实仍在进行。严肃的人无论多么"特立独行"，态度多么不公正客观，也都不愿意反抗政府。只要有任何向好的方面变化的可能，无论是谁制定的法律，他们一般会在法律规定的范围内工作。但是，如果由于失去了自由平等的原则，法律禁止和平表达观点，没有任何变化的可能，人们则面临一个清晰的选择。要么默默忍受压迫和羞辱，要么投入武装斗争。

因此，1969年的《卢萨卡宣言》在提到自由与种族平等时说"我们愿意谈判而不愿破坏，愿意谈判而不愿杀戮。我们不提倡使用暴力；我们提倡结束反人类尊严的暴力，而现在却被非洲的压迫所渗透"，这只是重述原本清晰的内容。

然而武装自由斗争已经开始。葡萄牙殖民地的人民不得不承认，没有杀人或被杀的意愿，他们对于自由的要求就不会取得进步。罗得西亚人带着更多的迟疑得出同样的结论，因此也开始备战。《卢萨卡宣言》就是提出一个谈判第十二个小时的要求，清晰地几乎是一个音节一个音节地阐明："如果和平解放有可能，或者变化的环境使其将来成为可能，即使在变化的时机上做出一些让步，我们也会督促我们的弟兄在反抗运动中使用和平的斗争方式。"

《卢萨卡宣言》是由东非和中非国家起草，非洲统一组织和联合国批准通过的。解放运动接受《卢萨卡宣言》。但是南非政府、罗得西亚政府和葡萄牙政府却对其置之不理！

因此葡萄牙殖民者的武装斗争加强了。罗得西亚加快准备游击战争。现在我们知道其结果了。作为在莫桑比克、安哥拉和几内亚比绍共和国斗争的直接后果，宗主国葡萄牙的卡丹奴政府被推翻，新的军队政权接受自由运动为之奋斗的原则。因此，斗争停止了。

几内亚比绍共和国的独立，已经在国家大部分地区公开过而且是必须公开的。解放阵线就过渡达成一致，过渡期为10个月，并就莫桑比克独立的细节进行协商。

然而安哥拉无法恢复葡萄牙保持政权的斗争所造成的破坏。不统一的民族主义力量短暂地走在一起，只为了就独立的日期达成一致，然后就开始互相残杀。那个不幸福国家的人民付出了代价,那些人试图通过分裂他们从而达到统治目的,而他们不得不屈服这些人的策略。

莫桑比克首先独立了,他们完成了《卢萨卡宣言》所未能做到的。南非政府表示愿意就此话题在我们设定的基础上进行谈判——那就是,罗得西亚如何实现多数派的统治,而不是要不要多数派的统治。

因此根据《卢萨卡宣言》,坦桑尼亚、赞比亚、博茨瓦纳政府接受任务,作为中间人与罗得西亚民族主义者进行调解,沃斯特接受了与史密斯政权相同的任务。正是这些讨论增加了南非谈论停止而我们否决停止的会谈。

接受这个任务的时候,我和我的同仁们正面临着南部非洲的一些情况,以及那边一些涉及三方的问题。罗得西亚是英国殖民地。然而考虑到实际情况,英国于1923年将权力移交给一个少数民族。从那时起,这个民族一直在拒绝重新声明其权力。了解到这一点,非洲国家在1965年仍然拒绝承认罗得西亚独立声明。

我们反对殖民主义。原则上我们不反对《单边独立声明》。这不是主要问题。但是,不是罗得西亚人民代表发表了罗得西亚独立声明。而是事实上的政府,其权力基于政治和经济的种族结构,而且主张少数派统治。在这样的条件下,即使英国议会将其合法化,我们也会拒绝承认罗得西亚的独立。

因此,就我们而言,罗得西亚法律上仍是英国殖民地。但事实上,跟理论上截然不同,罗得西亚的这个问题显然得在比较权力的基础上解决。而且,竞争者是受南非支持的伊恩·史密斯掌权的少数派政权,和非洲其他独立国家支持的民族主义运动以及世界其他地区的非种族主义者。

南非政府公开表明愿意接受罗得西亚多数决定原则时,表明会利用其影响,因此,自由的非洲边境各国做进一步调查是符合常理的。因为没有了南非的支持,罗得西亚无法生存。如果失去南非的支持,罗得西亚很可能就没有必要再为自由而战。

从那时起我无需经历12个月乐观与现实的交替。很明显,即使是现在,史密斯还是没做好进行有意义会谈的准备。他还未接受罗得西亚多数决定原则,如果期望南非履行英国的职责,使用武力实现多数派统治会显得很奇怪。南非仍然拒绝对非法政权采取经济制裁!

因此,我们不得不重新采用1969年《卢萨卡宣言》里列出的另一个策略。

那就是"如果和平进程受到南部非洲各国当政者的阻碍,我们只有给这些国家的人民我们所能给予的支持,用以反对统治者的斗争。"不幸但是却又不可避免的是罗得西亚的武装斗争将继续进行,并且进一步加强,直到进行现实谈判的条件成熟。罗得西亚的自由战士将如莫桑比克的战士一样要求非洲的支持。

很抱歉,我们需要进行战争。战争只能带给罗得西亚的白人和黑人们可怕的苦难。因此,战争会遗留下痛苦,使那个国家更难以成为一个非种族主义的民主社会。但是我们不能再拒绝罗得西亚自由战士的支持,也不能拒绝20世纪40年代欧洲反抗运动的支持。

由于葡萄牙的政策发生变化,非洲各国也就纳米比亚的独立问题试探南非。因为南非领导人曾说他们接受该托管领土的独立原则。而且纳米比亚事实上是受南非直接控制的。伊恩·史密斯异乎寻常的固执,以及罗得西亚白人明显的死亡意愿的一厢情愿,并不能将纳米比亚真正的独立复杂化。所需要的是南非政府接受联合国决议,并安排将领土的管辖移交给联合国南非专员。

然而现在很清楚,南非政府考虑的并不是纳米比亚真正的独立,不乐意将控制权交给联合国,不愿意与国家民族主义运动进行协商。相反,南非正采取部落路线加强分裂人民的努力,努力保持对纳米比亚的控制,同时假装正向反殖民主义事业做出转变。

这种评价的证据在过去几周里持续增加。因为南非正将纳米比亚作为其军队入侵安哥拉的基地和雇佣军在该国行动的集结地。因此,目前来说,纳米比亚跟罗得西亚一样,在进行任何严肃的谈判之前,独立运动似乎都应该加强武装斗争。罗得西亚和纳米比亚的自由斗争中,非洲以外的地区可能不喜欢解放运动所采取的方式,但不会挑战结束殖民统治的目的。但是,我们也要求南非自由。然而,南非是一个独立的国家。

假装成另一种情况让人很奇怪。全世界都接受不干涉一个独立主权国家的内务问题,至少理论上如此。然而,整个非洲尤其是坦桑尼亚声称世界各国不能忽视南非内部所发生的事情,应该在独立的国家内根据安全的变化来行动。

南非是一个独裁国家。在世界上,南非不是唯一的独裁的警察国家,甚至在非洲也不是。世界上有太多独裁国家了。然而,我们不主张外部干涉,相反,我们强烈反对外部干涉。坦桑尼亚表达对乌干达暴行和不公正的敌视之时,我们清楚地表明我们会谴责外部干涉。

我们也不能正当地声明我们在坦桑尼亚已建成乌托邦。我们称自己为民主社会国家。实际上,我们既不是民主主义,也不是社会主义。民主的支持者以及社会主义的主要人物不知道他们在讽刺并要求坦桑尼亚民主或者独立时,我多么同情他们。

民主主义和社会主义需要对男女的尊严和平等、对专制的动态及常见的容忍、对那些国家和社会机构负责人的成熟度和完整度,以及坦桑尼亚和坦桑尼亚人都不具备的国家和个人的富裕程度有一个成熟和通俗的认识。

我们很多人长期遭受营养不良以及由此引发的身心疾病。其贫困及无知成为人类自由会谈的笑柄。我们有乡村暴君,有不敏感的官僚,有任意的习惯,有些是殖民制度苟延残喘的痕迹,还有一些是我们自身的原因造成的。至少我们的司法程序还亟待改善。我们的法令中竟然有这么一条法律:在未审判的情况下可对一个人进行拘留!

传统上,我们对妇女有偏见,歧视她们。我们喜欢强施权威,也喜欢服从权威,达到不可忍受的程度。另外,我们的无能甚至不负责任地常常将我们实施的那些用来支持自由与人类尊严的政策变成一句空话。

有些弊病可以用国家贫困和落后来解释,还有一些可以考虑年轻机构的脆弱与经验不足,而另一些则完全是因为不怀好意。但是不管是什么原因,这些弊病都是客观存在的。我们的人民因此而受苦,而且只要这些弊病还存在,我们就会因此而受到谴责。

但是我们很认真地试图建立一个民主的社会主义国家。我们确信没有社会主义就不会有民主,反之亦如此。我认为我们有体现民主的方面,也有体现社会主义的方面。

我们之所以被谴责是因为我们的行动和我们对社会主义以及与社会主义不可分割的民主和个人自由所做的承诺之间有差距。我们受到批评,是因为我们未能达到我们自己所声明的原则。我们相信不管他们怎么定义这些词,英国、美国、苏联、中国、印度及其他自己号称民主的国家莫不如此。我们的自我批评及对别人的批评与我们声明的理想相关,与我们国家所进行的事业也有关系。

南非就不存在这样原则与行动之间的差距,或者说有那么一个差距,但是是所有自由的人都感到高兴的差距。因为作为一个基本目的,南非政府是世界唯一一个根据身体特征对人进行分类,一个种族对另一个种族的统治根深蒂固的政府。肤色、出身以及人无法控制的因素构成南非专制的基础。

如果不保护人类尊严的原则,你做什么并不重要。重要的是你是被划分为黑色人种、棕色人种,还是白色人种。这将通过政府命令,根据其法律决定你的政治和经济生活。在这一点上,也只有在这一点上,南非是特别的。然而这种特殊性非常重要,不容忽视。

作为一种思想态度,种族主义不能通过武力消除。每个民族都存在种族主义,而且每个国家都存在种族主义。英国有受种族主义之苦的黑人,而且尽管最近的大选可以证明这一点,坦桑尼亚的白人和棕色人种也经历了这些。英国、坦桑尼亚、美国、苏联、印度等国家的社团和国家组织都反对种族主义。而且他们让步于种族主义时,我们用他们自己的言辞和原则谴责他们。

南非是一个传播种族主义的国家,但是独立国家的平等和主权不能只是种族主义昌盛的外壳。因为种族主义是在人与人之间以及国家之间传播的毒药。种族主义的受害者往往自己会变成一个种族主义者,而那些同情受害者的人很容易报复那些跟他们一样无辜的人。对世界的未来来说,全人类基本平等非常重要,其他国家无法忽视南非社会的种族主义结构。

世界发达国家的政治家及政治人士一致认为南非的种族隔离很可怕,因此从1948年以来就用文字谴责种族隔离。但是他们同时跟南非继续保持贸易、文化交流及外交关系,似乎南非是国际社会的普通成员。因此那些谴责的话被看作是为了维护政治上的面子,而南非政府可以无视这些谴责,认为这些毫无关系。因为如果你认为一个人得了天花,你不能跟他呆在一起,你好好待他,请求他治愈而不把疾病传染给你,然而悲哀的是,你鼓励他,而且如果他拒绝因病而服药,你会为了保护自己而强行把药送进他的口中。

任何国家都无权在军事上干涉南非,当然坦桑尼亚无意对南非发动自由战争。但是南非种族主义政府,通过其日常行动为国内革命准备条件。因为除非他们使用唯一的方法坚持他们的任性,否则你不能永远羞辱或压迫男人和女人们。也就是说他们会反抗。因此现在以及将来都会有各种肤色的南非人,冒着酷刑和死亡的威胁与整个种族主义社会结构作斗争。

我们坦桑尼亚人相信那些真心反对种族主义的人应该帮助与种族主义作

斗争的人。因为南非是一个独立国家,有些政府和组织可能认为不能直接支持那些想推翻南非政治体系的人,但是国际法中没有任何规定要求世界其他地区应该在原则冲突时支持南非政府,在种族主义和非种族主义的斗争中帮助南非政府。至少,他们应制止激励南非种族隔离的支持者。

然而那些在南非投资或与南非有贸易往来,或将其作为国际社团一个值得尊敬成员的人,正支持南非种族隔离及其有关的一切。机构和个人不会出于慈善而在外国投资。他们投资是为了获利或收取利息。

但是通过这些投资,他们已购买了除股票和股份之外被称为"政治稳定"的利息;这里指的是维持南非的种族隔离。这部分的利息情况是,他们的投资额越大,他们的投资回报就越大。而且,南非经济越强大,南非可以用来维持种族特权的资源就越多。

无论反对种族隔离的话说得有多美,南非吸引外来的投资越多,它得到的联盟也因此就越多。而且投资是受高额回报吸引的。因此南非从劳动人民那里榨取的盈余越多,吸引的投资也就越多。外国投资不仅不会削弱种族隔离,而且对于南非经济的贡献使种族主义基础上的剥削不可避免地加强了。我们很少听到如果南非的分红体系瓦解,经济必须与军事相分离这样的争论。

南非的投资者以及南非的贸易伙伴帮忙支付种族隔离的花费。他们有助于种族隔离经济的增长,同时他们又从中获益。而且,在此过程中,他们被种族隔离所瓦解。不管这些投资者住得离南非有多远,以及在私人关系中多么无种族偏见,他们都是种族分离的参与者。

作为国家法令的种族隔离和种族主义的反对者除了鼓励南非外没有其他更好的选择。这样,他们至少不会给南非目前的状况增加力量。一个非种族主义者似乎至少应该帮助那些代表我们与种族主义作斗争,自己却付出巨大的代价的人。

今天在谈到南非的时候,我并未讲什么新的内容。因为对于根深蒂固的种族主义问题,我没有什么神奇的解决方法,我无法预见那个地区解放斗争详细的未来路线。我曾试图做的就是对我们坦桑尼亚的情况做出解释,表明我们应该支持我们非洲大陆以及其他三个国家地区争取人类尊严的斗争。

# 11 非洲自由权不可分割

### 在为尼雷尔总统举行的宴会上致比利时国王博杜安的答谢词
### 布鲁塞尔:1975 年 11 月 25 日

> "既然会谈失败,他们被迫为正义而战。我们将力所能及地帮助他们。如果我们不想否认我们自己独立的基础,就必须这么做。因为自由的权利要么存在于整个非洲,要么在非洲根本就不存在。"

---

首先请允许我对我和同事们今天到达这个有名的城市所感受到的热情表示感谢。很荣幸我们能够这么快就回复了国王对坦桑尼亚的访问,延续我们个人以及国家之间的友谊。我还想说,我在乘火车抵达首都的时候发现一个特别的惊喜,就是能够在路上领略比利时的乡村风光。我希望在接下来的几天里,我能看到这个密度大、人口多的国家的更多景致。

需要特别指出的是,我很高兴我能够访问比利时不同的语言地区,了解一个单独而自豪的国家在语言不同的情况下是如何根据一些安排而建立的。我认为并不是所有的问题都已得到解决;在技术日新月异的社会,这只是一个梦想。我怀疑我们如果没有环境带来的问题,我们也会因为无聊而制造麻烦。

国王陛下,您访问达累斯萨拉姆的时候,我表达了我们想向比利时学习国际合作经验的愿望。我今天不想再重复那些话。布鲁塞尔会给我机会去看这个欧洲社团,讨论其与社团专员以及国王政府领导人是如何协调工作的。

讨论时,我们无疑还会提到欧洲与世界贫穷国家的关系问题。正如陛下所说,《洛美协定》里已就这些问题提出新的解决方法,我们对此很欣赏。然而我想留这样一个印象:坦桑尼亚或者其他发展中国家对该协议感到满意。我们将其视为良好开端。

因为世界贫困问题是一个严重问题,而且变得越来越糟糕而不是越来越好。由于完全超出我们控制的原因,我们贫穷国家的人均国民收入去年实际上下降了。这部分地并非全部是由干旱引起的。石油价格的上升是部分而非全部原因。还有个原因是国际经济体系的工作机制。

这导致最贫穷的国家承受着世界经济的一个不公正的份额,因为工业品和主要商品的贸易条件不断地向工业品倾斜。相反,我们受工业化世界衰退的影响大于我们在繁荣条件下所分得的利益。而且,因为我们的资源太有限,吸收经济障碍意味着极度艰辛程度的进一步加强,基本发展任务的耽搁,人民甚至持续地面临饥饿危险。

国王陛下很友善地提到坦桑尼亚的社会主义和自力更生政策,这是我们努力改善条件,减少社会不公正,解决我们不能控制的经济问题的途径。我们是在努力减少贫困,而且同时进行平均分配。尽管我们在努力尝试我们的好政策时由于耐心不够而犯了很多错误,我们既有成功,也有失败。

但是,事实是我们在做无用功。人民使用原始的工具进行斗争,增加经济作物及食品的产量。这样我们国家能挣得外汇,用以购买提高生产力的肥料及生产资料。但是每年我们都不得不生产更多的剑麻、棉花和咖啡,以购买同样数量的拖拉机,或者同样的工业机器。

国王陛下,不足为奇,我们坚持要改变政权体系,而这种体系总是与我们的利益背道而驰。我们当然认识到要想变革,最好的办法就是让富裕国家和贫穷国家进行对话。经济冲突对我们所有国家来说都是毁灭性的。

然而要回答的问题是对话会不会有计划、有目的地带来必要的变化。我们期望世界各国对此问题的回答是肯定的,因此国王陛下保证比利时会完全地、有建设性地参与所有恰当的国际会议,我们对此表示欢迎。

我还想说,尽管我们相信援助不能为目前世界的不公正提供任何重要的解决方法,我们很欣赏比利时做出的在一些发展项目上向坦桑尼亚单方提供帮助的决定。讨论仍处于初级阶段,但是我相信比利时和坦桑尼亚政府将能够做出达到双方满意的细则。

同时,我想对比利时在两年大旱期间帮我们解决食品问题表示感谢。我们今年的收成很好,但由于玉米是我们的主食,现在1500吨玉米将对我们非常有帮助。

国王陛下还表示要支持坦桑尼亚为非洲的和平解放所做的努力。我希望这些努力及同事们的努力已取得一些成功。然而不幸的是,没有继续进行武装斗争,罗得西亚和纳米比亚很明显都没有在多数政权的基础上获得自由。而且,当那些国家的人民认为他们的自由战争需要我们协助的时候,我们坦桑尼亚除了支持别无选择。他们和我们一起努力在谈判桌上取得正义。

既然会谈失败,他们被迫为正义而战。我们将力所能及地帮助他们。如果我们不想否认我们自己独立的基础,就必须这么做。因为自由的权利要么存在于整个非洲,要么在非洲根本就不存在。

然而非洲大陆上还有一个国家,在那里战争的灾难不仅是不必要的,还是罪恶的。而且安哥拉的战争不再只是安哥拉人之间的冲突。安哥拉已经演变成一个大国和其他工业化国家积极参与的战场。没有他们双方的干预,安哥拉人民会在非洲的帮助下更快地而且痛苦更小地解决自己的问题。

但是,那些向敌对组织提供武器和其他设备的国家现在对安哥拉自由和安哥拉人民的苦难不感兴趣。他们试图控制安哥拉,为了自己的利益将其变成可以剥削的傀儡国家。他们将来想控制独立的安哥拉,就像葡萄牙统治殖民地时期的安哥拉一样。我们坦桑尼亚人全心全意赞同非洲统一组织关于大国应远离安哥拉争议的要求。

我今天讲的主题并不是愉快的话题。我只能请求我对这个世界的状况不负完全责任!但是,我至少可以用一个欢乐的音符结束我的讲话。因为我们对两国以及两国人民之间日益增长的友谊感到很满意,而且我相信这对我们两国都有好处。

# 12 坦桑尼亚在南部非洲解放斗争中的立场

## 在宴会上致丹麦首相的答谢词
## 丹麦：1976年5月6日

> "这是一场民族主义斗争。这场斗争既不是支持共产主义、资本主义或任何形式的社会主义的斗争，也不是反对它们的斗争。在罗得西亚和纳米比亚，这场斗争的最终结果可能是成立独立政府，发展社会主义。这我也说不准。我是一个社会主义者，如果结果果真如此，我当然高兴。但这并非我们目前关注的问题。我们关注的是自由——让这些国家的人民最终实现国家独立。"

首先，我想对首相先生和丹麦人民表示感谢，感谢你们的热情接待。很高兴能够再次访问北欧国家，我非常期待接下来两天的丹麦之行。两天时间太短，但足够让我们感受到丹麦人的福泽！

此次来访，使我有机会代表坦桑尼亚人民对丹麦人民的友谊表达感激之情！在过去几年中，丹麦人民组织坦桑尼亚文化展，丹麦政府也对非洲国家争取政治和经济自由的努力给予了理解和支持，这些都是丹麦人民友谊的体现。当我们在自己国家面对诸多问题的时候，我们知道欧洲北部这几个发达的小国给予了我们理解和支持，让我们倍感欣慰。

此外，我们也特别珍视丹麦给予我们的帮助。这些帮助有的是通过双边合作，也有的是通过北欧合作组织提供给我们的。我无法一一列举丹麦人在坦桑尼亚投资或参与的众多项目，但我想对你们说声谢谢。感谢你们同我们并肩合作，也感谢那些为促成这些合作而努力过的人。

我们有两个主要目标得到了贵国的支持，这两个目标也是坦桑尼亚对内政策的主要体现。其一是力求改善我国人民的贫穷状况，其二是力求让自由的人们通力合作来摆脱贫困。独立之后的15年来,我们在这两方面取得了一点进步。尤其是1967年以来,当非洲民族联盟发表《阿鲁沙宣言》后,我们从此明确了自己的使命,也进而明确了正确的前进方向。当然,我们实现目标的进程才刚刚开始,但是就像中国古训里所说的一样,"千里之行,始于足下"。

然而,在这个进程中,我们也面临着很多困境。我们的第一个目标,即消除贫困,要求我们在政策和政治活动中重视物质资料的重要性。坦盟发言人在坦桑尼亚奔走疾呼,呼吁人们更加努力地工作。革命党全国执行委员会要求政府采取措施增加产量,内阁起草发展草案以帮助工人和小股本公司提高生产力。

但是,要正确看待平等、尊严、工作及社会生活的合作却对我们提出了完全不同的要求。我们需要强调非物质价值的重要性,也就是要重视伙伴关系,互帮互助,致力于社会共同发展,而不是个人发展,因为我们是社会的一部分。

这两个目标是互相关联的,至少在坦桑尼亚是如此。人类尊严与营养不良、可预防疾病以及无知无法共存,我们需要生产更多的财富来根除这一切。产量的增加也只有在人们愿意为了他们自己的利益协同合作或者为了其他某个人的利益而共同合作的时候才会成为可能。

但是,在实践中,这两个目标之间会有短期冲突。提高产量的最好办法未必是重视平等的好方法。因此,坦桑尼亚必须在增加财富这一紧急需求和致富为人的坚定信念之间保持平衡。坚持致富为人,绝不能让财富毁人。

因此,1962年我们施行村居化政策,即共同居住在村子而不是分散居住在各自的棚屋里。该政策在坦桑尼亚已不再是自愿施行。1974年以来,我们把"城镇规划"推广到乡村,在农村和城镇建立居住区、工作区、森林公园和野生动物保护区,等等。这样做的原因显而易见。耕地相隔数英里远的情况下根本无法发展现代农业,尤其是在像坦桑尼亚这样需要进行根本技术变革的国家。也只有乡村居民集中居住在一起,才有可能为他们提供或建设最基本的教育和医疗设施。因此,我们一直都处在一个非常尴尬的境地,100个孩子里面我们只能给55个孩子提供学校让他们上学,而这些学校里竟然还有超过10%是没有学生的。在很多地区,甚至很难凑够一个班的孩子,因为他们彼此住得太远。这些空闲的学校现在已经有很多学生了,我们也深感有能力确立在1977年底实现全面普及初级教育的宏伟目标。我不知道我们能否实现这一目标——书本和纸张是一个大问题。但至少我们所提供的教育设施孩子们都可以使用,因为到那时他们都将居住在村子里。

事实上,坦盟所做的强制居住在村子里的决定破除了人们长期居于一隅的惰性,这种改变的好处也已初步显现。我并不是在说我们每一个村子里现在都有干净的水、学校、诊所等,大多数的村子都还没有这些。但是,村民们现在可以提出他们对于发展的要求,他们也可以聚集到一起就跟他们日常生活相关的事物做决策了。

另一方面,在1967年,坦桑尼亚通过了推行"乌贾马"政策,即合作式村庄。人们可以在自愿的基础上在乌贾马社区居住和工作。这都必须是以自愿为基础,你不可能以强迫的方式让人们生活和工作在一起。必须是人们愿意去做,并确信这是给他们自己和孩子带来美好生活的方式,他们才会真正去这么做。在这一点上,我们的政策一直没变。乌贾马的生活和工作方式一直是我们希望推行的组织形式,但它仍然是以自愿为前提。

但是,在坦桑尼亚致力于内部发展的同时,我们也同时肩负着对整个非洲的责任——甚至是对整个世界的责任。尤其是坦桑尼亚现在仍然致力于完全解放我们整个非洲大陆的斗争,这一斗争目前已经到了一个非常困难和关键的阶段。

首相先生,今晚我并不想就这一话题讲太多。但是,有一点我想郑重强调,那就是:目前在南非的斗争是一场民族主义的斗争。这场斗争既不是支持共产主义、资本主义或任何形式的社会主义的斗争,也不是反对它们的斗争。在罗得西亚和纳米比亚,这场斗争的最终结果可能是成立独立政府,发展社会主义。这我也说不准。我是一个社会主义者,如果结果果真如此,我当然高兴。但这并非我们目前关注的问题。我们关注的是自由——让这些国家的人民最终实现国家独立。

长久以来,南非人民一直寻求以和平方式实现这一目标。在此期间,他们得到了非洲自由国家的支持。因为我们意识到他们的斗争就是反殖民主义运动的延续,该运动使得非洲大陆的其他国家赢得了政治独立。虽然勉为其难,但既然罗得西亚和纳米比亚的人民已经达成了武装斗争是唯一出路的共识,那么以多数决定原则为基础的独立仍然是最终目标。该目标不会因为需要从非洲以外的国家获得武器而改变,也不会因为在以意识形态划分的世界只有一部分国家愿意提供武器而改变。

自由才是问题的关键。为了南非乃至整个非洲的利益，我们希望其他各大洲珍视他们自己自由的人民和国家能够坚持这一点。因为，战争将会，甚至正在给民族主义者和试图维护他们自己的权力和特权的人带来磨难和死亡。在这样的形势下，外国干涉的危险无可避免。对这一做法，我们强烈反对。因为争取自由的运动不会被阻止。阻碍自由者所获得的外部支持越多，自由战士们向那些愿意提供武器和其他帮助的力量寻求的援助就越多。结果之一是试图让处于危险中的关键问题变得模糊不清，因为强国只为谋取自己的利益，不会关心非洲争取独立和民族自由的基本而又简单的要求。

过去，丹麦一直理解并支持亚非国家的反殖民主义运动。我深信，在这个热爱和平、充满自由的国家，其人民仍会继续理解在南非的斗争，并为自由解放运动提供一切可能的帮助。

首相先生，女士们先生们，请和我一起举杯，向女王玛格丽特二世、丹麦人民，以及两国友谊致以美好祝福！

# 13 南部非洲的民族主义

### 在芬兰对巴锡基维协会所作的讲话
### 1976 年 5 月 10 日

"压迫和羞辱会使人们对自由和平等人权的要求变得更加强烈。如果人们没有其他办法获得这种自治权利并活得有尊严,那么最终,他们会决定以死抗争。"

芬兰于 1917 年成为一个独立国家。此后的 60 年里,芬兰人民证明了这种独立对他们意味着什么。他们曾在严峻的军事威胁下保卫了自己的祖国。他们没有为了经济利益而在政治或经济上做出有损其自治权力的改变。他们坚定地在他们自己文化遗产的基础上建立自己的社会。因此,我相信,芬兰人民能够理解民族主义的力量以及民族自由和自治的坚定信念。

在南部非洲,自治权和以多数决定原则为基础的民族独立仍然无法实现。罗得西亚的 600 万非洲人都处于 27.7 万少数白人的统治之下。而这些白人当中有超过三分之一的人是在近十年才来到这个国家的。纳米比亚的 75 万人口由南非管辖,这种管辖也是在 9 万纳米比亚白人的帮助和合作下实现的。仅就南非而言,其政治权力和经济机会都在 420 万白人的掌控之下,其余 2100 万非白人因为种族的原因无法享有这一切。

在这些国家,争取独立和获取平等人权的斗争并不是什么新鲜事物。本土居民为反对国家被占领而斗争。他们不断地起义反抗。近几年来,他们尝试以政治手段来实现自我组织与管理。他们组织抗议,递交请愿书;他们组织罢工和消极抵抗。圣雄甘地在南非发起了消极抵抗运动,但是这些地区的人民被军事力量打垮。他们的政治组织也被无情地镇压。他们的和平游行示威也遭到了政府最残酷的暴力镇压。

然而,枪炮不能击垮人们心中民族主义的强烈愿望。逮捕、折磨和处决也无法将一个人对尊严的渴望扼杀。压迫和羞辱会使人们对自由和平等人权的要求变得更加强烈。如果人们没有其他办法获得这种自治权利并活得有尊严,那么最终,他们会决定以死抗争。

这就是殖民势力拒绝接受民族独立的原则时,莫桑比克、安哥拉和几内亚比绍所做的决定。人们拿起武器为了自由而战。现在这些国家都已经获得了自由。现在,罗得西亚和纳米比亚也做出了同样的决定。人们决定要为自由而战,因为其他的路已经走不通。下这样的决心绝非轻率之举。

罗得西亚是英殖民地,而英国是民主国家。过去,一代又一代罗得西亚非洲人向英国谋求公正和政治革新。他们以其他英殖民地为榜样,以和平方式表达对自由的要求并希望英国政府予以回应,把权力逐步平稳地转移到大多数人手中。然而这一希望从未实现。英国政府从来没有利用其法律权力在"自治殖民地"真正实现非洲人权,因为这违背了少数白人政府的意志。

然而,当非洲人民对多数决定原则和独立的要求不断高涨、组织性也更强的时候,罗得西亚少数派则越来越忍受不了以往加诸其权力之上的法律约束。

1965年,少数白人政府单方面违法地宣称罗得西亚为独立国家。对此,罗得西亚的非洲人再一次要求英国政府采取必要措施。英国政府对此声明进行了抨击,拒绝承认罗得西亚是主权国家。但是,其采取的唯一行动就是逐步对罗得西亚实施经济制裁。数月后,这些制裁行动获得了联合国的支持。

罗得西亚非洲人仍然对和平实现多数决定原则抱有坚定信心。他们继续与英国谈判,并于1971年,向和平委员会清楚地表达了自己的意图。在葡属殖民地,独立运动迫使白人首领同意与那些之前除了逮捕和拘押以外从未与之接触过的人对话,他们随即便和伊恩·史密斯进行了谈话。但是,那年三月,非洲民族主义者认识到通过和平谈判方式谋求多数决定原则的做法毫无希望可言,最终决定放弃。

罗得西亚白人统治者一直固执已见,拒绝接受多数决定原则,"哪怕再过一千年也不可能"就是伊恩·史密斯最近公开的回复。这让一直隐忍的人们最终忍无可忍。彻底明白他的意思之后,罗得西亚人民担负起了武装夺取自由,在多数决定原则下获取独立的使命。无论他们曾经多么意见相左,但是为了武装斗争的共同任务,他们现在团结一致、上下齐心。

同样地，在纳米比亚，人们也曾试图寻求保护，试图通过和平手段获得政治权利。这样做是有原因的。1920年，西南非洲在国际联盟的授权下由南非接管。二战以后，每个托管地都成了联合国的一个托管领土，有管理当局，并接受最终独立的原则。坦噶尼喀就是其中之一。南非就连西南非洲一直以来的国际地位都拒绝承认。

但是，联合国对于其对纳米比亚的责任有一个缓慢的接受过程。直到1966年，南非对纳米比亚的占领才被最终宣告非法。但一直到现在，十年之后的今天，联合国一直没有在纳米比亚驻军以使该决议最终得以实施。谴责南非占领纳米比亚的决议是照章办事，按规定程序通过的。但是，南非如今仍然是联合国的一员。联合国驻纳米比亚的专员于1973年上任。他一直是一名执行官，为完成自己的使命积极努力着。然而，最近几年，南非政府的策略有了细微的改变。对外宣称将接受西南非洲人民以部落为基础的民族自决原则。

然而，在经历了南非60年的"分而治之"之后，纳米比亚人民开始把自己看作一个完整的民族，一个因压迫而团结在一起的民族。因此，他们反对部落化的做法，而要作为唯一的、团结的国家去为纳米比亚人民争取独立。纳米比亚人民也已经认识到他们必须依靠自己来获得解放。他们可能会得到别国的支持，他们有权利获得别国的支持也一直在寻求支持，但是，他们将不再愿意只做自己命运的旁观者或大喊大叫的受害者。他们已经接受了必须进行武装斗争这一事实。

但是，罗得西亚少数人的政权以及南非政府有着强大的镇压力量。他们的警察、军队和空军装备精良、训练有素。而这两国的人民没有自己的武器，只得向他们的天然同盟和支持者，即非洲自由国家寻求为自由而战的武器。

非洲愿意向我们提供帮助，这一点毫无疑问。除了两个国家，非洲各国能获取独立都归结为两大因素：1945年后世界反殖民主义的大环境和他们自治的坚定信念。我们都认识到一点，那就是对于获取独立而言，没有哪个国家比纳米比亚和罗得西亚更具有军事、经济和政治"资格"。我们的国家主权是全世界都认可的共同准则，那就是：一个国家有独立的权利。

但是，这样的准则是不能有所区分的。它要么适用于所有国家，要么一个都不适用。为了我们自身的利益，我们唯一的选择就是支持非洲大陆现有的殖民地为争取自由而斗争。这种斗争可能是成功地以和平方式开展的，也可能是不得不诉诸武力的,无论哪种形式都一样。然而,不幸的是,非洲国家并不是武器制造者。我们无法向民族主义者提供武装斗争的武器,我们只能帮助他们训练军队,作他们的后方基地。而剩下的,我们可以从其他途径获取武器和装备。

南部非洲民族主义斗争在意识形态上的复杂性主要源自于这个"其他途径"。我们发现西方集团国家都不愿意给民族主义运动提供武器。东方集团国家和中国则愿意为其提供武器。他们愿意提供武器可能是出于他们对国家独立原则诚挚的支持,也可能是出于他们秘密的动机。

我们非洲不能问他们为什么帮助我们,而事实上这个问题也确实与我们无关。我们的问题就是面临着占领和压迫,这是我们立志要推翻的。在获得独立之后,如果有任何与维护独立有关的问题出现,那我们将会在适当的时机加以处理。

非洲解放运动的所有武器和大多数的其他物资来自于两大对立集团之一,这一事实让形式变得复杂。如果假装这一切不存在那就是可笑之极。南非和罗得西亚多年来一直以抗击民族主义运动和共产主义的侵犯为由向西方集团国家寻求支持,也向中立国家寻求帮助。为了证明这一点,他们可以指着民族主义游击队员的武器说出其来源。他们也能说出民族主义者所接受的先进军事训练是出自哪个共产主义国家。此外,他们还能说出大多数民族主义者和给予他们最多支持的许多非洲国家接受了社会主义作为争取自由和发展的政策方针。

在芬兰,我想我没有必要再解释共产主义和社会主义的区别,或者说是马克思主义及其附属与外部政府或政党的区别。当然,我也没必要再强调罗得西亚和纳米比亚的斗争并非是意识形态的斗争。它是一场关乎民族自由和人类尊严的斗争。

但是,南部非洲可能成为世界上东西集团国家公开抗争的场所,这一点却是不争的事实。如果西方集团国家或中立国家积极地向南部非洲的种族主义者和殖民压迫者们提供支援,那么这种局面将不可避免。因为,无论局势多么不利,民族主义运动始终不会放弃争取民族独立的斗争。

如果已经足够强大的对手得到更多外部援助,自由战士们也将寻求更多的支援。这样做是迫于无奈,他们因此会更加依赖于非洲之外的力量。世界局势将会变成两大阵营之间的冲突,其危险性之大就不需要我再强调了。

以上的因素也可能会使目前的民族主义斗争转变为种族战争。因为，罗得西亚政权和南非政府都具有种族主义特征，推行并维护白人至上主义。民族主义斗争反对一切种族优越原则，无论这个被认为优越的民族是哪一个民族。他们坚持人类享有平等的尊严、权利和义务。他们坚守的民主原则被敌对者嘲讽为"计算表决人数"。非洲大多数人都是黑人，因此，如果白人占多数的国家都支持南非的白人统治，那么民族主义斗争就会慢慢演变为反白人的斗争，这是极其危险的。只有东欧的白人国家才能将我们从这种黑白的冲突中拯救出来。

讲到这里，说的都是关于南部非洲的现存殖民地。南非是不同的。它是一个独立的国家，也是联合国成员之一。然而，非洲想对全世界呼吁：南非的局势不容忽视。我们要求世界断绝与南非的联系，将其从国际社会驱除。这样做的目的是帮助南非人民彻底改变南非的执政理念和国家惯例。

我们非洲大陆并非只有南非一个专制政府，从世界范围来看就更多了。和其他国家一样，我们也很清楚打破不干涉别国内政原则是危险之举。但是我们想说的是：南非情况特殊。

世界上许多国家都有持种族和宗教偏见的人。但是，政府一定要摈弃这种偏见。只有在一个国家，种族歧视是被国家理念所接受并且受到政府大力推行的，这个国家就是南非。

认识到人与人之间、国家与国家之间的平等关系是实现人与人之间、国家与国家之间合作甚至和平的唯一基础，也是人类克服现代技术带来的危险并利用它推动人类发展的唯一基础。南非试图以种族为由对人们实行分裂，以确保一部分人对其他人的永久统治。这种做法即使是被大多数人用来统治一小部分人也是一种罪恶的行径。事实上，南非的少数白人就是试图这样做来永久性地享有他们的特权并长久地对这个国家的大多数人民进行剥削。

随着世界对种族主义的危险和种族隔离的不公正性有了越来越清楚的认识，南非政府也加快了混淆视听的步伐，试图掩盖其正在犯下的反人类的种种罪行。尤其是所谓的黑人家园的政治创意，纯属在部落基础上分裂国家的举动。

这些黑人部落家园都会被当作一个个独立的殖民地。每个黑人家园还要在此基础上争取自决权。南非政府甚至上演随着时间推移这些黑人家园都会获得独立的戏码，还对外说特兰斯凯今年将会成为主权国家并申请成为联合国成员国。同样的做法南非政府也试图在纳米比亚上演,结果遭到了纳米比亚人民的反对。

显然,大多数在南部非洲的非洲人一直都反对并且也会继续反对这一骗局。来自城市的数百万人民反对这一骗局,那些所谓的黑人家园的首领们也同样反对这一骗局。他们中有些已经接受其作为一种方式,揭露"独立发展"欺骗本质的立场以及作为非洲人表达人权要求的平台。

世界其他地区也必须反对和藐视这种试图将伪君子的骂名扣在联合国头上的做法。南非的任务就是要创造条件让全体人民都能有尊严地在一起生活和工作,成为一个真正的国家,并享有平等的权利。实现这一转变的首要责任落在了该国人民的肩上。但是,世界其他地方必须帮助他们完成这本已困难至极的使命,让他们的工作变得更轻松而不是更困难。随着时间推移,这一斗争也同样会有被转变成目前这种局面的危险,也就是变成了支持或反对共产主义的斗争,或白人和黑人的斗争。

这些危险是可以避免的。虽然所剩时间不多,但毕竟还是有些时间的。一切都取决于世界其他地区,尤其是非共产主义地区,是否会把时间花在推动南部非洲的正义事业上。

联合国已经呼吁对罗得西亚实行经济抵制,这必须要得到所有国家的全力支持才能得以实施。那些认同民族主义事业的正义性却无力为自由战士提供武器的国家,仍然可以通过向他们提供药品、教育机会和资源等非军事物资来帮助他们。至少,这些国家可以公开支持自由和平等原则,并公开反对南部非洲白人所谓的为自己生存和反对共产主义而斗争的托辞。

在纳米比亚为获取自由的斗争中,联合国仍然参与其中。其成员国对于在联合国大会和联合国安理会召开之前所做的决议的态度,民族主义运动是了解的。他们也同样了解成员国是如何遵守联合国以往的决议的。尤其重要的是,他们也清楚该决议是号召成员国不要跟南非就与纳米比亚有关的事有任何交易。还有一点,就是重申民族主义运动需要军事和非军事支援。

南部非洲的斗争首先仍然是一场政治斗争。但是现代世界的政治也同样意味着经济。对于一些非洲白人来说,种族隔离就如同宗教;他们会为之战斗,而不计经济代价或其他牺牲。但是,更多白人支持种族隔离,是因为他们会因此过上舒适的生活,一种仅仅因为他们是白人而享有特权的生活。这些人一旦认识到要维持这种舒适的生活就必须做出改变时,他们就会接受这种改变。

例如,如果南非经济受挫,"国防"需要的高支出是这些人所不能承受的牺牲。这种高额的"国防"支出恰恰是种族隔离要付出的代价。它更多的是指向种族隔离体系内部的敌人而非外部的威胁。军事化的南非是非洲强国。赞比亚或莫桑比克对南非来说是道义上的威胁,而非军事威胁。因此,我想再次强调,南非国防支出主要指向种族隔离体制内部的敌人。

然而,南非的繁荣和持续的经济增长只有依靠国际贸易和持续的外国投资才可能实现。南非和世界其他地区处于敌对状态。因此,在南非,在白人收入很高的情况下,要想获得较高的投资收益只能靠大量剥削黑人和有色人种劳动者,最终使他们的工资低到连一家人的健康都难以维系的程度。

南非商品在世界市场的价格也是由同样的因素决定的,即廉价的移民劳动者体系。这些劳动者的权益不受工会组织保护,也因为工作预留和缺乏教育而无法提高自身劳动技能。每一个在南非投资的人都自愿参与到这种有组织的盗窃行为之中。每一个在南非购买苹果、葡萄酒、金子或其他商品的人,都是南非现有体制下非白人劳动者所遭受的残酷剥削的受益者。

无论喜欢与否,世界其他地区都和南部非洲的局势发展有着密切联系。我希望芬兰人民能够认识到这一点,并对其他国家争取自由和人性尊严的决心给予理解。在理解这一点之后,我希望芬兰人民可以提供最大可能的帮助,无论是积极的还是消极的,但希望都是强有力的。

但是,有一点我需要讲清楚。无论芬兰和其他类似的国家提供帮助与否,我并非在向大家保证南部非洲的种族主义和殖民主义将被完善的无种族主义的民主制度代替,人人都可以享有自由权利,不会再遭受不公。这些在非洲其他地区也都没有完全实现,甚至在那些政权以和平方式转移到人民手中的国家也没有。而且,战争会滋生痛苦和怀疑,而非宽容与和谐。极度的种族压迫也是如此。

我想说的是建立公平社会、创造民主条件和摆脱贫困只有在殖民主义和官方支持下的种族主义在南部非洲被彻底战胜的时候才能真正开始。此外,我还想说,如果欧洲民主国家一直坚定地支持这些原则并反对白人种族主义和白人殖民主义势力,那么支持人身自由、民主和个人正义的力量才会更加强大。在非洲,虽然困难重重,但我们一直致力于使独立国家摆脱贫困和由贫困导致的无知、偏狭,以及过于单一的执政方式等。我们会向世界其他国家和地区学习所有可行的做法,继续不断努力。但是,其他国家的做法可能给我们的努力带来帮助,抑或阻碍。

无论怎样,非洲独立国家眼下和将来的首要任务都是保卫我们自己的独立,并在多数决定原则的基础上实现非洲其他兄弟国家的独立。在实现并巩固好主权地位之前,我们甚至无法开始我们的主要任务。这一任务就是:在我们的国家建立人人享有自由公正的社会,无种族、宗教和部落之分。

# 14 坦赞铁路
## ——从一条模仿"中国"的铁路到"我们"的铁路

### 在向坦桑尼亚和赞比亚正式交付坦赞铁路时的讲话
### 赞比亚,卡皮里姆波希:1976年7月14日

"曾有很多国家以警告和建议的方式提醒我们和中国合作的危险性,我也有很长一段时间为此烦恼。当中国最大的诋毁者以及非洲自由和独立最大的敌人清楚地看到中国在非洲并没有帝国主义野心的时候,又一个疑问产生了。那就是:为什么来自第三世界的中国,可以如此高尚如此大方地对待贫困国家?对于这个仍然对中国充满猜忌的问题,我的回答是:去问问那些超级富国的领导人们,问问他们在跟第三世界国家打交道的时候为什么总是那么傲慢、那么刻薄?"

---

每个国家都有值得纪念的事件,并每年都会为其举办纪念活动。我相信,7月14日对于坦桑尼亚和赞比亚来说将会是也应该是这样的一个值得纪念的日子。因为就在今天,曾经的梦想和计划都已经成为了现实。这条铁路——我们自己的铁路,过去曾被叫作"中国铁路"——终于建成了。它连接了坦桑尼亚和赞比亚,也连接起了东非和南非的铁路系统,为整个非洲获得自由的那一天做好了准备。

1976年7月14日之所以是一个值得纪念的伟大日子有其历史原因。三个自由国家的政治决策使得我们能够一起庆祝今天这个特殊的日子。关于修建铁路的谈判持续了几十年。1952年,东非铁路港口公司第一次提交修建铁路的报告,但最终该报告石沉大海。之后就修建铁路事宜又有过多次谈判和报告,却依然无果。赞比亚独立后的一个月内,我的兄弟卡翁达总统宣布了两国

政府的重要决定:修建铁路。

当时,赞比亚和坦桑尼亚都没有完全摆脱殖民主义的影响,因此,我们向富裕的发达国家,即西方国家,寻求资金和技术支持。撇开殖民主义的残余影响不谈,向西方寻求支持的做法实乃自然之举。我们了解西方国家,但我们不了解中国。西方国家有钱,然而中国却和我们一样,是个发展中的第三世界国家。因此,我需要重申,我们当时是向富强的西方国家寻求帮助。

我们有时候会遭到直接拒绝,并被告知修建铁路毫无必要且无利可图。有时候,我们听到的满是同情之词,但答复我们时,对方却向我们哭穷。当时中国主动提出援助我们,可我们没有想到这个伟大却也同样贫穷的第三世界国家真的能够帮助我们。因此,1965年,当我第一次就修建铁路事宜与中国领导人会谈的时候,我只当自己是在向一个充满同情却同样无力帮忙的朋友讲述自己的宏图抱负而已。我当时低估了在毛主席和中国共产党领导下的中国人民所具有的改革创新的使命感和国际主义精神。他们没有丝毫犹豫地答复我:如果坦桑尼亚和赞比亚需要这条铁路,那我们就帮助你们修建。惭愧的是,我们当时还一直对此心存怀疑。

我们继续请求西方国家帮助我们修建铁路,却都失败而归。但是,1965年以来,中国工程师已经开始为修建铁路做前期准备工作了。1967年8月,修建这条铁路的基本合同也由中国、坦桑尼亚和赞比亚三国最终签订。铁路设计和工程调查也就此展开。1970年7月,签订了贷款合同。

此事公开后,我们面临的是敌对和怀疑。敌对态度来自于那些想要赞比亚和坦桑尼亚永远在经济上附属于他们的国家。怀疑的原因则不同。1970年签订的合同明确规定了9.88亿元人民币的贷款用于整个铁路建设工程的总花费,进口和本地的花费均包括在内。

因此,这笔贷款绝对不是用来购买中国的进口物资和资助其技术人员,它是用来为赞比亚和坦桑尼亚人民建造铁路的。其次,这笔贷款是免息的,且从1983年才开始还款。另外,从中国来的技术人员和专业人员,其生活标准都和非洲当地的工作伙伴完全一样。

非洲很不习惯以这样的方式接受帮助,过去不习惯,现在仍然不习惯。但是,这次中方的援助没有任何隐藏成本,也没有任何暗箱操作。这样说是出于我们的合作经验,而不是出于信任。中国政府从未干预过坦桑尼亚和赞比亚的政治和经济政策。我们和中国在国际事务上曾有过重大分歧,但是,中国从来没有暗示说我们受了中国的恩惠,应该做出相应妥协。

曾有很多国家以警告和建议的方式提醒我们和中国合作的危险性,我也有很长一段时间为此烦恼。当中国最大的诋毁者以及非洲自由和独立最大的敌人清楚地看到中国在非洲并没有帝国主义野心的时候,又一个疑问产生了。那就是:为什么来自第三世界的中国,可以如此高尚如此大方地对待贫困国家?对于这个仍然对中国充满猜忌的问题,我的回答是:去问问那些超级富国的领导人们,问问他们在跟第三世界国家打交道的时候为什么总是那么傲慢、那么刻薄!

我代表坦桑尼亚人民,代表党和坦桑尼亚政府,揭穿那些富国含沙射影的言论,并以我们的亲身经历来作证。此外,我还要向中国表达深切的谢意。

但这还不是事实的全部。由于全球范围的通货膨胀,1967年为修建铁路所做的成本预算在原来基础上增加了1.06亿元人民币。但是,我们没有因为筹钱而发愁。在"先修铁路,细节另议"的原则下铁路得以继续修建。现在,中国政府已正式告知我们,贷款的总额仍然维持原来的9.88亿元不变。换言之,中国人民在先前免息贷款的基础上又给了我们1.06亿元的拨款。如此慷慨让我们备感汗颜。

如果中国是一个富有的发达国家,这笔贷款和援助则是慷慨大方之举。但是,中国并不富有,也非发达国家。它是一个真正的第三世界发展中国家。人民生活得艰苦朴素。他们通过辛苦的劳动使得国家进步,他们凭借移山之志、改革创新精神赢得国家发展。

因此,这条铁路因为有了中国人民的辛苦劳动、聪明才智和他们乐于分享的精神才得以建成。铁路的修建过程自始至终都体现了双方的平等关系:坦桑尼亚和赞比亚保住了自己的尊严;建立起了兄弟般的责任感。中国向我们展示了改革创新和国与国之间相互团结的真正含义。我想,我们至少应该朝着中国所树立的榜样目标去努力。

然而,这仍然不是事实的全部。我们还看到了中国人吃苦耐劳、严格自律,无私奉献地忘我工作。这条铁路原定六年竣工,从卡皮里姆波希一直延伸到基达图。1970年10月修建工作正式开始,但是却是从达累斯萨拉姆开始修建的,这意味着比原定路线长出340公里。然而,到1975年7月,铁路开始试通车,所有的基础工作都已完工。如今距离工程开工还不到六年的时间,这条铁路就已经开始试通车了。所有的基础建设工作都已完成,铁路也马上就要正式移交给我们。

修建这条1860公里长的铁路线是一项巨大的工程,期间困难重重:仅需要移除的土石就达到了近8900万立方米;全程共建设桥梁320座,总长度超过16500米;开通隧道22条,总长度将近9000米;铺设涵洞管道总长度近43000米。每一座桥、每一条隧道都意味着在积水的山洞里或厚厚的岩壁旁极其艰苦的工作。

管道和挡壁以及80万米长的排污管道和排水沟也是无数劳动者辛苦劳作的结果。这些工作当然也意味着危险。施工本身的危险固然难以避免,同时,荒凉之地的野生动物为捍卫自己领地也往往会给施工人员带来巨大危险。

160多名工作人员在铁路建设过程中丧生。他们是为了非洲的伟大自由而献出生命。他们中有64人来自中国,他们离开祖国远道而来只为帮助另外一个大洲的人民修建铁路。我们永远都不会忘记他们。我们要将他们的名字铭刻到"荣誉名册"并让所有的中国人、赞比亚人和坦桑尼亚人都铭记他们。因为他们是为了我们国家的建设付出生命,是为了人类的进步和兄弟情义献出了生命。

我想代表坦桑尼亚人民赞美那些促成铁路建设并最终成功建成铁路的所有工作人员,尤其是那些尽忠职守辛苦工作在建设一线的工作者们。他们的工作非常艰苦,充满挑战,既枯燥乏味又充满危险。他们赚取报酬,但是却并不高。他们真正的收获在于他们今天和以后的日子里所体会到的自豪感。他们可以骄傲地说"我曾修建过坦赞铁路"。感谢参建的所有人,赞比亚人、坦桑尼亚人,以及中国人,是他们为了这个共同的目标而通力合作。

即便如此,我还是要向来自中国的工作人员表示特别的感谢,是他们确定工程进度、指导并领导整个建设工作。副总理先生,我请求您把我的话带回中国。你们国家的工作人员为坦桑尼亚和赞比亚作出了卓著的贡献,我们为此心存感激。我们也感谢中国人民给我们派来一流的工作人员参与到我们国家紧迫的国内建设当中,帮助我们实现非洲统一这一更加伟大的目标!

还需要说明的是,中国给我们的援助并不仅限于修建铁路本身所需的资金和技术支持;在修建过程中,在姆皮卡铁路培训学校,在铁路沿线的很多临时学校,包括在中国本土,中方都向坦桑尼亚和赞比亚人传授铁路建设、维护、运行的相关技术。中国的工作人员工作的时候也在教学,教学的时候也同时在工作。

他们离开后,会给我们留下一条铁路,更会留下一笔技术财富。这项伟大的工程竣工了。但我们很高兴在我们的请求下,有1000名左右的中国工作人员仍将继续留在这里一段时间,帮助我们积累经验,并传授技术知识。我们还需要继续学习,这条铁路对我们来说至关重要,不能因为我们的过分自信而有任何闪失。

这条铁路对于非洲和第三世界的发展有三个主要贡献。第一,它为赞比亚提供了从东北地区通向沿海的重要线路;它把整个鲁菲吉河河谷盆地在内的坦桑尼亚的几个重要却欠发达的地区和达累斯萨拉姆港以及全国其他地区连接了起来。

第二,这条铁路将对非洲的统一作出重要贡献。它将极大地促进两国贸易,并最终促进东非和南非的整体贸易。因此,它也将促进第三世界内部的贸易,有助于我们在新殖民剥削下获取更多自由。

第三,铁路的建成必然会同时让非洲这一地区的人民更好地参与到非洲解放的斗争中去。因为它将使坦桑尼亚和赞比亚两国力量增强,而两国都致力于我们大陆的完全解放。南非的自由斗争持续已久。共有五个国家参与到争取自由的斗争中,其中两个国家现在已经获得自由,其他三个仍然需要继续斗争。

因为,我们不会允许非洲任何一片土地落入殖民主义者或种族主义者之手。无论采取何种手段,都必须要保证斗争的最后胜利。我们更希望通过和平方式获得自由,但是,当和平方式行不通的时候,非洲将全力支持被压迫的人民拿起武器,进行武装斗争。

在罗得西亚,战局已经拉开。武装斗争已经开始,只有多数决定原则的实施才能让武装斗争停止。津巴布韦人民武装部队得到了非洲的支持,并将一直得到其支持直到国家获得自由。罗得西亚的使命则是打败由伊恩·史密斯为首的少数白人政府。任何在斗争中帮助我们的人,都是我们的朋友;任何在斗争中阻碍我们的人,则是我们的敌人。而我们最大的敌人,就是在自由战士中间散播分裂种子的人。

在津巴布韦,有人在斗争中死去。他们并非为了某一个政治家而死,他们也不是为了某一个意识形态而死。他们是为自由而死。当津巴布韦人民最终赢得当家作主的地位时,他们将决定其政府的形式及其领导者。

现在,我们要团结一致,共同对抗种族主义者;所有爱国力量,无论种族、肤色,都要精诚合作。非洲将致力于支持这场争取自由的斗争。对于那些企图在津巴布韦发动内战的叛国者,非洲拒绝向其提供武器。

纳米比亚的武装斗争也已经开始。那里的斗争还不是全面的战争,因为仍有一线和平解决的希望。但是,要想避免全面的战争,南非政府必须将权力移交到纳米比亚人民手中,全国只设一个统一政府,而且他们必须立即执行。

纳米比亚是联合国的托管区,遵守联合国大会、联合国安理会和国际法庭的各项决议。只有南非例外,公然违抗全世界却不受惩罚,只是因为西方强权国家在安理会对其庇护有加。

有一点必须说明,那就是南非军队必须撤离纳米比亚;其政权必须直接或经由联合国转移到人民手中,而且必须立即执行。

非洲一直都在耐心等待,依法行事,但是即使再有耐心也会有失去耐性的时候。就像阻碍罗得西亚所做的努力一样,自由非洲组织将会为纳米比亚不断加剧的武装斗争提供一切可能的帮助。

但是,即使南非从纳米比亚撤出,也并不意味着南非政府从此就与世界和平共处。在非洲,我们将致力于推翻南非的种族隔离,就像解放罗得西亚和纳米比亚一样不遗余力。我们正在全力帮助南非的民族主义者和民主力量,并将一直支持他们。

我们认为种族隔离应从非洲大陆彻底消除,人类的这一耻辱应被永远抹去。为了那些因为自己的脸而感到羞愧的人,为了那些因为种族迫迁政策而破碎的家庭,为了每一个被所谓班图教育荼毒思想的孩子们,我们必将坚定信念,加倍努力。我们要让南非平等地属于每一位公民,不论种族差别。

不必对我们说这样做可能会导致的后果如何。南非政府以高效、残暴的方式践行种族主义。据官方统计,在索韦托和其他暴乱中有176人遇害,1139人受伤。遇害者中只有两个白人,其他都是非洲人。受伤者当中只有22人是警察。而唯一让南非政府感到不安的就仅仅是那两个白人的死。

对于南非政府而言,黑人公民的死亡和苦难轻如鸿毛。他们为索韦托暴乱感到烦恼的原因是该事件引起了全世界对其种族隔离政策的关注。但是,死于种族隔离的人数是无法计数的。人们被赶到所谓的徙置区,那里民不聊生,人人骨瘦如柴,只能慢慢等死。南非还将70%的人口驱赶到仅占其国土13%的区域,那里条件恶劣,人们无法生存。流动劳工的安全问题根本无人问津!

我们必须面对这一事实。对于南非政府来说,任何不利于黑人的做法只要能加强白人特权和权力就都是可以接受的。政府掌握着非洲绝大部分的军事力量。其秘密警察也遍布各地,对每一次抵抗运动、每一个白人或黑人组织进行渗透。了解了这些,我们更加坚定了决心。种族隔离必须清除,南非人民在我们的帮助下必定会将其终结。

南非的强势来自于经济。少数种族主义者依靠对大多数人的剥削而过着安逸的生活,因此他们必将继续维护这一罪恶的种族隔离政策。由于南非与全世界都有贸易关系,并加入了多个世界理事会,这更有利于其加强种族隔离政策。如果南非被自由国家包围,被整个非洲乃至整个世界抵制和孤立,形势就会完全不同。南非将很难继续这个月我们所见到的这种暴行而不受惩罚,也很难再将所谓的国防支出每年增加40%!

对于索韦托的受难者很多国家和人民都表达了同情,这很好。同样,这些事件已引起全世界对南非政府和体制的广泛谴责,也让人感到振奋。但是,如果南非继续在世界市场买卖其商品,继续作为参赛国参与国际体育赛事,作为世界理事会的成员国参与国际事务,作为军械和核武器的买家参与军火交易,那么同情也好,谴责也罢,都不过是伪善之举。种族隔离的受害者们需要我们的帮助而不仅仅是同情;南非的种族主义反对者们需要实质性的支援,而非冠冕堂皇却无视问题严重性的虚假决议。

在南非,很多人因为反对种族隔离而丧生,有的死在街头,有的死在刑讯室,有的死在监狱,更多的人死在战场。他们是为自由事业牺牲的烈士。但是,自由国家的任务并非帮助他们死去,而是帮助他们自由地活着。

非洲并非像看上去那样软弱。第三世界国家团结在一起是一种强大的力量。让我们凭借自己的力量去战斗,去发起攻击,去瓦解南非政权;我们甚至要帮助种族隔离的反对者们,他们依然在那个被压迫的国家战斗不止。我们的任务是在反对南非的同时,巩固并扩大我们的自由以及非洲所有独立国家人民的自由。我们要用一切可能的方式在一切可能的地方用我们已获得的自由与南非势力作斗争。

今天，我们在此共同庆祝这条铁路的建成。这条铁路和南非的解放斗争不无关系。它是赞比亚和坦桑尼亚获取自由的武器，也将是津巴布韦、纳米比亚和南非争取自由的武器。

我们必须用生命、辛勤的汗水和无私的奉献去捍卫这条铁路。中国人民让这条铁路得以建成，他们用这样的方式和许多其他的方式为我们争取自由的斗争贡献力量。现在，这条铁路将移交给我们，赞比亚和坦桑尼亚人民捍卫这一武器并用它赢取解放的时刻到来了。

# 15 解放之路

### 在尼日利亚伊巴丹大学集会上的讲话
### 1976年11月17日

"解放需要政治民主和经济民主。对个人和国家来说,没有经济自由,政治自由就不完整,反之亦然。"

有机会在伊巴丹大学大会上做此演讲,我感到非常荣幸。为表达我的感激之情,我建议提出以下有关解放的问题,包括解放的含义以及对我们来说解放意味着什么,供大家讨论。

20世纪50年代,非洲人民认为从殖民统治的束缚中解放出来必将解决我们同胞、我们国家及我们大陆所遭受的不幸,这种观点在当时非常普遍,不言而喻。我们说话和行动的样子看上去似乎只要给我们自治的机会,我们就可以在非洲建立乌托邦,实现非洲和平。

现在,大部分非洲国家脱离了殖民统治的束缚,非洲人民也从睡梦中醒来。独立后的非洲国家仍然非常贫困落后,对很多非洲人民来说,独立并没有带来经济机遇,社会变化也是微乎其微。考虑到地球上人们生活的各种可能性,这种进步非常缓慢。不公甚至是暴政随处可见,尽管人民曾经希望通过实现独立来解决这些问题。

回顾非洲独立的15年,成功有限,失败很多。我知道,我们团结一致,争取脱离殖民主义的束缚是正确的。我知道,我们支持南部非洲各族人民孜孜追求的政治自由是正确的,但并不是我们要求的自由。自由,真正的自由,必须是彻底摆脱外国的统治。

解放意味着解除限制我们思想和行为的束缚,因此,解放不是绝对的,而是相对的,是相对于可能实现的情况而言的。带着镣铐的人可以将手臂从束缚中解放出来,但是双腿仍被捆绑。一个人可以获得身体的自由,而精神上依然被禁锢。

解放是一个历史过程,不可能一蹴而就,每年庆祝。对非洲来说,独立经历了四个阶段。首先是脱离殖民者和少数种族的束缚,二是脱离其他国家的经济主宰,三是摆脱非洲人民自身的贫困、不公和压迫,四是思想自由,结束思想镇压,不要认为其他民族、国家本质上更优越,不要认为别国的经验可以自动照搬,满足非洲人民的需要和期望。

这四个阶段时间不分先后,对有些人来说,思想解放可能先于政治和经济解放。但是思想解放是个人的胜利,对大多数人来说,这源于我们积极参与社会、国家、大陆的解放斗争,而非先于此。因此,我今天强调的是解放的社会方面,即从殖民主义和种族主义中解放出来。

非洲解放的基础是政治上摆脱外部束缚,种族主义束缚,从而实现政治自由。尽管在独立后的非洲,我们也看到了很多可怕的现象,但是,我坚信,不管殖民地的统治如何温和,在自由国度里受压迫也比成为殖民地强。

殖民主义意味着被殖民国家低人一等,接受殖民主义就意味着自己的自尊受到限制。此外,一个不能自治的民族不能控制其经济进步,不能与其社会中的各种不平等、不公正做斗争。他们不能成为人类社会的真正成员,意味他们不能按照自由意志行事,因此也就不能对其所作所为向社会同胞负责。对个人和社会而言,按照自由意志行事是道德也是精神上的需要,为此,我们或许尤其要对我们所犯的错误负责。

在坦桑尼亚和非洲其他独立国家,我经常嘲笑所谓的"旗帜独立"。我可以这样做是因为我们已经实现了独立,成为主权国家。仅仅政治独立还不够。但是不管是否立即为公民争取自由,没有政治独立,就不可能走向全面解放。

但是,有一点必须清楚,对坦桑尼亚或尼日利亚来说,除非他们自身受到殖民统治的束缚,殖民主义并不构成障碍。我们从非洲这一整体上开拓出我们的国家政权,在种族、经济、地理方面与其邻国紧密相连。因此,只要在非洲大陆上还有外部的政治主宰,对整个非洲都十分重要。我们有责任支持那些为了国家解放战斗在前线的人们。

对于葡萄牙殖民地来说,就是如此。同样,在津巴布韦和纳米比亚为政治自由的斗争亦是如此。只有这些国家的人民能够为其自由而战。如果能获得真正的自由,人们都要自我解放。但是独立的非洲国家都很不稳定,只要还有非洲人民处于殖民主义的控制之下,这些国家就不能对自己作为世界自由公民的地位高枕无忧。

在南非,情况也是如此。因为在打败希特勒之后,南非成为世界上唯一一个正式赞成并宣扬种族论的国家,认为一个种族有权利管理、压迫、剥削其他种族,仅仅因为他们是某个种族。

上述所言,对于尼日利亚人民来说已经不足为奇。所有非洲人民,包括整个南部非洲,都希望独立。他们将其作为目标,同时也是手段,来实现真正意义的解放。非洲人民决心取得独立,以实现更大的解放,即从新殖民主义中解放出来。

一旦获得政治权利,就应使用这种权利,而且大胆使用,如果这能够带来人们日常生活的改善。这是我们在过去十五六年里得到的教训。大胆使用这种权利不是要对抗非洲其他民族,也不是对抗某个外部的政治力量,而是对抗解放的下一个障碍,即新殖民主义。

新的非洲政府为了国家发展和人民福利采取经济政策时,新殖民主义就明显体现出来。因为,他们很快发现,他们继承了立法权、行政权、外交权等,但是没有管理本国经济的权利。实际上,他们发现根本就没有国家经济可言。

相反,在其土地上,有各种各样的经济活动,但是这些经济活动为其辖区之外的人所有,是为了满足外部的需求,是为了外部经济体的利益。而且,政府在这些领域采取积极行动的能力不是因为其法律至高无上,而是取决于政府是否能够说服实际决策者,使他们相信政府的计划将会服务于他们的利益。

这个问题非常严重,因为这意味着如果不采取对抗措施,外部经济力量将决定该国家的经济性质、国内投资方向以及可能的经济发展领域。

新殖民主义是对我们主权的真实而严重的限制。例如,信贷总量及其在经济各领域的分配由银行系统决定。因此,控制银行的人或组织就在以下两个方面起着基本或决定性作用,一是决定在货币经济中当前经济活动的水平,二是相对扩张,如农耕农业相对于房地产农业,或者整个农业相对于当地工业或贸易的扩张。

国外银行在本地的代理很可能乐意与政府合作解决当务之急。但是作为最后一招,他们必须忠诚于其国外的老板。一旦在政策层面产生争端,政府将无法实施其决定。政府或许可能终止活动,但无法实施。因此,与我们的发展至关重要的东西是由外部力量决定的,而根本不考虑我们自己的利益。

因此,在经济事务方面,我们国家实际上受到外部的控制,他们对我们的事情几乎根本不关心,即使关心,也是因为影响了他们自身的利益。实际上,这就是新殖民主义的含义和做法。新殖民主义在政治殖民主义的掩盖下,继续进行殖民主义。在独立后,新殖民主义的存在、含义也日渐清晰。

新殖民主义既反映了我们的贫困,同时也是贫困继续的主要因素。从新殖民主义中解放出来有两个方面,一是降低其对我们内政的影响,当然另一方面,也要应对其对我们国际经济活动的影响。当然,这两方面密切相关。

我们采取措施控制国内经济,可能会影响国外贸易,使得别国对我们采取对策。相反,我们制定的国内经济发展计划也会受到国际不相关因素发展的影响,如主要资本主义国家经济的繁荣与萧条。但是,即使在国际舞台上仍然比较无助,我们还可以取得国内进步,即能够更好地控制国内经济发展。

但是与新殖民主义的斗争比取得政治独立更加困难。在目前的国际环境下,对拥有殖民地的政治独立谴责多于荣耀。因此,对殖民国家而言,继续控制殖民地国家,主要是如何尽量保证继续剥削利用其市场和原材料。因此,这种剥削不会受到政治独立的影响。殖民国家或许会同意其政治独立,但同时积极支持本国的经济利益。

但是,原来的殖民地国家要求经济独立,也是在要求结束外部剥削。这使得新殖民主义者不能得到同等的利益,如果其国民也通过剥削会有可观的受益,甚至连他们也会受影响。因此,争取经济独立显然会面临很大阻力。

这是难点之一。难点之二,反对传统的殖民主义容易确保国家统一。即使那些从我们的政治主人那里获利的人也不想维持现有局面。不管他们在争取独立的斗争中积极与否,他们都希望从中获利,将其教育或其他特权作为在新国家中获得政治或经济领导的垫脚石。但是对新殖民主义的斗争不会如此团结一致。有些人将其利益与现存的新殖民主义紧密相连,如国外资本家在当地的代理,在国外企业庇佑下的一些当地资本家。他们感觉他们的财富和地位依靠的是外部经济力量的持续统治。

难点之三,尽管众所周知,成为殖民地是对国家及其人民的侮辱,但是对新殖民主义来说，在这点上却未能达成共识。的确，有些第三世界国家欣然接受其作为新的殖民地国家的地位，并以此为荣。他们用国民生产总值来证明可以从中获利，就像高级妓女炫耀她的皮衣和珠宝。

因此，与新殖民主义作斗争需要非常现实，同样也包括做一些非常艰难的经济方面的选择，这对政治也有深刻含义，例如对我们的内部经济事务有更大的控制权就意味着使用更多我们自己的劳动力和人力资源，采用恰当的技术，也意味着慎重确定经济发展的导向，以建立自我生产的国内经济，而不是以外部为导向。此外，这也意味着将我们有限的资源用于产品生产上，以满足经济发展的需要和大多数人民的基本需要。我们不能继续以财产的私人占有情况来决定生产或进口什么产品，从而决定可以在市场上买到什么产品。

因此，与新殖民主义作斗争就意味着建立计划经济，包括收入工资计划，以及对主要投资和进口决定的控制。尽管听起来有点像社会主义，但这与社会主义无关。法西斯也会计划经济。关键在于在自由经济下，国内生产机构、产品进口结构是由财富的实际需要决定的，而非国家政策。如果国家政策支持大多数人的需要及将来的需求，或支持一些不太恰当的国内目标，情况的确如此。世界财富集中在我们国家之外。非洲国家也有富人，但主要是封建主义的残留，或国外经济利益的代理或买办。

显然，从新殖民主义中解放出来也包括了那些贫穷国家，反对西方的消费标准，包括个人和国家的标准。相反，我们要建立并实施适合我们目前和将来生产的经济目标。任何一个非洲国家如果要模仿美国或西欧的消费模式，注定会失败。

我们也没有资源这样做，西方的生活水平是建立在剥削世界其他国家和剥削本国贫苦人民的基础之上的。如果非洲国家成功引进了这种消费水平，或是使特权阶级保证这种水平，这种成功要以建立少数富人集团为基础，他们要剥削更多的穷人。

但是，我们追求的自立并不等同于自给自足。所有非洲国家都参与世界经济，这是必要的，而且我们要继续参与世界经济，不管我们怎样成功改变国内经济结构。因此，我们也要削弱新殖民主义在国际贸易和金融方面的力量，这至关重要。

国际上，贫穷国家就像没有技术的工人，只能将自己的劳动力出卖给少数老板,像乞丐一样和百万富翁争购商品。只有贫困国家在与富裕国家或跨国公司贸易时团结起来,才能将独立转化成为国家贸易的相互依靠。贫困国家的企业只有发展他们之间的贸易,或建立合资企业,才能将有利于本国利益的发展最大化,而不用完全依赖发达国家变化莫测的时尚和技术。这些发展是我们一些年轻国家在争取经济解放过程中要完成的任务之一。

尽管我提到与新殖民主义作斗争要难于与政治殖民主义作斗争,但两者都是指向外国势力的。这是国家的斗争,可以团结广大人民的力量。将来的统治者和民主人士也可以团结一致,对抗国外势力。非洲存在一些一党制国家就可以追溯到这一事实。同样,当地资本家和潜在资本家也可以在经济解放过程中与社会主义者结合。因此,这两种情况下,团结简化并强化国家的力量。

在独立国家内部,争取个人自由和正义时,这种团结必然会被打破。因为,这是内部战争,意识形态和个人利益是主要原因,而不再是民族主义。

争取国内解放意味着让所有公民能够生活得有尊严、有个人自由和公平正义。这就必然意味着要接受将人类平等作为所有社会态度和结构的基础。因此这不是抽象的概念,也不是个人的情况。目标不是让每个人能随心所欲,而不顾对别人的影响。因为人类与其生活的社会密不可分,一个人也不可孤立地取得自由。最后的解放斗争的目标必须是保证每个人能在享受自由和发展自己的同时,也保证别人可以获得同样的自由。

因此,任何一个经济、政治和社会决策都与争取自由的斗争密切相关。成功的标志不是没有法律或社会习俗的制约,因为并不是个人行为一定会自动带来个人自由和福利,尽管我们也可以利用恰当的个人利益来达到社会目的。这需要人民为了共同的利益,在平等的基础上共同努力。

国内的解放战争包括积极和消极的争取民权的斗争。摆脱政治压迫、独裁者的逮捕、毫无根据的诽谤以及对言论、行动和组织的不必要的限制等,都包括在内。宗教信仰自由也是如此。但是这些还不够。

我是一个社会主义者。我认为我们在考虑人类自由问题时,不能不考虑经济问题。饥饿、疾病或无知的自由不是我为我个人或他人愿意接受的。而且,我不认为,我们的贫困与反对殖民主义的斗争毫无关系。

人们要工作以摆脱贫困,但是如果产品被剥夺,如被法律、习俗剥夺,或被偷窃或欺骗,工作就不能结束贫困,对个人和社会都是如此。因此,争取自由也包括了反对那些利用我们国家的资源来满足个人利益的人,同样,也要改变帮助他们的法律和做法。真正的自由要与人剥削人作斗争,包括我们想要剥削他们的倾向,或如果我们能从中获利,默许这种剥削。这也意味着与人类想要索取而不给予、不服务、不尊重的倾向作斗争。

摆脱剥削,争取自由是人类解放的主要部分。但是,如果没有经济平等和尊严,政治平等和自由也不完整、不稳定。真正的解放需要政治民主和经济民主。对个人和国家来说,没有经济自由,政治自由就不完整,反之亦然。

对于社会成员来说,自由的这两个方面并不矛盾。人们认为禁止谋杀限制了他们的自由,奴隶制对潜在奴隶主的个人自由也是不必要的。同样,认为剥削他人对人类自由至关重要的观点也是荒唐的。人剥削人既不道德,也是反社会的。废除这种剥削,而不是将其合法化,才能扩展人类自由。争取自由的整个过程是复杂的。

今天,我所提到的自由的三个方面是相互联系的。因为自由非洲的暴政和残暴,南非反对压迫的道德理由变得更加困难。国外经济力量通过与当地剥削者合作,利用当地代理,从而能够扎根于此。而且,如果之前真正的非洲自由斗争还要继续,非洲国家就要在经济和政治上生存下来。

非洲政府和人民在很多无关紧要的问题和一些重要任务上要达成妥协。例如,我们国家、机构的资源有限,因此反对剥削的不公平不可能一蹴而就。这样做反而会带来灾难,使反动派胜利。

此外,在解放斗争中,我们不能以其肤色、民族或意识形态,来区分敌友,在富裕国家和殖民地国家都有在人权和经济公正方面的朋友,在贫困的被剥削国家也有解放斗争的叛徒。

因此,从各方面来说,人类解放斗争是个艰难、复杂、持续的过程。人们对于轻重缓急的判断、采取的措施意见会有不同,但是都是为了共同的目标。反对解放的人会利用这些意见的不同,来达到他们的目的。在国内和国际事务中做出正确的判断,即使不是完全不可能,也非常困难。的确,只有子孙后代才能批判我们对错。即使对其起诉,我们也要牢记,我们的决定或许错误,我们也要尊重那些意见不同的人的人性。

但是,争取自由的斗争必须继续,继续反对殖民主义、种族主义,反对新殖民主义,反对国内的剥削和压迫。因此,我们这些独立后的第一代领导人和文明国家、国家道德规范、政治经济惯例仍在成形过程中。每个人都要选择在解放斗争中将扮演的角色。

我们可以关注个人进步和个人自由，或者，我们作为社会成员通过为同胞提供服务而服务于自己。选择后者，我们将为了社会、经济公平而努力，强调弱势、贫困人们的需求，他们仍是大多数。我们将为了解放而努力。

# 16 罗得西亚：在多数人统治确立之前不会独立

### 在英联邦国家和政府首脑会议上的讲话
### 赞比亚，卢萨卡：1979年8月3日

> "有必要记住，现在正为解放国家而战斗的人们这么做不是因为他们喜欢子弹，而是因为他们未得到选票。他们仍不能得到有意义的选票，但是已发生的变化是因为数以万计的年轻人愿意为了其他人能够自由地生活而去死，或者已经死去。"

在这次讲话中我想假设——这样假设，我觉得也是合情合理的——我们首先都想结束罗得西亚的战争，其次在那里建立一个民主的政府体系。

罗得西亚一直以来、现在也仍被一个少数民族统治着。法律上，它是英国殖民地。而且，在追求非殖民化的政策时，除了两个场合之外，不管之后发生什么事，英国不断地将权力移交给一个选举出的民主宪法政府。我们大部分人都在这里，因为那个政策以及我们其他的差异，我们在其支持下是团结一致的。

我相信英联邦中没有一个成员愿意默许建立另一个南非。那是英国非殖民化的早期产物，而且现在是未能坚定地将权力移交给人民大众的一个有害的直观范例。

自从1977年上一届英联邦政府首脑会议召开以来，罗得西亚在政治上发生了很大变化。在索尔兹伯里议会，现在黑人占多数。现在有一个黑人总理和一个黑人总统。这种肤色的改变发生在号称一人一选票基础上的选举之后，据史密斯政权统计，64%的选民投了票。

选举程序本身的"自由、公正"，取决于人们是否相信一个竞争对手能在一个战场上组织自由选举，而且可能取决于人们信不信鲍伊德报告或奇特尼斯和

佩利报告！但是不管人们自由参加或者抵制选举的真相如何，我们都知道有个自称"津巴布韦-罗得西亚"的宪法是真实存在的。

我不必为说宪法是不民主的而进行争论。秘书长报告总结立场总结得非常好，我无需重述。被排除在宪法准备和所谓的选举参与之外的，不只是那些与反叛政权作斗争的人。更重要的是，宪法不涉及权力从少数派到多数派的转移，因为政府的权力杠杆不在内阁的掌握之中而是仍在少数派社团手里。

尽管很明显，但这种变化与其说是真的，不如说是粉饰性的。因此对结果毫无帮助。相反，反对赞比亚、莫桑比克的战争以及自由战士们仍像以前一样继续，而且非洲没有任何理由督促自由战士们停止武装斗争。

我希望英联邦在本次会议上可以通过在罗得西亚建立民主政府，在发起结束战争的行动方面达成一致。如果我们都根据现代共同体的传统有目的地行动，共同合作帮助罗得西亚人克服这最后一个难关，我们就能够做到这一点。

所有罗得西亚人口头上已经接受了多数决定原则。这本身就是一个进步。当前很有必要但却缺乏的是能够建立多数决定原则的罗得西亚宪法，所有人都认为是民主的宪法，而且通过支持宪法，我们可以对竞争团体施加影响。

英国有责任也有经验，我希望政治家们能够制定出一部宪法，拿到"所有政党宪法会议"上去。在此过程中，我们其余的人根据所了解的本地情况或其他特殊条件提供帮助。

罗得西亚有少数派团体，但是罗得西亚不是唯一一个有少数社团的国家。很多国家的宪法都有特别规定，否则少数派很难当选为议会代表。很多非洲共同体国家包括我们国家都是从这一规定开始独立的。坦桑尼亚独立宪法保证全国大会中有亚洲社团11位代表和欧洲社团10位代表。我相信新西兰对毛利人也有这样的规定。

澳大利亚和加拿大也存在土著少数民族。我不知道这两个国家的实际情况，但是可以设想这些少数民族可能在立法机构中也有特别保证的代表数。英国现在承认移民少数派，他们的孩子都是英国公民。

很难设想威斯敏斯特会有特别少数派代表，但是很多代表甚至在英国都不会对民主这一概念造成伤害。令人想象不到的是英国、加拿大、澳大利亚、新西兰或者任何一个非洲国家会在特别议会代表所规定的范围之外给少数派特殊权利。

同样，罗得西亚需要民主宪法并不排除存在少数派预留席位，甚至超出规定的比例数。但是并不排除少数社团保留的对于司法、公共服务、警察及武装力量、经济及很多其他立法程序的控制，他们通过宪法装置、不易更改的条款及"过渡安排"等使得谈论多数决定原则显得可笑。

因此我们对罗得西亚的第一个要求就是建立民主宪法。第二个要求就是在通过自由公正选举出的宪法下成立政府。只引介新宪法而指派外部民族主义者进入索尔兹伯里的政府机构是不可能的。

因为我们必须让每个人都觉得跟自己相关，并且在新宪法的基础上做出努力，要使其成为可能，只有人民自己表达他们对于他们认为的政府权力的观点。

然而我们必须承认，只有停战，只有按照国际惯例组织并进行监督，罗得西亚才有可能实现自由公正的选举。我希望英联邦及其成员们能够而且愿意在此过程中起作用，在选举监督和受国际监督的选举所假定的过渡时期的安排中，协助英国负起责任。

如果罗得西亚想尽快通过军事胜利之外的手段结束战争，这两个条件——民主宪法和国际监督的选举是必要的。我提第三个建议有点心生怯怯，我计划使前两个建议的实施更加容易，并无其他目的。

我希望重述一下这个建议，应该建议做出一个英联邦重新安置计划，为那些不愿意在非洲政府管理下生活和工作的罗得西亚白人设立基金。我知道而且确实接受这种说法，说独立的津巴布韦需要白人公民的技能和资金，但是罗得西亚历史表明白人社团很多人只是不愿意为真正的非洲政府工作，也不愿与其一起工作，原因要么是因为他们是种族主义者，要么因为他们不能接受多数决定原则涉及到的经济特权的丧失。

目前这些人正努力维持少数派的统治地位。如果我们给他们提供一个和平离开罗得西亚的机会，并且给他们一笔在其他地方的重新安置费，我们就会为缩短战争时间、减少黑人和白人的苦难作出贡献。

真正的罗得西亚白人会留在这里。他们不会因为这样的机会而离开自己的国家。但是据估计自单边独立宣言以来，目前大约有30%的罗得西亚白人进入这个国家。

这些移民参与到战争中来。他们对战争的继续进行起了推动作用。但是他们到底是不是不管发生什么事都愿意为国家效劳的真正的罗得西亚人，还是一个疑问。

肯尼亚自独立后，经常被作为种族和谐和政治稳定的好榜样。不常提到的是肯尼亚白人定居者接受英国所支付的大笔钱，以使得种族和谐、和平过渡至独立成为可能。

帮助反对多数决定原则的白人离开罗得西亚会节约生命和金钱，会为国际和平作出贡献。目前白人移居国外的趋势表明，这样的举措会受到那些对和平和民主构成障碍的人的欢迎。

正是基于这三点尤其是前两点，我希望我们可以就行动在英联邦内达成一致。撒切尔夫人周三的声明极大地鼓舞了我，她说"英国政府全力支持罗得西亚真正的黑人多数决定原则"以及他们"计划在英联邦和国际社团整体都认为可以接受的基础上将罗得西亚带至法律上的独立"。关于英国政府的建议和计划，我期待一个更详细的声明。

穆佐雷瓦主教和伊恩·史密斯目前正采取非常强硬的立场，拒绝面对重大的宪法变革需求。他们这么做是因为他们相信制裁会结束，在目前宪法的基础上或者经过更多表面变化之后，最终会得到承认。

我们必须让他们认识到这是不可能的，而且撤销制裁的唯一出路是接受民主宪法和国际监督下的竞选。因为在任何其他基础上的制裁撤销都会是共同体努力代表的所有公正原则的背叛。这还将是对全世界包括种族主义者和专制统治者宣告，就英联邦而言，公正会受到免罪的挑战。

当然在通过民主选举的政府成立以前，战争不会通过撤销对罗得西亚的制裁而终止。这项行动的唯一效果是延长战争时间，增加种族主义者，更加国际化。因为如果我们未能通过国际行动提供真正权力转移的另一种方法，不管需要多长时间，战争都会继续进行，直到民族主义者取得胜利。

我不相信英联邦的任何成员会对这样的前景感到高兴。但是这是不能通过施加军事压力取得真正权力转移的逻辑。我们有必要记住现在正为解放国家而战斗的人们这么做不是因为他们喜欢子弹，而是因为他们未得到选票。

他们仍不能得到有意义的投票，但是已发生的变化是因为数以万计的年轻人愿意为了其他人能够自由地生活而去死，或者已经死去。本次会议有助于使更多的奄奄一息和更多杀戮变得不再重要，有助于结束罗得西亚的战争。

如果我们现在不能行动,将公正带给津巴布韦人民,英联邦本身也会有危险。因为一场久拖不决的国际战争注定会分裂英联邦。而且即使这样,这也未必是最糟糕的国际效应。因此我希望为了罗得西亚尽早地真正地权力转移,通过共同合作我们能一起制止这场通往灾难的漂流之旅。

# 17 爱尔兰和争取自由与独立的斗争

## 1979年9月在爱尔兰都柏林一次国宴上的演讲

"整个世界都感激你们。在南部非洲持续不断的解放斗争中,爱尔兰的榜样激励着我们。"

首先,我想表达我本人以及代表团的全体成员是多么感谢贵国政府及众多爱尔兰人民给予我们的热烈欢迎。这是我首次访问贵国。你们让我感受到自己犹如在访问我的第二故乡!

不过,总统先生,我们受到欢迎并没有出乎我的意料。这并非我第一次和爱尔兰民众接触。我们在坦桑尼亚,曾经有过,如今也还有很多来自贵国的传教士为我国人民工作或一起工作着。尽管我是个例外,我这一辈的很多坦桑尼亚人都是从这些传教士老师那里接受的教育。因他们在工作上和对学生的无私奉献,他们为自己,也间接地为他们的国家赢得了声望。他们的能力值得赞扬,因为他们超越了种族和文化的藩篱,建立起了牢固的人际关系。

不仅如此,在独立之前的医疗服务等很大程度上是由传教机构提供的。爱尔兰的医生护士们,尤其是那些响应宗教号召的,作出了伟大贡献。他们中的一部分至今还和我们在一起。他们现在和综合性的国家医疗服务体系一起,正力争把服务延伸至我国每一个村落,并提供基础医疗服务以及为农村医疗中心和地区医院提供系统性的咨询。我们对于在此领域和其他方面的开拓者满怀感激。我们无法对他们个人一一回报,但我们将永远铭记于心。

最近几年,我们两国之间的联系已经成为全国性的。很高兴去年爱尔兰外交部长,欧·肯尼迪先生到我国进行了几天的访问,并打下了我希望是我们两国相互紧密合作的基础。到如今,通过在我国首都的欧洲经济共同体办公室,我们两国官方的接触几乎已经全线展开。

由此您能理解,对于贵国及贵国所关注方面的了解,目前在坦桑尼亚还不够。但我相信我们能通过增进了解来实现更多互惠。

首先,爱尔兰的历史和我们十分相类。这是一个民族和外国地主所有制之间抗争,且时常伴随大面积的饥荒的国家。与殖民主义的长期斗争,在过去的几十年间以各种形式进行着。有时是通过参加到政治体系中开展的,有时这斗争和暴动、叛乱,或者经济抵制相关联,有时军事抗争被作为最重要的方式。这一切使贵国在1923年赢得了独立,并在接下来的26年中独立得以巩固。

因此,爱尔兰给非洲树立了一个坚定不移的,愿意为国家独立而牺牲,以获取最终胜利的榜样。同时也显示了斗争可能有多么困难,即便在真正的爱国人士之间,也会因对在某个时期该采取何种策略持不同意见而引起困惑。最重要的是,你们的经验表明了团结的重要性,以及在抗争的民众之间因为不团结而付出的代价。

我来自一个民族主义组织建立仅仅7年之后就获得独立的国家,这独立的获取一弹未发。世界历史支持我们,也部分因为此联盟中其他国家人民坚持不懈的斗争。他们,包括爱尔兰人民,已经建立了准则:人们有权利获得民族的自由。我们的任务是让这条准则在坦桑尼亚得以实现。我代表(坦桑尼亚)共和国的人民向解放这个国家的英雄们致以真诚的敬意!向诸如丹尼尔·奥康奈尔①、吉米·拉尔金、亚瑟·格里菲斯,以及伊蒙·达·瓦勒拉②等英雄致敬!更向爱尔兰共和国的人民致敬!整个世界都感激你们。在南部非洲持续不断的解放斗争中,爱尔兰的榜样激励着我们。

我同时也相信独立之后的爱尔兰的态度和经验对于非洲有借鉴意义。因为你们爱尔兰人民能够将独立的自豪感和愿意与其他国家人民合作以取得共同进步结合在一起。爱尔兰成为欧洲共同市场的一员证实了在当今世界,要实现政治上的独立,需要一定程度的经济进步,而实现此目标需要超越国家间的界限进行合作。我们坦桑尼亚也已经学到了这一点。遗憾的是,我们在实施过

---

① 1775—1847年,爱尔兰19世纪上半期民族主义运动领导人,有"解放者"之称。——译校注
② 1959—1973年任爱尔兰总统。——译校注

程中也自己体验到了问题和挫折。所以我们要祝贺贵国,以及你们在欧洲共同市场的伙伴们,恭喜你们业已达成,且决心继续推动的协作!

我同样要感谢爱尔兰参与了联合国和平部队。这给领导们和人民提供了一个解决政治问题而无需使得血流成河的途径。遗憾的是,这种方式没能总是得到很好的利用,尽管这无价的工作使得那些为其他国民提供服务的人们并非毫无损伤。联合国和平部队的成员们付出了自己的健康,甚至是生命,才给全世界的政治领袖们提供了这样的机会。没有任何人,任何国家可以为了和平和人类的进步比他们做到更多。

爱尔兰人民一直表现出他们捍卫独立的决心,但同时又在平等的基础上与他国合作,这是坦桑尼亚十分欣赏的。我们也决心在我们的大陆和区域实施同样的政策。我们的首要责任是保证领土的完整,防范来自其他区域的袭击。因此,我们众志成城,也十分遗憾去年我们不得不回应对我国的攻击。也正因为此攻击带来的影响,我到贵国的访问推迟至今。但我们过去和如今都将持续全力支持非洲从殖民主义和种族主义中获得完全的解放。这对我们而言是责无旁贷地去获得国家的独立地位。与此同时,我们也在非洲的统一以及第三世界国家的经济合作进程中扮演好自己的角色。

因为经济进步及世界经济正义的斗争对我们来说是十分重要的。我们的国家还在发展中,我们的任务是发展这个年人均收入低于200美元的国家,这并不是件容易的事儿。我们出口的农产品原料有棉花、剑麻、烟草、咖啡和腰果。

这些农产品的价格不是我们决定的,我们只能接受。我们进口的多为资本货物和石油,供货商多根据他们自己的消费结构和生活水平定价,或者根据富有的买主可能的出价而定。这些都符合所谓"自由市场"的原则。

外人很难了解近来经济发展对于像坦桑尼亚这样的国家会带来怎样的影响。这不仅仅是石油问题,国际贸易的条款发生了很大变动,而且很肯定的是,自我们独立后,这些条款对我们不利。1972年,我就在国际上质疑让我们生产和出售相较1965年多出50%的剑麻,以换取同类的拖拉机的必要性。但1973年以后石油价格的上扬对我们在经济发展上的努力具有毁灭性的打击。

比起1972年,如今我们消耗更少的石油。但相较1972年,我们要付出9倍的价格,而那相当于我们今年出口总收入的50%。在这样的一种情况下,说我的国家"发展中"显得荒唐。"停滞不前"还更接近真相。

  这就是现状。我相信你们会理解坦桑尼亚何以致力于寻求新的国际经济秩序。你们甚至可以理解我们在国际讨论中的地位。因为在目前国际经济体系中的改变和互换对我们而言是生死攸关的。与此同时,我们将尽力做到最好。在可能给任何人奢华之前,我们将所有人共担贫穷,优先考虑所有人得到最基本的服务。并在此情况下保持甚至加强我国国民的人权。

  请允许我再次感谢你们邀请我到爱尔兰。在我短暂访问贵国期间,我已经学到很多,并希望能通过自己的观察以及和贵国政府官员的会谈学到更多。

# 18 团结就是力量：合则立，散则落

## 在津巴布韦布拉瓦约①民众集会上的演讲
## 1980年12月19日

"津巴布韦的所有人——领导人、战士、男人、妇女和儿童——都为津巴布韦的自由而战。你们出于对自由的渴望，在武装斗争中团结在一起。你们共同承受并一起赢得了独立，没有任何一方可能凭借一己之力完成。"

---

津巴布韦人民！我在此转达坦桑尼亚人民对津巴布韦人民的问候，这问候从达累斯萨拉姆的民众传至布拉瓦约的民众，从坦桑尼亚的非洲各肤色的群族传至津巴布韦的所有群族，从坦桑尼亚的各民族传至津巴布韦的各民族，我要代为转达的有问候，也有祝贺！

为自由而奋斗的过程中，我们团结在一起。为赢得政治独立，我们团结在一起。我们也应该在为经济解放和进步的过程中团结在一起。坦桑尼亚与津巴布韦之间的合作之路是畅通的，因为津巴布韦现在独立了。津巴布韦现在由你们自己的人民来管理，由自己选举的，全国上下团结一致的政府。

因此，我从坦桑尼亚来到津巴布韦呈上我们的祝贺，看到津巴布韦人民当家作主，看到全非洲多年来期待你们能取得独立的国家终获自由，我向全国人民表示祝贺！

我到此祝贺津巴布韦的人民。我怀着谦卑的心情来祝贺那些为了达成此目标而历经磨难的人们。我同时也期待津巴布韦人民能消除歧见，团结一心。他们已经建立了一个全国联合的政府，他们将共同致力于建立、重建和重组津

---

① 津巴布韦西南部城市。——译校注

巴布韦。

最后,我为团结一致而来。我来此表明坦桑尼亚愿意和津巴布联合在一起共建美好生活。我来此表明坦桑尼亚愿意和津巴布韦一起保障非洲南部边界的自由。我将见证坦桑尼亚和津巴布韦在国际事务中共同携手,为非洲从殖民主义、种族主义和剥削中争取解放。

津巴布韦的人民!非洲每个地方都有为了抵抗外来者的统治的英雄。我们的民众对殖民主义绝不会轻易默认。但非洲人民在19世纪曾被打败,被那些曾被当作宾客却欺骗了他们的人打败。他们被先进的枪支打败,他们也曾经因为自己不团结而被打败。

我们慢慢地,有时相当缓慢地才醒悟过来。我们逐渐从殖民主义者那里得到教训,学到了团结。当我们领悟到这一点,我们开始推后殖民主义的边界,在种族主义和少数民族政策方面有所进展。

所有的帝国主义分子、法西斯分子,所有的种族主义者和压迫人民的人,想分裂人民并让他们保持分裂。罗马帝国主义者曾经说过"分裂一个国家,分裂它并统治它",这话如今也还回响在压迫者的心头。因此,全世界被压迫者所要学会的第一件事,也是他们不得不学习且持续学习并付诸实践的,就是:团结是获得解放的武器。

这是为何在我们所有的国家,在我们开始为获得解放而斗争的漫漫长路要学习的第一件事就是管理好我们自己,并团结一切反对帝国主义和反对种族主义的力量。这也是为何我们要创建非洲联合组织。这同样也是为什么我们应该记住,并悼念那些在20世纪50年代以及60年代初,把人民为国家解放组织在一起的先辈们。

他们为了所有人的斗争打下了基础。他们的工作证实了在为自由而奋斗的过程中需要自立。他们的工作使得武装斗争成为可能。他们让人们理解并支持武装斗争。他们的努力让罗得西亚为自由而进行的斗争打下了获得国际支援的基础。他们的努力为津巴布韦的统一打下了基础,如今我们终获自由。他们曾做过的有益的事,我们铭记在心。哪怕有些人在后来迷失了方向,都一同来接受我从坦桑尼亚人民那里带给津巴布韦人民的祝贺。

武装斗争在津巴布韦是必要的,国际支援亦如此。这两个方面都在推进,因为津巴布韦人民已经学到了要团结和自立。并且,尽管付出了昂贵的代价,由全民支持的武装斗争使得最后的胜利成为必然。这支持，如同曾经的国际制裁和对争取自由的民族的国际支持，武装斗争的压力迫使代表少数人的统治者开始进行协商。

真是因为有协商才有了今年的选举，也才让津巴布韦人有了选举自己的政府的自由。正是因为有武装斗争，那些协商才得以实现，也是因为国际社团对少数人的政权有所避讳。只有南非，或者其他国家一些有利益关系的商人支援了他们。欧洲、美洲、非洲各大陆人民都支持了你们的斗争，至少，他们拒绝对少数人的政权提供帮助。

津巴布韦的目标是建立为大多数人服务的政权。津巴布韦人民，如今你们有了为多数人服务的政权，你们赢得了独立。你们有了一个全国统一的政权。请珍惜这联合，巩固之并且使它为所有人的利益服务。你们之间还有些异议。政治家们在做攻击或谴责彼此的演讲。当人们在乎一件事，当他们持有不同意见时，他们会争论，他们甚至会争吵！你们认为我们在坦桑尼亚就没有争论吗？

争论是不可避免的，但团结是必要的。难道在爱国者阵线和前线国家的领导之间就没有争论吗？去问问罗伯特·穆加贝，还有约书亚·恩科莫！我们争论，我们争吵！但我们一起抵制殖民主义者和种族主义者。

没有团结，津巴布韦将陷入危险之中。没有团结，津巴布韦将会背叛非洲。我们用言词商谈，争议，争吵但却在一起工作。人们已经商谈过，人们已经选择了领导者。这是我们为之奋斗的，也是你们梦寐以求的。你们获得了这个权利，津巴布韦自由了。坦桑尼亚向你们全国人民表示祝贺。我满怀对你们的敬仰表示祝贺。坦桑尼亚以和平的方式取得了独立。这主要源于历史性的运气，尽管我们通过团结推动了历史的进程。

但津巴布韦在政治上没有我们这般的运气。你们用了更长的时间才实现团结。你们为了自由经历了漫长而痛苦的斗争。你们经历了很多磨难。你们的磨难来自于被占领，土地被掠夺，被少数人统治，你们被殖民者主义摧残。你们不需要我来告诉你们这是多么痛苦的经历，你们奋起抗争。

此外，你们在解放战争中饱受磨难，这过程无人幸免。政治领袖们，甚至那些聆听他们理念的人，被投入牢狱、羁押、打击、处决。接受领导权都是需要勇气的：穆加贝，恩科莫，贝那那，这些人把奉献自我看成自己的命运。那些解放战争中的士兵们，他们需要勇气穿越边境，像游击队员一样作战。很多人牺牲了，很多人受伤了，很多人的身体上留下了永久的疤痕。那些死亡了或伤残了的士兵和他们的家人为津巴布韦的自由付出了永远的代价。而国家的大批民众，亦受尽磨难！从各自的家中被带到所谓的受保护的村落，且是由他们自己的男孩们在保护。从自己的家中被带走，庄稼牲畜尽毁。他们遭受了空袭，炸弹投向在莫桑比克、赞比亚和博茨瓦纳的难民营；炸弹投向他们出生的村庄！

人民在受苦受难。你们在承受苦难的同时，记录显示你们对为自由而进行斗争的支持也在增强。这也是为何非洲向你们致敬。没有津巴布韦人民的支持，不可能有武装斗争，不可能有兰卡斯特宫，不可能赢得解放。老幼妇孺在解放斗争中都遭受了磨难，但仍然表达了支持。

津巴布韦的所有人——领导人、战士、男人、妇女和儿童——都为津巴布韦的自由而战。你们出于对自由的渴望，在武装斗争中团结在一起。你们共同承受并一起赢得了独立，没有任何一方可能凭借一己之力完成。所有人在磨难面前以及在为自由而斗争的过程中都是平等的。他们也该成为历经浩劫后的津巴布韦的平等公民。我们在坦桑尼亚，满怀敬仰之情支持你们在遭受的磨难后团结起来。我们为你们在战火中锻造的团结的勇气致敬。我今天来到津巴布韦，衷心希望你们在团结中学到了宝贵的经验，津巴布韦如今已经是一个全国团结一致的政府了。

这是应该的，也是自然而然的。全体人民在占领中都遭受了磨难，全体人民都在战争中受苦受难。炮弹和弹片不会问它们将落在哪一个部族身上，它们不问宗教，它们不问对解放斗争的支持力度，它们不问你是属于津巴布韦非洲人民联盟还是津巴布韦非洲民族联盟！炮弹、弹片和子弹，不问性别肤色，夺走了津巴布韦人民的生命或使他们伤残，所有人都曾历经苦难。

所有人都在为解放而战，是为整个津巴布韦的解放，而不是为这个或者那个区域。只有那些想找到新的途径来统治津巴布韦大众的人会乐于谈论这个种族、那个部落或那种肤色。

你们已经意识到了这一点。你们意识到拿起枪来战斗的日子已经过去了。津巴布韦自由了，人民一定要团结一致。目前有几个政党，这没关系，但所有的都是为这个自由的津巴布韦服务的。

你们清楚你们为何希望在津巴布韦不止有一个政党。美国人也明白为什么美国要有不止一个政党。这有何错呢？这是你们为津巴布韦及其自由和团结进行讨论、争论，及决定政治问题的体系。

人民现在是津巴布韦的主人。国家在战争中受到了很多的创伤，需要修复。国家事务需要重新安排，以前旧的资源分配存在不公。百废待兴，津巴布韦人民要联合起来奋斗。

津巴布韦人民也看到了这一点。而且，津巴布韦人民在一个方面是幸运的。在罗得西亚，人民还在遭受压迫。他们被压榨，但一些很好的生产力高的农场在罗得西亚建立起来，工厂、铁路、公路也在兴建。他们有技术型人才和受过教育的人才，他们的肤色有白有黑。但他们都愿意在一个为大多数人谋求利益的津巴布韦政府下面工作。

津巴布韦拥有令我们非洲很多国家羡慕的经济基础。你们中有些人去过坦桑尼亚，你们见过我们那里糟糕的路况，我们的新工厂和我们贫困的农场。你们在为全民发展繁荣的路上走得更远。

请守护你们所拥有的一切，善用之，并谋发展。你们将会改变利益的分配。人民政府将获得对津巴布韦财产控制的权力。但这一切需要计划，也需要时间。

当你们决定开战的时候，胜利不会即刻来到。还需要时间，艰难的决定和艰苦的斗争。利用罗得里亚的财富为所有津巴布韦人谋福利还需要时间、周密的计划、艰苦的工作，以及众人的齐心协力。团结的程度越低，毁坏你们已经赢得的一切的危险就越大，进步就越慢。

这一切津巴布韦人民意识到了。我从坦桑尼亚到此表达我们和津巴布韦人民的团结。我们在为使南非获得解放的斗争中共同协作，各尽其责。如今津巴布韦获得自由，我们仍应协作。现在津巴布韦需要做的是稳固获得的自由；加强现已推至林波波河的自由非洲的边界。

你们的自由也是我们的自由。坦桑尼亚将和津巴布韦在非洲共同组织、联合，以及计划和加强南非的经济合作方面共同协作。这一切随着津巴布韦获得自由成为可能。祝贺你们，也同时祝贺我们自己，我们都因津巴布韦的自由而自由。

津巴布韦的自由需要保护。为了津巴布韦所有不同肤色种族的利益，经济需要重组。津巴布韦的自由需要保护，经济的重组通过津巴布韦人民的团结与共同努力才能得以实现。这一目标的达成需要津巴布韦人民好好计划和奋斗。

在你们奋斗、计划、努力的过程中,坦桑尼亚人民将陪伴在你们身旁。我们将共同进步,建立团结一致的津巴布韦和坦桑尼亚。作为南部非洲的自由国家,也将建立自由并团结的南部非洲。

自由和团结!坦桑尼亚将其作为自然而然的箴言。但,这箴言不为我们所独有!津巴布韦是自由的,也是团结的。愿上帝保佑你们守卫住自由,也守护住团结!

我们与你们一起祈祷。你们的未来关乎我们的未来。自由和团结!

# 19 南部非洲发展协调会议[①]
## ——从对南非经济依赖中获得解放的明灯

**在索尔兹伯里市南部非洲发展协调会议峰会上的讲话**
**津巴布韦：1981年7月20日**

> "我们必须尽快尽可能地降低对南非的经济依赖。我所说的'我们'并不仅仅指那些紧邻南非、直接依赖南非的国家……，我们是在共同战斗，我们必须齐心协力。"

正如主席先生您所说的，我的任务很简单，但是也是至关重要和令人愉快的。我的任务就是向您致谢。

在南部非洲发展协调会议上，我们——南部非洲9个独立国家的政府和人民，为了一个共同的任务结成了联盟。究竟是一个什么样的任务，今天早上穆加贝总理已经给我们做了详细的描述。我们打算整合我们各自的经济发展计划，为了我们共同的利益来建立合资经济。我们的目的是为我们的人民争取更大的自由。因为我们现在享有的政治独立，我们的非洲儿女流血牺牲所赢得的政治独立，使得我们的自由权利并不完整。我们还需要发展我们的国家，我们还需要争取经济的独立。我们的组织就是我们实现上述目标的方式之一；事实上它是我们实现经济发展和经济独立的策略之一。

我刚刚所说的我们的国家自由并不完整，那并不是说我们的政治自由是没

---

[①] 成立于1980年，1992年8月在纳米比亚温得和克会议上，决定改称"南部非洲发展共同体"。——译校注

有价值的。我们的政治自由给了我们的人民尊严和平等，推翻了我们身后的外来统治。对于我们南部非洲的独立国家而言，我们的人民长期忍受着别人用肤色来判断和对待我们，而不以我们对社会的贡献为依据，政治自由使我们摆脱了这样的种族歧视。

种族歧视是我们在座的各位都经历过的困境。它伤害了那些在自己国家也被作为低人一等的人们，同时那些视别人为下等人的人们的形象也受到了损毁。无论肤色如何，我们都应该平等对待彼此，这一直以来都是，也将一直是我们的首要要求。它和殖民主义是背道而驰的，同时，它跟种族隔离完全是水火不容的。

纳米比亚人民还在为摆脱南非对他们的非法侵占而斗争，我们要为纳米比亚人民要求这一平等权利。我们也为南非人民要求这一平等权利，因为他们自己仍然在忍受着种族隔离痛苦和折磨。我们现在已经赢得了尊严和发展自己经济的权利，我们不能忘记纳米比亚和南非的同胞们，因为他们正在为我们已经赢得的权利而斗争。他们的斗争就是我们的斗争。

无论在纳米比亚还是在南非，这种为了独立和种族平等的斗争都不应该由我们来发动。任何一个国家的人民都得自我解放。但是，作为自由国家，我们的存在本身对南非就是一种威胁。

地图上的界限是不会阻止纳米比亚和南非人民去争取自由的勇气的，因为已经看到他们的同胞们都已经赢得了自由。没有什么能阻止他们知晓安哥拉、莫桑比克、津巴布韦等这些国家人民所获得的自由和独立，也没有什么能阻止他们因此而欢欣鼓舞。他们从我们身上看到了勇气，他们看到了我们的进步和我们对独立主权的使用。至少，我们必须让他们看到我们所赢得的独立是在为人民大众谋福利，而不是为少数精英派服务。至少，我们千万不能参与到他们的压迫者中共同剥削他们，或者不能再推动种族隔离政策的进一步发展。

当我们获得政治独立的时候，我们的经济或多或少都是依赖于种族隔离时期的经济的。我们不能一夜之间改变那种依赖，但是如果这种依赖持续下去的话，只要是对种族隔离政策有益，南非种族主义者将有能力摧毁我们。种族主义者们是不会心存善意的，他们已经通过他们对津巴布韦、安哥拉、莫桑比克的经济制裁和对博茨瓦纳、莱索托、斯威士兰的微妙的方式展示了他们的能力。

我们必须尽快尽可能地降低对南非的经济依赖。我所说的"我们"并不仅仅指那些紧邻南非、直接依赖南非的国家。

非洲的自由是不可分割的。莫桑比克与南非紧邻的国界很容易被攻陷,但是它也跟坦桑尼亚相邻。我们是在共同战斗,我们必须齐心协力。通过南部非洲发展协调会议,我们展示了我们为获得经济自由而共同战斗的决心。

但是,我们的目的不仅只是为摆脱南非而获得更大的自由。如果南非的种族隔离统治明天就结束了,南部非洲国家仍然需要联合起来,整合他们的运输系统,共同对抗手足口病,使他们的工业发展合理化,等等。我们希望,在不久的将来,纳米比亚将会获得自由,那时候,我们将欢迎它加入到我们的组织中来。虽然我们不知道还要多久,但是我们坚信,总有一天南非将废除种族隔离政策,届时,我们仍将欢迎一个没有种族歧视的、民主的南非加入我们的组织。

对一个内陆国家而言,通向大海的路永远不会太多,食品安全的领域越宽越好。一个地区市场越大,工业化形式越多,它的人民将会越富有。但是,我们不能因为这些经济原因而放弃我们原有的独立自由,没有种族歧视、人民当家作主的原则。在纳米比亚和南非获得自由之前,我们的组织将独自前行。

我们已经开始了,我们已经取得了进步。我们的开始和进步是我们大家的决策,是我们共同的努力。但是当我向博茨瓦纳,向已故总统塞雷茨·卡马,向马西雷总统致敬时,向我们迄今为止取得的成就致敬时,我知道我是在代表在座的每一位,代表我们国家的每一个人。

1979年7月,在卡马总统的倡议下召开了阿鲁沙会议。尽管我们对所有帮助过博茨瓦纳,也帮助过我们的组织和个人都心存感激,从阿鲁沙会议召开起,就一直是博茨瓦纳担任着这一会议的主席并完成了大部分的秘书工作。而马西雷总统则主持了今天的会议。因此,主席先生,我谨代表我所有的同仁和我自己,感谢博茨瓦纳人民、政府和官员以及主席先生您。

我还要特别感谢您在今天早上所做的开幕式的演说。我想我们中没有谁会对您的演说有任何微词,相反,我极其赞成您所强调的对我们组织的权力分散和权力下放。我们决定成立的秘书处将担负起重要的职责。它将在我们的成功中起着举足轻重的作用,但是它并不是南部非洲发展协调会议,也不能执行其决议。正如您所说,我们的工作必须是灵活的、注重实效的、分散的。秘书处要小而有效。其在数量上的欠缺得用质量弥补起来。但是,最终,只有在我们大家,在各自的国家,不同的职位上都能努力做好自己的工作时,秘书处才能是有效的服务机构。

开始时我说我们大家是有着共同任务的同仁。我现在要继续我的话题,那就是我们应该为了我们共同的利益和目标而继续合作。请向博茨瓦纳人民传达我们的谢意,也请接受我们的感激之情。

今天我们的会议是圆满成功的。诸多因素可以证明这一点,在此我只举出了其中一点。但是另一个重要原因是津巴布韦政府和人民为此次会议付出的努力。尊敬的总理,我谨代表大家感谢您的国家。我们得到了你的人民的热情欢迎,我们所需要的一切设施都准备齐全,我们在这里过得很舒适。再次来到自由的津巴布韦,令我们感到高兴的是,我们能在这样一个设施齐全、气氛轻松、效率极高并且人民友好的地方召开会议,来讨论南部非洲人民的地位改善。

我也要感谢您,总理同志,感谢您提醒我们继续战斗。我们今天所拥护的正是东非中非泛非自由运动组织、东非中非和南部非洲泛非自由运动组织以及非统组织为自由和统一作出的斗争的一部分。

同时我也要感谢我的其他同事们。我们共同致力于这一事业。我有信心我们将完成各自的任务,同时我们也将向着共同的目标稳步前进。

# 20 尼日利亚是前线国家的一员

**前线国家主席尼雷尔在前线国家会议上的讲话**
**尼日利亚,拉各斯:1981年9月11日**

"但是争取自由的斗争中是没有妥协可言的。当谈判不足以赢得自由时,甚至当对抗占领国的斗争得到人民的大力支持时,就别无选择而只有通过武力斗争来获取自由了。我们要一直坚持战斗,直到占领国愿意严肃地来讨论他们将如何撤离而不是是否撤离的问题时。"

首先我要感谢沙加里总统,感谢你的政府和人民同意主办这次会议。你们让我们感受到了你们的热情,为了让工作顺利进行,你们提供了一切我们所需要的设施。再次感谢你们!

除了那些一直处于或最近才刚刚处在为自由非洲而战斗的前沿的国家之外,这是第一次召开所谓的"紧邻南非的第一线国家"会议来讨论解放非洲的斗争。在莫桑比克、安哥拉、津巴布韦赢得独立之前,随着国家元首会议的召开,前线国家的国界已经向南扩张。随着非洲自由的进步,我们的会议规模也变得越来越大。

但是,会议的目的只有一个:全力支持非洲统一组织全面解放非洲的事业。在这样的背景下,使得尼日利亚成为前线国家之一的因素就是尼日利亚为解放非洲作出的贡献,而非其地理优势。今天我们相聚这里的目的就是表彰尼日利亚在非洲统一组织中的重要性以及其为解放非洲而作出的贡献。我们正面临一个严峻的形势,那就是非洲整体面临挑战,事实上全世界都正面临南非种族隔离政策和殖民政府的挑战。尽管联合国已经做出判决,南非政府仍然占领着纳米比亚很多年。许多解决办法也被通过了,但是联合国在执行上没有其成员国,特别是安理会常任理事国那么强硬。南非一直置国际的决定于不顾,它每天都在挑战我们。

常言道"天网恢恢,疏而不漏。"正如非洲自由的边界已经向南扩张一样,南非面临的压力也在上升。这一压力呈现出多种形式,也在世界不同的地方发挥着作用,但是,在这儿,在尼日利亚,我就不必再赘述非洲压力的历史了,以及它是如何变成联合国的压力,和不同肤色不同政治信仰的普通人的压力的过程。最后,迫于这一压力,我们赢得了1978年通过的联合国第435条决议以及联合国促使纳米比亚独立的计划。

这些年来,非洲一直被告知要保持耐心;非洲也一直很有耐心,或许过于耐心了。我们被告知今年一月召开的日内瓦会议将会把联合国安理会第435条决议的执行最终定下来。但由于南非破坏了那次会议,我们又得等待,因为"讨论正在进行中"。我们甚至被告知进展才刚刚开始,因为我们"要像对待朋友那样对待南非"。

但是,非洲和种族隔离制度下的南非是没有友谊可言的。纳米比亚的独立,真正的独立,不是一个靠南非或是任何人的善心来解决的问题。它是纳米比亚人民的权利,是非洲人民的权利。

在非洲,我们从来没有害怕过谈判。在1969年的《卢萨卡宣言》中,我们就表达过我们更愿意谈判的意愿,我们并不愿意用武力解决问题。而我们的很多国家也是在不用武力的情况下获得独立的。但是争取自由的斗争中是没有妥协可言的。当谈判不足以赢得自由时,甚至当对抗占领国的斗争得到人民的大力支持时,就别无选择而只有通过武力斗争来获取自由了。我们要一直坚持战斗,直到占领国愿意严肃地来讨论他们将如何撤离而不是是否撤离的问题时。

纳米比亚人民为他们的自由尝试了几十年的谈判之后,西南非人民组织才成立起来。他们跟他们的压迫者谈判,他们向联合国呼吁。埃塞俄比亚和利比亚向国际法庭申诉。但是所有这些尝试都没有任何进展。人民的抗议迎来的只是更加残酷的镇压。现在,战斗已经在纳米比亚国内打响,并得到了全国人民的全力支持。许多为自由而战的人们遭到杀害。对民众的迫害变得愈加凶狠,而民众做出的回应则是更加坚定地支持争取自由的战争。南非统治者们已经意识到了他们不可能把对自由的要求和为自由而战的勇士们从纳米比亚清除出去。

南非侵略安哥拉的目的是想在那个国家建立一个傀儡政权。安哥拉的选择跟西南非人民组织没有多少关系。那是南非的借口，而非理由。种族隔离政府真正想做的是强化渲染其跟非洲人民为敌的打算，将其描述得形如东西方冲突，以此来赢得美国的支持。

南非在1975年第一次入侵安哥拉时，安哥拉政府正努力从葡萄牙殖民者手中收回主权，因此即便是南非政府，也无法假装他们是在进攻西南非人民组织的激进分子。安哥拉向古巴求援并得到了古巴的武装支持，最终安哥拉人民打败了这次进攻。同时，美国人民也不愿意他们的政府支持南非在罗安达建立傀儡政府。

这次被打败后，南非政府又等到了一个对其更有利的国际环境。随后，它便开始对安哥拉边界进行轰炸和陆地进攻。今年的进攻火力更加凶猛了。或许，南非觉得它现在有了一个强大的朋友作为后盾，可以支持它对付国际批评了。

南非对安哥拉最近一次入侵是自1975年以来最深入的一次侵犯。成百上千的人民被杀害。安哥拉的城镇被占领，经济设施被大量损坏。当安理会开始讨论这个问题时，南非说他们在撤军了，但是当美国用其否决权支持了南非后，所谓的撤军便停止了。南非军队仍然在安哥拉国界160公里之内。

在这次恐怖的战争和与联合国的讨论中，有些人似乎忘记了这次战争的真正目的。讨论围绕着所谓的"纳米比亚内部党派之争"、美国对古巴的仇视，甚至共产主义与民主之争等一系列问题展开，从而混淆了这次讨论的真正目的。这样做，正中南非的下怀。我们的斗争只围绕一件事，那就是为非洲人民的自由和尊严而战。南非人民是坚决反对种族隔离政策的，因此南非政府也正面临其人民的挑战。南非政府害怕自己的人民，因为它清楚它的人民在反对种族隔离政策的斗争中有全世界人民的支持。因此，南非政府通过尽量使自由的影响远离其国土来弱化种族剥削的斗争。

为了这一目的，南非政府支持葡萄牙殖民者在莫桑比克和安哥拉的殖民统治，但是最终失败了。它又支持了史密斯政权，同样也失败了。纳米比亚已经被占领，并且为了南非的利益和南非种族歧视者的利益而被利用了。南非政府希望加强而不是失去其控制权。它想要继续它的剥削和统治，并且它还不要让它的人民知道南非的种族歧视是不可能被消除的。

但是非洲一直致力于对自由的追求,我们的首要任务就是消除殖民统治,而纳米比亚就是一个殖民地。这一目标不能妥协,纳米比亚必须获得自由。拿起武器的是纳米比亚人民,但是整个非洲都在支持他们的斗争。

所有非洲统一组织的成员都竭尽全力支持纳米比亚人民,因为我们清楚我们的安全依赖于他们的胜利和他们取得胜利的时间。因为事实很清楚,只要其人民以势不可挡的决心坚持为他们所受的侮辱而斗争,那么这个种族隔离政权对其国界、殖民地以及任何可能受到影响的地方都不会感到安全的。南非正在寻找一些并不存在的东西。

问题的根源就在其国内,但是南非却试图在其国界外通过进攻其他国家来寻找解决办法。它认为如果一个人不能生活在自由之中,那么他为自由而死的决心是可以被打败的。即使南非得以占领纳米比亚,进一步,如果它可以打败安哥拉,那它也不会满足,因为问题就在它本身。它还会向东、向北进攻其他的国家。

安哥拉一直在支持西南非人民组织,尼日利亚,赞比亚,我们所有的国家都支持西南非人民组织。不幸的是,对安哥拉人民来说,由于安哥拉紧邻纳米比亚,因此现阶段他们得忍受斗争的冲击。但是,南非已经用其行动暗示了其长远的目标。当它不能控制周边国家的政府时,它便尽力破坏其稳定。它武装袭击了莫桑比克和赞比亚,它绑架了来自博茨瓦纳的难民,它开始威胁津巴布韦,并且启动了对津巴布韦的经济制裁。

全世界都感受到了抗议南非行动的必要性。最近欧共体部长宣言就是一个令人鼓舞的开始。但是问题的关键是世界能否说到做到。南非是否还能置国际的话语于不顾,而我们是否会继续任由我们话语的重要性被践踏而不管?

我们看到,联合国大会正在和纳米比亚讨论,安哥拉人民则因为其不幸的地理位置而面临死亡。我们是在为自由而战,为了纳米比亚人民、安哥拉人民和非洲人民的自由而战。当我说我们不应该默许南非政府的殖民统治,不应该默许它进攻任何一个独立国家时,我想我是代表我们每一个人。

朋友们,今天我们正在拉各斯开会讨论这些严肃的问题。前线国家会议一直是非正式的,甚至是秘密的。大庭广众之下讨论如何对付你的敌人是不明智的。因此,我希望我们今天这个正式的开场白不要给人误解为最终我们会有什么正式的决议。我们能说的是大家众所周知的。非洲要捍卫每一个独立国家的自由,并继续为那些还生活在殖民主义和种族主义阴影下的人民的解放而斗争。

# 21 独立非洲承继的苦难

### 对荷兰进行国事访问期间在海牙社会学院的演讲
### 海牙：1983年3月13日

> "非洲的贫穷和不发达与世界其他地方的富有和科技进步不无关系。整个独立非洲大陆传承了现有的世界财富分配模式。非洲的现状与世界财富分配现状密不可分，即世界上四分之一的人口拥有全世界五分之四的财富。凭借相关投资能力的高低以及与他方关系中的力量悬殊，财富创造财富，贫穷滋生贫穷。"

首先，请允许我感谢贵方的邀请，使我能在这样一所知名的学院演讲，贵学院给坦桑尼亚人民捐赠了用于农村发展研究以及相关问题研究的设备，而所有的这些研究对我们全力以赴的发展规划是至关重要的。我希望提醒各位的是我今天所发表的演讲——鉴于我会批评到贫富国家关系中的各个方面——并不针对贵学院！

该演讲甚至不专门针对贵国人民，确实也不针对荷兰政府，多年来我们一直保持着友好合作关系，而且自从我来到这个友好的国度，一直都与之进行真挚友好的讨论。但是我希望我的讲话对所有人都有所帮助，无论是荷兰人民，还是世界上其他地方的关心人类在和平、公正、和谐氛围中的未来发展的人们。

像几乎所有的非洲国家一样，坦桑尼亚现在正深陷于经济困境之中。我们现在和过去的某些时期都有生活必需品、配件的严重缺乏和用于农业、工业以及经济交通运输部门的燃料短缺困境。药品和书籍也是一直严重不足，其他的用于基本医疗健康服务和教育服务的设备过去缺乏，现在也依然不足。实际上，我们少得可怜的资金储备在刚独立的头15年中艰难地有所增加，但之后大致从1979年以来因缺乏配件和替代品就一直每况愈下。其次，我们在贸易以及贷款支付上还有高额的逾期债款。现在我的国家已被联合国列为最近受连续旱灾影响"受灾严重"的20个国家之一。

当面临这样的困境时,我今天还是要告诉大家,我已厌倦别人对我说,坦桑尼亚当前的境况是源于我们的政策失误、我们的低效率以及我们的野心过大。我也厌倦于被告知非洲的现状是其无能、唯利是图或是普遍能力低下的结果。我更讨厌别人告诉我要解决我们的困难的办法就是无论条款多么严苛也要和国际货币基金组织签署协议,这些条款很流行,也受到那些一门心思追求国内外私人投资的人的认可,并鼓励"个人主动性"而不考虑其造成的社会后果。

当我听到类似的不管是针对坦桑尼亚还是其他第三世界国家言论的时候,对我而言,那些用于探究两个布兰克委员会报告的准备工作的,以及现在依然用于探究世界银行发展报告和预测的所有努力和专家意见,似乎都是在浪费时间。所有的一切都只是一直在预测最不发达国家的灾难,除非采取紧急的合作行动来解决以上所列的问题。受人尊重的个人和专家组做了无数的研究,撰写了无数的学术论文,就如何避免这场灾难或至少减低其后果的恶劣程度提出了既严肃认真又有争议的建议。但是对于这些报告还没有议定的回应。相反,就世界经济问题采取的国际行动实际上已被取消,取而代之的是强权的使用以及民族主义和货币主义意识形态的提升。

所以,为了解决问题,我要在此表态。每一个非洲国家,特别是坦桑尼亚,犯了政策上的错误,在实施一些好的政策的时候有些地方存在极大的低效问题。不管其他地方怎么样,在坦桑尼亚,我们一旦发现错误就努力改正,并从中吸取教训。我们现在经历的就是这样一个过程。但是,我要说,坦桑尼亚的错误,以及非洲的普遍错误,使得极难应付的现状雪上加霜。

因此,我拒绝向欧洲、美国或是日本道歉,也不想就非洲或是坦桑尼亚在努力发展过程中所犯的错误进行自我辩护。我们同属一个世界。非洲的贫穷和不发达与世界其他地方的富裕和科技进步不无关系。整个独立非洲大陆传承了现有的世界财富分配模式,而不是由于非洲自身的行动造就了现有的财富分配模式。非洲的现状与世界财富分配现状密不可分,即世界上四分之一的人口拥有全世界五分之四的财富。凭借相关投资能力的高低以及与他方关系中的力量悬殊,财富创造财富,贫穷滋生贫穷。

还有就是固有的世界贸易模式与非洲的贫困和富国的繁荣也密不可分。

总的说来,第三世界、非洲以及坦桑尼亚是初级商品的出口国。发达国家则是更为复杂的大规模制造的资本货物和服务的输出国。但是我们的出口品是你们的进口品,我们的进口品是你们的出口品。当你们减少我们的初级商品的购买量或是压低其价格时,我们对你们产品的购买力就会下降。最终结果就是非洲的赤贫,至少也造成了发达国家某种程度上的失业。

初级商品和深加工商品的比价由美国和欧洲确定。每天早晨我收听英国广播公司的新闻以获悉棉花和咖啡的价格,这两项都是坦桑尼亚的创外汇的产品。我们需要购买的牵引机和其他的产品价格却不公布。它们都是由发达国家的生产商确定的,只有当我们去买这些产品的时候我们才知道价格。

商品价格会有极大的波动,这使得我们的预算计划非常难制定。但是,在坦桑尼亚独立的几乎整整 24 年中长期不变的价格趋势一直对所有的初级产品都不利。在世界经济萧条的最近几年里,商品价格的下滑一直是灾难性的。世界银行已做出估算,以美元来计算非石油初级产品的价格从 1980 年到 1982 年下降了 27%。对于撒哈拉以南非洲的低收入国家来说,非石油初级产品是其国内生产总值的一部分,这一结果就意味着这些国家损失了 2.4% 的收入。这种情况可以被视为与非洲当前的经济危机毫无关联吗?

通过这样的机制,穷国从富国高价买进产品,向富国低价卖出产品,以此把财富定期从穷国转入富国,这一情形会出现在有关无数据统计的援助上,或是那些涉及面向非洲或是第三世界国家的所谓的"转移净额"的国家。

非洲现在负债累累,导致这一结果的原因是如果一个贫穷的国家有任何发展的话,就需要为了发展而借债。但是可能更多的情况是,因为出口价格的突然下滑被认为是暂时的,或因为我们的经济遭到外来的冲击,无论这种冲击来自自然原因或是因为国际经济运作,造成重大危机,这同样会使贫穷的国家负债。截止 1982 年,撒哈拉以南非洲的负债总额已经预计达到 592 亿美元。现在可能达到 850 亿美元左右,其中这一地区的低收入国家负担的债务是 340 亿美元。目前,也就是 1985 年,非洲的总债务预计 1500 亿美元。

而且对于借来的每一美元,我们要按每次上涨的利率付利息。1971 年非洲国家的平均借贷利率是 4.2%,到 1981 年就上升到 10%。从那时起就又上涨了。与此同时,借贷期限从 1971 年的 22 年减少到 1982 年的 15 年。但是,非洲投资需求的长期性却丝毫不减。如果我们不能按期还款,我们就需要以当前非常高的利率去借钱还款。实际上,非洲一些国家正在借钱(常常是以更高的利率),目的仅仅是为了能够支付过去债务的利息,也因此越陷越深。其他国家则无力筹款,他们只能陷入逾期债款之中,不可避免的结果是形成他们能继续购买最为重要的进口产品的价格。

让我再举几个数字。仅在公共债务和公共担保债务方面,撒哈拉以南非洲在1982年就必须还本付息54亿美元。这一地区的低收入国家年个人平均收入还不到600美元,我们很多人的年均收入甚至还比这一数字低很多,像这样的国家也要还本付息14.75亿美元。据世界银行估计,单单1982年长期负债这一项,撒哈拉以南非洲1985至1987年每年就要偿还116亿美元,额外每年还要给国际货币基金组织多付11.7亿美元。

我重申一下,1985年至1987年,撒哈拉以南非洲每年将支出127.7亿美元用以偿还仅截止到1982年为止累积的长期债务。与此同时,这笔钱包括这一地区的国家中最贫穷的国家每年所支付利息的26亿美元,再加上付给国际货币基金组织的6亿美元,也就是,总共要付出32亿美元。

所有的这些钱在危机时期由贫穷的国家转移到了富有的国家。在非洲只有一个国家每年的人均国民生产总值超过1000美元,大多数国家则每年的人均国民生产总值不到400美元。

因为每年的个人平均收入不到400美元,消费水平,特别是贫困人口的消费水平,几乎都达不到最低水平。用于经济发展的资金也是非常有限的,不管这种发展是直接关乎提高农业产量或是通过建设交通以及创建其他的基础设施来为农业提供的服务。但是,对于最大部分的发展规划来说,核心问题是我们与生俱来的落后意味着我们急需进口产品。这些产品不仅需要外汇购买,还需用外汇维修,并且还要连带燃料一起购买!

所以让我们再回过头来说说贸易。因为机器和油的成本,生产剑麻的外汇成本就会提高,从剑麻赚取的外汇收入就没有提高。我们的外汇收支就无结余,我们也就无法进口所需的零配件维持生产。因此,生产就下降,我们赚取的用以投资剑麻生产以及用以购买其他产品的外汇就会越来越少。在非洲,即使是用于学校的书籍,诊所的药物,机车所需的燃料,一切的一切都需要外汇,但是这些东西本身是不会创汇的。

然而,以下的其他情况与我们经济的健康发展也不无关系。基础教育是对

独立非洲承继的苦难

未来生产的投资，而非奢侈产业。甚至只是面向少数人的大学教育和国家的现代行政管理能力和现代经济运作能力都密不可分。脊髓灰质炎、麻疹以及其他传染病的预防为保障将来人们的劳动力提供服务。疟疾的治疗关系到人们有能力投入到为今年丰收的劳作中。没有交通运输，就不能运送生产资料或是产品，也不能出口任何产品。而每一辆货车、每一条铁轨、每一条公路都必须靠进口。

非洲是在20世纪而非18世纪或是19世纪力图发展的。这就意味着任何一个投资成本都要千倍于过去，比起欧洲和美国一开始经济快速增长的状态，世界其他地区对非洲人民的志向和渴望的影响力要大得多。

在乡村为了提高生产力或是为了能减轻艰苦繁重的劳动，人们可以制作和使用一些简单的工具。然而，即使是制作这样一些简单的工具也需要进口的钢材或是其他的产品。但是你现在再也不能一开始通过使用水力或是蒸汽动力织布机，然后再慢慢扩大来发展纺织业了。你要么购买最现代化的纺织厂并为其提供现代化的基础设施，要么你的产品由本国市场和出口市场共同定价。

即使是现在，坦桑尼亚的工业也会因其高昂的营业成本而被进口削弱，这部分要归咎于能源和水资源的匮乏。为了建设工业，为了能为工业的发展服务和创建工业所需的基础设施，我们不得不向海外贷款，并为此付出我以上所概述的所有代价。

鉴于我们缺乏拥有大量财富和创业经验的个人和企业，有人提出了解决这一困境的方案，那就是私营企业，在我们的实际情况中就是外资私营企业。他们告诉我们，外国的投资者会带来资本和专业知识。但是，如果合资企业倒闭了，外资出资国既不会用外汇承担贷款利息也不会偿还贷款本金。而且，据说，比起公共企业，私人投资者能更高效地管理企业。从表面上看，这似乎非常吸引人，但是不幸的是现实并非如此。

私人投资者所关注的是利润，附带促进一个国家或地区的发展。因此，很自然地，他们更喜欢把钱投到一些有基础设施保障和具备有经验的劳动力的地方；他们一定要得到人力和金融方面的保障。如果有任何风吹草动，他们要么不投资，要么就只做收益快的投资。诸如修建公路、铁路、港口、电力供应设施，或是一些更大型的工厂的长期项目他们是不感兴趣的，除非有公共保障和确保他们获得很高的回报。

因此，第三世界的外商直接投资中，只有大约10％用于人均国民生产总值不到500美元的国家，其中大部分是非洲国家，这一点就不足为奇了。即使是在这10％的范围内，投资者也要精挑细选。在这些低收入国家10亿美元的外商直接投资中，有5亿美元集中在4个国家，而剩下的5亿美元要由其他的46个国家分配！这46个国家包括像扎伊尔、马拉维、卢旺达、布隆迪和肯尼亚这样的一些地区，他们占据第三世界国家的大多数，这些国家追捧利于资本和私营企业的策略，并积极寻求这样的投资。

这还不是全部。在拉丁美洲存在60％的外商直接投资股份，拉丁美洲的研究表明，这些外商直接投资大部分来自投资国的银行贷款。那里的进口要素（大多数情况是借助于发展援助计划）大部分是由来自理论上的投资国的机器和管理构成的。

外国投资也意味着长期的红利外流。利润不会再用于这些国家的投资，而是被拿来给股东分红，或是用来投资到可以更快获得更高利润的地方。特别是在跨国公司中，资金常常通过低报出口价和高报进口价，或是通过其他的非法手段流失！在经济危机时期，资金流动净值就会下降或是成负增长。1981年和1982年，总计百分之两百的外国直接投资的利润汇出注入第三世界国家，来自贫穷国家的其他支出净额在困难时期流向了富有的国家。

同样地，从第三世界国家的净利转移适用于私有银行的借贷。这部分是因为私有银行借贷的前期水平的突然下滑，（加之不断提高的利率）第三世界像巴西、墨西哥和阿根廷等稍富有的国家发现他们已无力到期还款。为了避免违约，通过国际货币基金组织的附加条款，他们接受了这种在社会上极不公道、极不公正的条件。

在此我仍要引用世界银行的数据，撒哈拉以南非洲的各种类型的私人投资"流动净值"从1980年的34亿美元下降到了1982年的18亿美元。据预测这一地区在1985年至1987年期间的净利外流大约是10亿美元。其他的预测表明非洲的创汇能力在这几年间还要继续下降。

到此为止请允许我来做简要的概括。非洲，特别是撒哈拉以南非洲，尤其是坦桑尼亚，通过净利转移，正在以超过创汇的速度使用和损失其外汇。如果没有大笔外汇的注入，我们将无法恢复和重建我们的外汇收支平衡。如果没有外汇的收支平衡，我们就无法投入建设交通或投入发展鼓励性产品，这些产品对提高农业或是其他产业的产出都是至关重要的。

所以我们要说一说国际货币基金组织，以及所谓的对非洲最近危机的解决办法，特别是重建非洲进入与世界其他地区的平衡关系的能力以及依靠消费自己支付所有费用的能力。

国际货币基金组织的协议条款的第一条明确陈述该组织（特别注重）的意图是"促进国际间的货币合作……促进国际贸易的扩大和平衡发展……以及促进贸易稳定"。基于这些的意图，我们不禁联想到（1978年至1984年）在坦桑尼亚自己还处在外汇危机的情况下，我们还向国际货币基金组织净额支付了5020万特别提款权，其中的4820万是在5年里支付的，期间我们一直希望和国际货币基金组织达成协议，但是没有成功。

几乎所有的非洲国家都曾经使用过由国际货币基金组织提供的设备。有一些国家很不情愿地签署了条件苛刻的与更高提取额相关的协议。坦桑尼亚自1980年以来一直在寻求达成这一层次的协议的机会。但是一直未果，现在还使自己承受来自双边援助国以及世界银行的极大压力。我可以非常清楚地表明我们非常希望与国际货币基金组织达成协议。这就是为什么我们在过去的五年中从未放弃过这样的意图。但是我们只能达成其条款有利于我国人民的协议，而不是对我们的经济和对我国政治和社会的稳定造成不可逆转的破坏的协议。

我们认为，与国际货币基金组织达成协议的意图首先就是要减轻重建我们当前所处的经济状况的任务的重负。其次，要提供一个可以让我们重新向前发展的基础，从而使我们至少可以恢复到危机前的收入水平。如果达成的协议可能使我们的现状更糟糕，甚至使我们在此期间还要背负更多的债务，那么达成这样的协议就毫无意义。

不幸的是，国际货币基金组织似乎不管和它合作的国家的客观条件如何，对所有的经济问题都秉承唯一的惯例。一旦宣布国际货币基金组织与任何一个第三世界的国家已进行讨论，无论是巴西、牙买加、孟加拉国，还是坦桑尼亚，对其条件进行冗长而枯燥的陈述是预料之中的事。至少这些国家被告知，在获得任何资本注入之前，要一次性使其货币极大贬值。这些国家还被告知要增加出口，开放进口，消减政府开支，提高利率，强制冻结工资，提高国际货币基金组织的价格控制等。就坦桑尼亚来说，我们也被告知扣除物价因素，把我们支付给农民的农产品价格提高 40%。在国际价格下降的时期,当全国收入在减少的时候,当在过去的五年多里城市工资的实际价值已经贬值了 50% 还要多的时候,这样做是多么地残酷!

不足为奇的是接受国际货币基金组织的条款的社会代价就是经常会爆发暴乱,警察或是军队就会把矛头指向民众。就坦桑尼亚来说,我们的优势是团结和对人民的理解。如果这一优势被摧毁,那么我们就失去了恢复经济的基础,更不用说重新发展经济。

国际货币基金组织也是持有如下观点的组织之一,即他们意识到这些条件下在回报中所能赚到的钱与需求无关。它认为,一旦协议达成,世界银行和双边援助国就会获得额外的外汇。如果真能有钱的话,钱的数额是不得而知的,而且可以支取钱的相关条款也是很严苛的。现在的要求是 9% 的利息,三年的宽限期,接下来的三年里逐渐偿清。所以,这种对危机的缓解只是暂时的,和非洲的长期困难和目前所面临的结构问题没有关系。从国际货币基金组织的惯例角度来看,非洲不算是该组织的成功范例。

官方的资金转移,特别是以发展为目的的资金转移,在最近几年的世界经济危机期间已成减少趋势。荷兰是五个经济合作与发展组织的国家中唯一一个达到和超过承诺目标的国家,把本国国民生产总值的 0.7% 用于官方发展援助。1983 年官方发展援助平均占国民生产总值的 0.37%,比起之前的一年有所下降。世界银行预测将来这一比例还会下降,因此,到 1985 年对撒哈拉以南非洲的双边和多边的赠款和贷款年均净值预计大约 60 亿美元,而不是像 1982 年的 83 亿美元。

而且,援助变得越来越双边化,然后被用于援助国的政治目的,而不是用来满足接受国的需要。国际开发协会第七补充条款是 90 亿美元。世界银行估计仅仅为了维持第六补充条款的同等实际价值,它本应该是 160 亿美元。国际农业开发基金会在确保履行它的第二补充条款协议上也遇到了极大的困难,尽管它直接关系到小农户和农村贫困人口的产量的提高,以及它对非洲的特别计划。

甚至世界银行针对撒哈拉以南非洲的特别基金也不能增加新注入资金的目标数额以满足饥荒引发的应急需求。尽管荷兰和一些其他国家做出了贡献,但是其他国家已在重新分配现有的双边援助,这种援助现在将被用于与特别基金相关的一些援助工作。最后,以下做法越来越公开了,美国和其他一些援助国分配所谓的"援助"目的是为了推销其意识形态、外交政策或是促进自己的产业发展,而无视贫穷的接受国的利益。

在面对以上所有我所概述的境况时,第三世界,特别是非洲,应作何回应?十多年来,不结盟运动和77国集团一直在敦促为努力建立国际经济新秩序进行协商。我们也一直在推进"对话",发达国家和发展中国家应该坐下来一起为如何改变目前混乱的世界经济出谋划策,在目前的世界经济中除了几个大国,所有的国家都在受罪,而且丛林法则盛行。我们迫切需要提升所有国家间的公平并鼓励世界财富增长的国际金融贸易体系。20世纪70年代,这一主题至少还会出现在世界议事议程上,而现在已经没有了。现在,发达国家,作为一个整体,甚至都不愿为国际金融和贸易体系,从广义上说即整个世界经济的改革进行谈判。

国际主义已被赤裸裸的经济上和政治上的权力运用所取代。贫穷和急需援助的国家被告诫:"同意接受国际货币基金组织的条件,否则……",或者是"按照我们在联合国教科文组织所要求的去做,否则……",或是"你们要单方与我们这一群体打交道来解决债务事宜,因为你们欠我们所有人钱,否则……"。而且在所有的情况下,"否则"就是某种形式的经济制裁或者进一步的掠夺。

是到了我们自问和问世界一些问题的时候了。我们真的应该在富国给我们的人民提供食物以免挨饿之前就要给他们付钱还债吗?我们真的应该向富国偿债而不去维持我们的基础教育,保证我们的健康医疗资料供给吗?我们真的应该任由我们的交通每况愈下好让我们偿清债务吗?还是我们应该凭借精神力量回应强权,直接对其说不呢?

第三世界并不像毫无力量的样子。坦桑尼亚无力只身去做任何事,除了大声疾呼其所身处的国际经济体系中的不公。这也是我现在正在做的!但是如果非洲所有的国家共同行动,他们本可以构成一定力量,至少可以极大地干扰发达国家。非洲的年均累加偿付债务现在或是很快在不久的将来就会赶上巴西,如果巴西预示将不履行协议,世界金融体系就觉得自身受到威胁。如果第三世界国家团结一致共同行动,发达国家也许会就偿债条款以及现有国际经济体系中的其他不公平的方方面面进行谈判。

在此时,即使非洲就此类问题团结一致统一行动有时也只是一个梦想,或是一场噩梦。但是从一有区域团结迹象就不断进行破坏的意图来看,很显然这种团结对于那些掌控经济特权的人的威胁已被意识到了。即使是努力团结本国人民,努力在本国经济上当家作主的国家也不总是孤身奋战。尼加拉瓜就是一个明显的表现。而且也一直有人企图对现有的类似次区域群体进行分裂瓦解。在南部非洲发展协调会议中我们已经有所经历。

而且,在组织第三世界的力量,甚至在团结非洲大陆的过程中存在一些固有的困难。我们的经济是相互竞争而非相互互补;我们人民当前的需求是迫切的;我们都是新兴的国家,而且我们中的大多数还在通过部落意识逐渐形成国家感,这样就使我们因所拥有的纸上主权相互妒忌,最终我们和我们所遭受的千丝万缕交织在一起的各式各样的经济独裁间的联系却不易被看到。人们更容易看到的是团结行动所要付出的短期牺牲。

在面对所有这些问题时,我重申:我们共同生活在一个世界里。在富国与贫穷国家的经济冲突中,贫穷国家是首当其冲的受害者,也是最大的受害者。但是他们也不是唯一的受害者,随着贫穷国家的境况越来越需紧迫改进,他们可能会采取极端的做法,决定与其拖着半死不活,还不如尽快了断。

我们不希望这样的事情发生,但是一定要进行"对话"了,而且必须马上进行。那种目前存在的最发达国家背离国际主义的状况必须扭转。我相信,发达国家中的小国家可以同心协力为达到这一目标发挥至关重要的作用。以共同人道主义之名,我呼吁贵国能发挥这一作用。

## 22 南非与英联邦

### 在英联邦首脑政府会议上的讲话
### 印度,新德里:1983年11月28日

> "英联邦和联合国都以毫不含糊的措辞谴责南非的种族主义。正如我们自1961年以来就一直在一次次地明确表示的那样,特别是1971年的新加坡大会和1979年的就种族主义和种族偏见发表的《卢萨卡宣言》,这种做法与该组织所代表和支持的宗旨是相悖的。"

在墨尔本,一些成员国对纳米比亚新获得的外交主动权持乐观态度,并且劝服其他成员国相信,1983年我们就可以着手讨论该国将来加入我们的集会的可能性。纳米比亚还是像过去那样根本无自由可言,在过去的两年里南非对这一区域的其他国家的敌对行动还在增加。

造成这些南非问题的根本原因在于种族主义政策和南非自身的好斗行为。故意的有组织的残暴行为,动荡的局势,南非不断升级的反对情绪构成了南非问题,就此而言,这些问题只能在南非内部解决。但是对于南非来说,这些不完全都是一个"内部问题"就可解决的。

自1945年以来,全世界一直意识到,由于国家政策都属"内部事务",放任种族主义是危险的!英联邦和联合国都以毫不含糊的措辞谴责南非的种族主义。正如我们自1961年以来就一直在一次次地明确表示的那样,特别是1971年的新加坡大会和1979年的就种族主义和种族偏见发表的《卢萨卡宣言》,这种做法与该组织所代表和支持的宗旨是相悖的。

世界还未完全致力于对南非政体中的故意的公然的种族主义采取行动。有些国家仍然认为"建设性的接触"将会带来有益的转变,尽管在和南非种族隔

离接触和合作的一段长达 35 年还要多的时间里有证据表明情况是一直越变越糟。但是,联合国对南非的武器和军事禁运极大程度上激怒了南非,如果没有任何的完备之策,禁运的效果将会极大削弱,甚至会造成严重的后果。

在拒绝参加运动会比赛的运动中,英联邦起到了带头作用,鉴于南非竭力想要打破这种抵制运动,其重要性要比人们想象的大得多。在布里斯班强调和明确的 1977 年格伦伊格尔斯协议非常有效地让南非理解其他国家对种族隔离所持有的深恶痛绝的态度。

我认为我们应该借此次会议的机会向诸如英国这样的国家道贺,他们能阻止有组织的国家队到南非参赛。还有那些政府和组织,如斯里兰卡和西印度群岛,他们向运动员们表明出卖运动员精神的基本原则是要付出代价的。如果我们坚持立场,如果此次会议力劝所有国家保持高度警惕,那就大有裨益。

但是,我要重申,任何外在的有组织的制裁、抵制或是仇恨的表达都不能带来对南非的改变。基于三个最基本的原因,他们还是非常重要的。首先,这些行动展示了与南非被压迫人民的团结一致。其次,由于南非努力压制其民众,国际行动就有可能削弱南非政体。最后,它可以降低使南非成为新一轮东西冲突的竞技场的风险几率,南非很可能利用这一极其危险的可能性达到自己的目的。

针对南非的这些外界行动无论如何都使其无法忽视正在发生的事。尽管联合国早在 1966 年就正式撤销了国际联盟对纳米比亚的托管,南非现在仍然占领纳米比亚。从那时候起,联合国大会和安全理事会就一直就纳米比亚问题进行无数的一系列讨论和达成一系列的决议,最终安理会达成了 1978 年的第 435 号决议,这一决议的计划是向纳米比亚人民进行权力的和平交接。

这一决议是由"联络小组"的五个西方成员国提出的,"联络小组"承担了履行该决议的谈判任务,英国和加拿大现在是,也许我现在应该说他们一直是,该小组的成员,我要称赞他们的努力,与此同时我也希望在他们成功的时候能向他们道贺。实际上,当此次决议能被执行的时候,他们似乎离成功不远了,每到此时,南非就会制造新的困难。

我不打算去回顾这一漫长的挫折记录。我们只要说一说发生在墨尔本的事就够了,在那里我们全体一致同意紧迫需要"更加努力""不折不扣"地执行第 435 号决议。退一步说,不幸的是,进展一直很小。

今年早些时候,当联络小组在推进纳米比亚独立的进程中已明显没有任何进展,安理会要求联合国秘书长看看他能做点什么。8月11日他做出如下报告,就联合国计划本身而言,"我们这次是最接近最终目标的一次"。联合国过渡时期援助团的构成最终被通过,也做出关于确定选举程序的承诺。但是秘书长继续说南非提出的要古巴从安哥拉撤出的要求使435号决议的执行成为"不可能完成的任务"。

现在再回到纳米比亚的基本问题上。安哥拉是一个独立的国家,和南非并不接壤。没有任何人操控其国内外政策的决策,尤其不会受纳米比亚人控制,他们也不应该被控制!

话虽如此,我必须补充说明,安哥拉确实需要古巴军队来帮助他们确保自身安全的决定是可以理解的。安哥拉的部分领土被南非占领。南非多次对安哥拉的城镇和乡村进行轰炸,派突击队进行袭击。南非还为安哥拉境内的持不同政见者运动提供培训、武装、资金和供给品。

此外,安哥拉仍然一直努力合作促使纳米比亚独立。例如,安哥拉总统最近向联合国秘书长陈述了四个让古巴军队撤回本国的条件,同时他也就此对古巴军方表示感谢。(i)南非马上从安哥拉撤军;(ii)停止南非对安哥拉的入侵;(iii)停止南非对争取安哥拉彻底独立的全国同盟的后勤支持;(iv)马上履行安理会通过的435号决议。换句话说,安哥拉是在表明态度:一旦他们不再需要驻在安哥拉境内的古巴军队,他们就会一刻都不耽搁地撤回。值得注意的是对这一提议南非没有做出任何回应。

我希望,通过此次会议,我们应该全体一致重申我们坚持执行安理会435号决议的决心;其次,我们应该要求南非立即无条件从安哥拉撤军;再者,我们要直接明了地拒绝把安哥拉境内的古巴军队和纳米比亚独立相联系的理念。与此同时,我们应支持1983年10月份通过的安理会第539号决议,此决议重申了对435号决议的决心,拒绝了联合国和南非一贯坚持把纳米比亚独立与"一些毫不相干没有任何联系的问题"相关联的想法。

最近一次在皇家英联邦会议上发言时,英国外交及联邦秘书谈到这一问题。我们很欣赏他的总体定调,以及对上述的关联理念的明确否定。

南非的侵略行径不仅限于纳米比亚和安哥拉。莫桑比克和莱索托也一直是南非军事进攻的受害者,南非还发起和资助持不同政见者组织。津巴布韦深受南非有组织的破坏活动之苦。博茨瓦纳的难民被绑架挟持回到种族隔离的国家,等待他们的是折磨和死亡。此外,莱索托完全处在南非的包围之中,时不时,有时是长时间地遭受南非的经济封锁。莱索托的代表可以为他的国家提出要求,但是,我希望,我们应该对这个被包围的英联邦国家给予特别的关注,尽可能地对其施以援手。

然而,也许我还要对非洲南部的不断升级的暴力的另一方面进行评说。当南非在实施被它称之为"报复性袭击"的行动的时候,以及当它在非洲其他国家发起和支持持不同政见者组织的时候,一些国家采取了他们所谓的对暴力"公平"谴责的策略。但是种族隔离的受害者的绝望和种族隔离挑唆者的残忍是无法比拟的。一个是(对种族隔离的)反应,一个是(种族隔离的)起因。那些从压迫中逃离出来的人,依据国际条约,有权享有安全庇护,尽管当他们从压迫者那里逃脱的时候,他们还是不可能就开始爱他们的压迫者的。

除了坚定地支持纳米比亚的立场和支持莱索托以外,英联邦还能做什么呢?首先,我建议,虽然我们的能力水平参差,但是如果我们所有的人都下定决心用我们的影响力去支持任何反种族主义原则的行动,那我们至少可以为长远远景作出贡献。

其次,那些一线国家,特别是和南非接壤,或是受到南非威胁的国家,确实需要英联邦以及其独立国家的政治,如果条件允许的话还有物质方面的支持。在我们区域内有九个成员国的南部非洲合作发展会议正在努力提升他们的经济力量,减少他们固有的在经济上对南非的依赖,它理应得到物质、政治和道义上的支持。我特别希望所有的国家意识到我们绝不允许南非破坏我们的交流,摧毁我们的权力体系以及其他方面的发展积极性,所有这一切都是我们在他人帮助下才建立起来的。

最后,英联邦为纳米比亚的优秀人才设立了奖学金项目,联合国秘书长在报告中表明该项目已被证明是非常有益和成功的。我希望我们应该一致同意继续这一项目,并且还确实有必要去扩大它。联合国秘书长还向我们提出一个面向南非难民的非常适当的远程教育计划,那些难民现在还居住在那些一线国家。希望这一项目是大规模项目的一个开始,但是目前能向我们提的要求确实还很少。我希望我们全力以赴地支持这一计划。

最重要的是,英联邦成员国在为纳米比亚的自由而努力的过程中,以及为把南非从邪恶的种族隔离中解放出来的奋斗中将计划发挥一个积极的有建设性的作用,对此我充满信心。也许我们有时候对发展模式意见不一,但是现在我们为发展的需求团结一致。

## 23 自由和正义是持续和平的基础

**在欢迎巴勒斯坦解放运动主席亚西尔·阿拉法特宴会上的讲话**
**达累斯萨拉姆：1984年8月25日**

"……人类对自由的需求是与生俱来的。它是人类精神的一部分。它是不可战胜的，因此，它将最终走向胜利。自由卫士们面临的问题是人们何时及如何能够掌控自己的国家而不是他们是否应该为之而战。"

---

我真的非常高兴地欢迎您，亚西尔·阿拉法特同志，能到坦桑尼亚参加这个官方宴会。在此，我非常谦逊地代表坦桑尼亚人民、政党和政府欢迎您。您是巴勒斯坦解放组织执委会主席，同时也是一个正在遭受苦难的民族的发言人。您和您的民族一道，在遭受痛苦。由于您所代表的和您做出的奉献和杰出的领导能力，您个人成为了一些强势势力的敌对核心。今天，我们非常骄傲能和您在一起。坦桑尼亚是一片被侵占了80多年的殖民地。1961年12月，我们共和国的一部分赢得了政治自由。1964年，我们整个国家从殖民的奴役中解放了出来。在殖民主义的旗子倒下之前，我们不曾需要去为之战斗。

但是，在我们的奋斗过程中，我们越来越意识到我们的民族认同，同时也对同样被压迫的国际友邦增进了了解。随着阅历的增加，我们意识到我们也是更广意义上的民族自决运动的一分子，同时也意识到解放斗争是我们民族阵线的唯一事业。所以，解放，是您和我们共同的事业。

因为斗争还未结束，所以我们，在坦桑尼亚，仍然是解放事业的一分子。在一些斗争同盟国中，包括我们自己，尽管还有一场经济解放的战役要打，但我们的政治已经独立了。然而，在另外一些正在为自由而战的国家当中，比如非洲的一些国家，或者其他洲的一些地方，政治自由的敌对势力还更强大，争取自由的斗争还将耗时更长,更残酷,胜利的希望还很渺茫。

在这样的情况下,一些软弱和悲观的人开始说,获得自由的代价太大,斗争没希望成功。但是,总有一些人能以继续战斗的方式证明他们是错的。因为人类对自由的需求是与生俱来的。它是人类精神的一部分。它是不可战胜的,因此,它将最终走向胜利。自由卫士们面临的问题是人们何时及如何能够掌控自己的国家而不是他们是否应该为之而战。

巴勒斯坦人民的事业同样是纳米比亚和南非人民的事业。这是解放的事业。然而,巴勒斯坦的事业有些特殊。巴勒斯坦解放组织面临一个特殊的问题,所以你们将面对更多更特殊的困难。

南非的西南非洲人民组织和非洲民族会议有着势力强大的敌人。但是,它们都承认纳米比亚人民和南非人民的存在。而且,尽管它们都试图假装其他一些个体是所谓的纳米比亚和南非人民的代表,但它们都承认这些解放运动组织也能代表它们的人民。

巴勒斯坦人民的处境则不同。它的敌人甚至都不承认它是一个独立的国家。这就导致它连拥有自己国土的权利都没有。数百万人居住在难民营,或即使在阿拉伯国家居住工作也没有公民身份,虽然并没有被抵触,但在政治上他们是不被承认的,自然也谈不上有政治权利。

巴勒斯坦解放组织对得到承认和人民取得国家主权的需求被当作恐怖主义否决了。否则它将为阿拉伯不妥协于以色列作出贡献。因为一个组织怎么能代表一个并不存在的民族并为之而战呢?

然而拒绝点灯并不意味着能阻止日落。这仅仅意味着你们生活在黑暗中,并四处碰壁而受伤。巴勒斯坦解放组织不存在,巴勒斯坦民族也不存在。像其他所有民族一样,他们有权获得独立的国家主权。他们,不能被无限期地剥夺这一权利。除非这一观点被接受,否则,后果只可能是中东人民遭受苦难和杀戮,世界和平继续受到威胁。

大部分人自愿接受巴勒斯坦民族不存在或根本没有存在的权利这一现状,这让巴勒斯坦人民遭受了可怕的痛苦。他们被迫流放。难民营被从海陆空袭击。难民营的居住者被炮弹轰炸,被冷血地残杀。巴勒斯坦解放组织的战士们被强大的军事力量击垮,而他们的支持者,甚至是学校的儿童都被打倒,变得无家可归或被投进监狱。

那些因同情他们的困境而收容这些无家可归的难民的国家也被殃及。谁能忘记黎巴嫩曾遭受的惨痛？但是巴勒斯坦人民的斗争将继续，因为这些痛苦并不能改变这个民族的存在和他们对自由的渴求这一事实。阿拉法特同志，您的出席让我们有机会表达对你们民族和事业的同情和支持。此外，这还让我们有机会称颂巴勒斯坦人民和您领导的组织。

与巴勒斯坦为敌的是一些世界上最强大的国家。巴勒斯坦的事业已经承受了发生在解放运动中最糟糕的事。其他一些国家想利用巴勒斯坦的斗争达到他们自己国家的目的，甚至想把它当成超级大国政治中的一枚棋子。

另一方面，你们的支持者是些小国家、第三世界国家和全世界向往正义的普通大众。很多支持你们事业的政府在满足他们自己国家人民的第一需求——保证国家拥有独立主权方面都还困难重重。所以，不管他们对你们的支持有多诚恳，多半，这些支持者能给你们的也仅仅局限于道德和政治立场的支持。

但是，您和你们的民族将继续斗争。你们击败了那些阴谋诡计，经受住了那些武力袭击。你们遭受了苦难和死亡，但你们将继续为正义而战。我们钦佩并惊异于巴勒斯坦人民的勇气。

坦桑尼亚有原则地支持巴勒斯坦的解放斗争，因为它顺应自由的需求。我们支持所有民族都拥有国家主权，因为有一片归属地是每个人的基本需求。此外，坦桑尼亚作为一个需要地区和平和世界和平的国家，中东也是我们世界的一部分，我们将深受世界变迁的影响。没有对巴勒斯坦民族的正义就没有世界的和平。

不抵制侵略就没有和平。民族之间或国家之间会对国家边界有争议。和一个以基于2000前的历史想要建立"大以色列"，想要吞并所有邻国乃至整个巴勒斯坦民族的政府是不可能有理智的谈判的。

以色列是联合国基于每个人都应该有自己的家园这一原则决定建立的，但是以色列剥夺了巴勒斯坦人民拥有家园的权利。它公然藐视联合国让它停止侵略，并从阿拉伯被它占领的土地撤出的决议。

另外，建立以色列的决议是基于全世界同情德国纳粹种族主义受害者的前情下做出的。现在，以色列在经济和军事方面都和南非种族主义者合作。因为有美国的支持，它做这些事情都不会被追责。

巴勒斯坦民族的继续斗争是世界和国家和平三个基本原则的活生生的例子。第一,和平和正义是不可分割的。第二,任何妄想用武力摧毁一个民族的尝试只会加强这个民族人民的国家意识,和保卫自己权利的决心。第三,人的精神是不可能被子弹、炮弹和暴行打败的。这些东西只能击垮那些反对正义需求的人的灵魂。

巴勒斯坦人民在巴勒斯坦解放组织及其主席亚西尔·阿拉法特的领导下,在用生命实践这些真理。他们的事业遇到了很多挫折,将来可能还会有更多的挫折。但他们将继续斗争。如有需要,他们会改变战略和策略,但他们永不会放弃。他们不会放弃,因为他们不能放弃和生存。

他们已经取得了很多成就。他们的存在和事业是中东政治的一个显著的要素。虽然还有些勉强和争议,但世界倾向支持他们的需求。他们已经赢得了尊重,并让人对他们的精神产生敬畏。他们也成为了其他为正义和自由而战的战士的榜样。当然,他们也鼓舞了我们坦桑尼亚。

他们仅仅请求我们给予理解和支持作为报答。他们请求,如果我们给不了帮助的话,请不要破坏他们的努力和自力更生。他们请求我们尊重他们这个自由运动组织——巴勒斯坦解放组织的独立和团结。

阿拉法特同志,很高兴今天您和我们在一起。您的访问让我们有机会重申坦桑尼亚对巴勒斯坦事业和巴勒斯坦解放组织的同情和政治上的支持。我们向您以及和您一同遭受苦难并并肩作战的人们致敬。

# 24 全人类人性的不可分割

### 在社会主义国际和前线国家联合会议上的讲话
### 阿鲁沙:1984年9月4日

> "我们已经意识到只有自由国度的人民可以解放一个国家。然而,在自由非洲的环境中,鉴于纳米比亚的国际地位,外部支持对他们的斗争来说,不仅仅是需要,而且是至关重要的。"

我代表坦桑尼亚的人民、政党和政府热烈欢迎你们的到来。我们很高兴和你们在一起。今天来自前线国家和解放运动的与会者对阿鲁沙已经不是陌生人了,但是对你们的欢迎并不会因此而减少一分。我们有些来自欧洲社会主义党的客人是第一次来坦桑尼亚或阿鲁沙,也有些客人来过不只一次。我们希望你们能在这儿度过美好的时光。欢迎大家!

我们来这里是工作的。但是,首先我想对我们来自欧洲,通过社会主义党或反种族隔离运动在非洲南部的正义斗争中贡献了力量的朋友们表示我的称赞。很自然地,我们在非洲应该充分地意识到南非压迫和奴役纳米比亚的罪行已经受到关注。这些事情发生在我们非洲,并对我们的尊严和安全有直接的影响。但是,你们参与改变这一现状的工作是因为人们越来越清楚地认识了全人类的不可或缺的人道主义。我们很欣赏你们能参与到追求不分种族人人平等的事业中来。

在国际社会主义者的倡导下,我们在这里相聚并讨论非洲南部的问题。这一初衷源于他们意识到非洲南部的位置关系到欧洲和非洲,也源于他们想和身处其中的人们合作。所以,我认为,今天在这里的欧洲社会主义者的目的是,第一,了解我们身处非洲南部亲眼所见的问题;第二,考虑,在此基础上,怎样最有效地继续和延伸他们对纳米比亚的独立斗争以及废除种族隔离的支持。

我们解放运动和前线国家很乐意向我们的社会主义朋友请教。我们愿意说明我们所看到的问题,特别是近来的局势新动向。我们也想更好地了解西方欧洲社会主义政党对我们的斗争能给予怎样的支持。这样我们双方关心的事和目的就一致了。我相信我们这次会议能对纳米比亚的独立和种族隔离的废除作出贡献。

我们今天邀请到南非非洲人国民大会的领导人恩杜古·奥利弗·坦博和西南非洲人民组织领导人萨姆·努乔马。他们将介绍他们看到的现状;我的任务是对现在的问题做一个大概的介绍。

从理论上说,每个相关人士都接受了主张纳米比亚独立的安理会第435条决议。不幸的是,实际上,我们远远没有实行这一决议。这个决议里的每一个有争议的问题都已经解决了。南非,因为有美国政府的支持,又找出另一个借口拒绝执行。这是古巴部队在非洲的一个独立领土上挑起的枝节问题。

我们相信所有的证据都指向一个方向。南非仍试图在纳米比亚建立一个新的班图斯坦。也就是说,一个拥有国际承认独立主权的国家仍然受控于南非,并根据南非的喜好建立了宪法和政府。南非仅仅不时地改变一下策略。但是,因为国际组织介入,阻止南非吞并纳米比亚,我们的目标仍然不变。一旦南非意识到持续侵占纳米比亚让人们越来越不认同种族隔离是内部事务这种说法,它就会寻求其他方式来控制纳米比亚。它现在还在这样做。今天,尽管有第435项决议做依据,且不提民族独立主义者为了达成协议而做出的让步,单单地理和经济的客观事实就意味着独立的纳米比亚在和南非交涉一些不可避免的事宜当中就处于弱势地位。第435项决议暗示,如果没有国际干涉,南非可能已经获得了它想要的——通过持续对纳米比亚的绝对控制来加强种族隔离。所以西南非洲人民组织和前线国家要坚持任何事务的处理都必须基于安理会第435项决议。

种族隔离政府在南非国内也改变了策略。法律,现在甚至宪法也都有了变动。一些细小的种族隔离政策,如按种族划分的公园长凳之类的在法律条文里都找不到了。尽管白人工会的力量和对非白人工人的缺乏培训一样保持原样,但工作保留已不再合法。在国家层面上,虽然还没往下普及,在运动场地使用方面的种族隔离在表面上看也减少了。现在我们已经成立了三院制议会。这个议会本来还想吸纳一些有色人种和印度人进入种族隔离机构。

但是即使一些非白人面孔出现在议会，联合抵制运动取得胜利，这些仅仅意味着他们是议会的成员或者部长，而并不能改变事实。种族隔离结构仍然毫无改变地存在：政治、经济、法律和制度都还是以种族为基础的。种族登记系统、《集团居住法》、种族教育健康系统和所有其他的种族隔离体制支柱都原封不动地保留了下来。

搬迁政策还在无情地实施。约有170万人面临搬迁的威胁，还有330万人已经被暴力搬迁了。班图斯坦政治依然地位稳固，这使得黑人依旧被排除在政治进程之外，就因为他们是黑人。

已经发生以及正在被讨论的这些改变，我相信其实是巧妙地强化了种族隔离，而并非结束种族隔离。他们只是尝试在表面上改变而非在实质上让步，以此来迷惑外界以减少外界对南非的孤立。他们用这些表面的改变来划分出种族隔离的反对派，同时也迷惑他们外部的敌对势力。

它处理和邻邦关系的政策也改变了，但是它的目的和现实都没变化。南非在国际和国家层面的基本目的都是保护种族隔离。他们计划中的一部分就是努力创立一个由南非掌控经济全局的国家集团。南非假装宣称它被外界攻击以尽力隐藏它这一侵略意图。但是它的边界从未受到其他独立邻邦的威胁，它宣称即将受到共产主义的攻击也仅仅是为它对内压迫和对外侵略找个借口。当然，南非政权感到害怕是有原因的。

它害怕它的人民，种族隔离的受害者们；正是他们，现在和将来都会成为对种族隔离制度和观念的威胁。其余的就是宣传。没有一个非洲国家会威胁到南非的安全，而是南非会威胁到邻国的安全。

历史会为自己说话的。南非军队对莫桑比克、莱索托和赞比亚实施了军事攻击。他们侵略了安哥拉并占领了一片地区。这些军事袭击本意都是直接针对西南非洲人民组织和反种族隔离基地的。但是他们很快就放弃了伪装。就拿莫桑比克和安哥拉来说，它袭击的重点是通信和其他一些经济设施，次要目的是对当地居民进行恐怖统治。

另外，南非还对邻国实施了扰乱政策。只要情况允许，它就要使用政治阴谋和经济压迫。在任何可能的情况下，它在邻国领土范围内为那些怠工者，持不同政见的人提供经济、供给的帮助并训练武装他们替它在邻国做事。

所有这些国家,特别是博茨瓦纳、莱索托、莫桑比克、斯威士兰和津巴布韦都受到了南非严重的经济压迫。相对而言,赞比亚受到的压迫要小一些。这些国家都从殖民主义沿袭下了和南非之间在生产、贸易和通信方式上的密切联系。在独立时期,他们都采用了弱化对南非依赖的政策。他们制定了发展计划,创立了南部非洲发展协调会议。南非也一直在使用所有可行的手段来阻断这些计划,实际上是为了加强它对整个非洲南部区域的经济控制。

南非直接或间接地给邻邦造成了不可估量的死亡、破坏和苦难。在邻邦们被大大地削弱了力量之后,仅仅是这之后,南非改变了它政治的重心。它用其他方式替代了袭击,更新了对己有利的合作方案。南非的邻邦们是否愿意接受这样的安排或是没有经济和军事压迫的非侵略条约,还是个疑问。

在这样的情形下,解放运动和前线国家以第 435 项决议为准则,联合在一起来帮助纳米比亚实现独立。他们都将继续支持终结南非内部种族隔离的斗争。问题是怎样推进这些目标,种族隔离的反对者们将起什么样的作用。

原则上,解放运动和前线的任何一个国家都不会致力于武装斗争。我们最终勉强下结论认为这是整个反种族隔离和反殖民主义战役的一个必要部分。不管在南非还是纳米比亚境内,半个世纪以来,斗争都仅仅是用其他方式进行的。

南非的非国大实际上是非洲最早的民族主义运动。几十年来,它追求的是非暴力抵抗政策,仅仅在 20 世纪 60 年代初期,在明显地意识到其他方式的反抗对南非政府不起作用的时候使用了武力。西南非洲人民组织也是在无数次向联合国上诉,同时采取其他各种方式抗议,最终都独立无望的时候才进行了武装斗争。

武装斗争在这两个例子中都没有取得胜利是事实。但是,南非政府再也不能毫无顾忌地反对非白人民众,也不能忽略其国内的反种族隔离势力,这也是事实。这些问题都在国际议程上,然而当抵抗只会给种族隔离和殖民主义的受害者们带来更多痛苦的时候,那些国际势力愿意忽略它们,这同样是事实。

但是,其他形式的抵抗仍在继续。它们可能会因为非洲民族会议和西南非洲人民组织武装派的存在而受到鼓励。它们几乎已经吸收了南非的所有非白人民众,还包括一个少数民族;可能在这个阶段,甚至还包括一个白人少数派。在南非,还很少有因种族差异而得到的报酬极低发动罢工的。

学生联合抗议几乎每天都发生。教派领导人们为民众说话,并尽力减轻他们的痛苦;非种族政府机构几乎不可能存在。但是,一旦有一个非白人政治团体被监禁或取缔,就会有其他新团体接过接力棒继续抵抗。一些有色人种的个人还会利用种族隔离制度本身来对抗这一制度。

这样,武装斗争和其他形式的斗争都在南非和纳米比亚境内进行。我们已经意识到只有自由国度的人民可以解放一个国家。然而,在自由非洲的环境中,鉴于纳米比亚的国际地位,外部支持对他们的斗争来说,不仅仅是需要,而且是至关重要的。

外部支持的目的首先应该是,用一切可行的手段削弱南非的种族隔离政权。其次,要加强抵抗的力量,这样才会让抵抗更有效。最后,任何能让国际对种族隔离及其制度和倡导者产生尊重的事情都不能发生。

南非必须被国际团体孤立。它必须像教区一样地被对待。它的班图斯坦制度必须继续不予承认。对世界上的其他地方来说,联合抵制运动会也是不需要付出任何代价但很重要的一方面。拒绝接待实施种族隔离的南非或它的傀儡组织的领导人也是同样重要的。听听他们访问的国家对种族隔离的批评也是给他们一个小小的教训,让南非的白人弄清楚他们的政治孤立政策已经瓦解了。

严格遵守军事制裁也是一个迫切而将持续执行的需求。但是,军事供给一直以来都因偏向南非而没有严格执行。为了增加出口,很多欧洲国家政府向南非提供一些能直接增强其压迫国内人民和攻击邻邦能力的物资。尽管最终已放弃只提供自卫武器的借口,但生产许可证还是保留了。我向我们的社会主义朋友们呼吁:尽管没有许可证,南非也会继续生产武器,但至少请不要让你们的国家从南非的种族隔离军事活动中获取利益。

然而,虽然有全世界最好的愿望,但现今还是不太可能在军事物资和非军事物资之间严格地划定界限。当你提供了一台电脑,它能更高效地进行种族登记,或是用在监狱,或在其他任何种族隔离手段中使用,它们之间有什么区别呢?实际上,南非生活中的方方面面都涉及了种族隔离。这就是我们在非洲一直敦促贸易联合抵制的原因之一。只要和这个国家交易就不可能不给它的体制和经济提供支持。还有一点毋庸置疑的是,那些白人团体之所以支持种族隔离的一个原因,是种族隔离让白人群体更加繁荣。

即使一个彻底的贸易联合抵制,对欧洲的社会主义政府来说,也不是能快速或单方面进行的,他们不能再为对南非的种族隔离投资辩护。在纳米比亚,这种投资应该被联合国的决议废除。瑞典关于这一点的立法就是一个好的开端,其他政府也可以效仿。不管是通过银行还是国际金融机构,新的贷款都应该被取消。

最后,解放运动,在南非和纳米比亚境内活动的团体,还有前线国家,都需要一些额外的资源来得到加强。除了军事供给,南非种族隔离的反对者们还急需各种人道主义和经济的支持。物质援助能给种族隔离的受害者和战士们鼓舞士气。这是一种团结,当它来自欧洲时,它能粉碎固有的种族冲突。如果前线国家能经受住南非的攻击并继续支持南非和纳米比亚的自由卫士,那么他们也需要帮助。

然而,我们都需要考虑,非洲南部近期的发展事态已经或应该怎样影响我们的行动。这些行动应该怎样进一步应对南非内部的变化以及出于各种原因,南非邻国与之签订的各种协议?

毋庸置疑,所有种族隔离和殖民主义的反对者都想尽可能不使用武力来解决这个事情。和平演变不会一夜之间就到来;它需要一个过程。我们该如何决定何时暂停或推进?何时抨击和挫败它?身处南非境外的我们,该如何对那些在境内使用各种手段反对种族隔离的各种各样的团体们做出回应?我们又该用什么标尺来衡量事态的进展?

这个问题的部分答案就是接受现实。南非的白人不再可能独自决定将会发生什么变化,结果又会是什么。任何形式的自由演变都将涉及种族隔离国家的统治者和南非黑人领导及非白人反对者之间的自由对话。很多这些领导人都被监禁或流放了。如果对话有效的话,他们应该被无条件释放。我还补充一点,这种对话被延误的时间越长,能把人们现在被压抑的精力引导进建设性渠道的机会也就越小。

同时,我们能怎样有条理地应对各种进展?因为我们共同的目标是铲除种族隔离和终结南非侵占纳米比亚,任何情况下,我们都应该问自己两个问题。第一,发生的变化是加固了种族隔离的构建还是增强了反种族隔离者的实力,还是对双方都有利?举个例子,放松了细小方面的种族隔离使得种族隔离执行当局把更多精力集中在更严峻的方面。同时,对受害者来说也是一个能稍加喘息的机会。对于它带来的影响,我的建议是,双方都受影响时要加以关注,但绝没有理由庆贺。

另一方面,所谓的班图斯坦独立意在剥夺数百万南非人民的公民权,使他们远离公民平等权。它对加强种族隔离系统至关重要,我们必须全力反对它。我想不到任何一个南非政府做出有利于种族隔离反对者的变化的例子。

第二个问题是,任何变化,不管它表面有多诱人,它是否会把我们引上一条黑道,并变成将来我们反种族隔离进程上的障碍?如果确实如此,我们要抵制它。我觉得,是否能很好地应对三院制宪法并不是第一个问题的答案,而是回答了第二个问题。因为,如果有色人种和印度人成功参选,会使种族部门更加团结,而种族主义反对者会被分化,一个新的利益团体会成立,旨在阻碍将来的反种族隔离斗争。

我相信,这两个问题的答案会帮助我们思考如何正确地应对南非境内各种反对种族隔离压迫的活动。一个已经在南非注册或没注册的工会是否需要我们的支持?一个新的政治团体是分化了抵制势力,还是达成了南非政府镇压联合民族主义运动的目的?不管我们对一个事件做出何种回应,我们都要考虑外界的支持是帮助了还是阻碍了南非境内反种族隔离的团体或运动。

欧洲的社会主义者们和其他洲的反种族隔离团体都将面临一个更深层次的问题。当有的非洲国家和南非政府签订协议或接受其领导人的时候,你们怎么办?因为你们本国的人民会质疑为什么欧洲要比非洲自己更坚定?比如,当一些非洲国家继续和南非贸易往来的时候,你们为什么还要推进贸易联合抵制?我觉得答案很简单清楚:一个被迫害的受害者所做的事情不应该被他的同情者作为行为参考。

一个正在遭受非人的压迫的人,可能没有其他选择,只能尽力不让自己的孩子死于饥饿或死在子弹下。这不是借口,为了安全和温饱,他只能支持他的压迫者。反过来,这也说明他的支持者之前没有给他足够的支持。所以,这让支持者们有了更深远的责任。他们得加强抵抗种族暴政,因为受害者们能做的变少了。同时他们还要帮助受害者认清自己的位置,以便能随时利用一切可利用的机会进行反抗。

南非的邻国需要也应该从种族隔离反对者那儿得到最大限度的支持,这样他们才有能力抵制南非的压迫。他们需要政治和经济的支持,他们可能也需要武力支持！可能我们还没意识到西方国家针对前线国家的武器禁运,它既不利于前线国家,也不利于反南非斗争把援助物资通过欧洲公司的子公司传送进南非境内。他们的目的和需求就是从朋友那儿直接得到帮助,而不是和种族隔离国家建立更深远的联系。

总之,我请求欧洲的社会主义政党、团体和政府为反种族隔离和反殖民主义斗争提供更强有力的支持。我也希望我们现在和将来的求助将会加快纳米比亚独立和清除种族隔离的步伐。

# 25 非洲的彻底解放，非统组织的特别议题

**在非统组织峰会上以非统组织主席身份所作的发言**
**埃塞俄比亚，亚的斯亚贝巴：1984 年 11 月**

"1963 年这个组织成立初始就致力于为非洲的彻底解放而努力。当然，我们在整个非洲大陆的政治解放上已取得了很大的成绩。1963 年，32 个国家签订了宪章（《非洲统一组织宪章》）。现在我们有 51 个成员国，但是这一任务还没有完结，它必将完结。"

---

首先，我代表非洲组织的所有成员感谢门格斯图·海尔·马里亚姆主席在过去一年里为我们所做的一切。尽管埃塞俄比亚国内各种重大紧迫的局势都需要他，尤其是旱灾席卷整个国家的时候，但是他从来没有推诿自己的职责，作为非统组织的主席，他做得更多。他勤勤恳恳、不知疲倦地帮助我们的组织和我们的国家。尽管困难重重他还是让此次会议得以圆满结束。

门格斯图主席，我非常荣幸地代表在座的各位对你说：非洲感谢你！其次，我还要感谢各国政府的领导们以及各个代表团的其他领导人，感谢你们在此次会议上给予我这样的荣誉，选举我成为这个组织下一年的主席。

你们中许多人都知道，我曾经很犹豫，如果我们的组织将要受到保护并进一步加强，我是否要接受这个荣誉和随之而来的工作。我同意接受这个荣誉，此时此刻我向诸位承诺：我将尽我最大能力为非洲服务，为非洲统一组织服务，为其所有成员国服务。我将致力于非洲的统一、独立和非洲人民的福利。

我们的组织已经度过了一些艰难岁月。我相信对我们而言，为了我们可以共同处理非洲和所有国家面对的那些可怕问题，现在可能也有必要加强我们的团结了。

非洲是一个具有富饶潜力的大洲，但是当前它的人民和它的国家仍遭受着极度的贫穷和困苦。近几年，我们的经济状况恶化了。在20世纪60年代和70年代初期一段非常缓慢但确实存在的发展之后，许多非洲国家的国家经济在过去五六年都衰退了，尤其是按照人均基础来计算。

当前，在遭受主要出口贸易利润下降，以及紧接而来的外国交易的极度短缺后，我们大多数人都因为破坏性的干旱再一次受到打击。生活在这片大洲上成百上千的人们随时会饿死。当聚在这里商讨这个大洲的各种事务时，我们必须把我们那么多人民所面临的这个严重问题一直铭记于心。

因为，仅仅意识到这些是不够的：我们经济所依赖的主要商品价格已经不受我们掌控；我们必需的进口商品价格在我们领土之外确定；到处蔓延的旱灾不是我们祈祷就能解决的。我们是国家的领导人。领导人民在面对灾难时做出正确的反应是我们的职责。短期内，我们要尽可能地采取行动限制经济危害，同时要保证经济危害的重担最轻程度地落在我们的人民身上，至少是他们能够承受的程度。

其次，至少在长期来看，我们的职责还包括我们要明白我们的非洲大陆和非洲国家在应对外界事务的时候，越来越少受批评了。要知道非洲不断遭受干旱，尽管很少有近几年那样的干旱程度。我们的职责是找出非洲能做什么从而减少干旱的破坏。我们需要发展合作策略来帮助任何一个受旱情影响的非洲国家。

面对当前广泛的灾情，尽管各种送往非洲的食品救援物资太少，运送太慢，我们还是非常欢迎。抱歉我没有怀揣感恩，承认这一事实，即当美国人民和欧洲人民意识到非洲旱灾对人类的影响时，他们慷慨解囊。但这并不是解决非洲问题的真正答案。

尽管旱灾是个人甚至国家都无法掌控的，但由于我们对环境的破坏，加剧了灾难对我们的影响。而这个组织里51个国家各自为政造成的国际经济形式和彼此之间经常性的疏离却是人为因素。正如1980年的《勃兰特委员会报告》里警告的一样："目前的世界经济发展如此糟糕，它损害的是所有国家的当前利益和长期利益。"在提出解决世界贫穷的应急性方案时，报告说道："如果确保做到发展的全球化，那么每个国家才能做到真正的发展。"但是什么也没有做。

第三世界国家没能获得对有助于建立其国际经济新秩序的无数个方法的

支持。工业国家否决了全球性协商。富强国家的种种行为就好像他们的统治能保护他们免受国际经济崩溃和贫穷国家不断恶化的贫困形势的不良影响。

面对最近的衰退，北部国家不断加剧的失业率，以及由于贫穷国家没有能力购买必需品或者偿还债务而造成的对自己经济结构的威胁，他们视而不见。相反，他们仍旧谈论着要根据具体情况解决问题。他们希望保持、增强对贫穷国家的经济控制，从而提高对我们的政治控制。

要应对世界难题，就经济强国而言，我们非洲除了努力使自己在区域基础上和国家基础上自立之外别无选择。分开，我们全都是弱小的。团结起来，我们可以让非洲不那么弱小。如果我们能在第三世界范围内达成经济合作，我们的弱小就会被极大地削减。

实际上这立刻给我们提出两项要求，如果我们有意志力的话，在当前情况下我们可以完成这两项要求。第一，我们可以通过双边磋商交流信息，特别是我们和外面的经济组织协商的信息。如果整合我们的努力，我们也许可以避免被迫单独接受糟糕条件。因为目前我们不明智地削弱彼此：一项在一个国家抗议下被接受的协议被用来当成对另一个因为责权条件不够仍在抗议的国家施加的压力。

第二，我们可以合作，尤其是在区域基础上的计划生产方面。我们需要自立，同时还要在世界范围内提倡利益的相互性。因为在非洲我们就像许多航行在波涛汹涌海面上的划艇和独木舟一样。如果我们让最小的船沉了，最大的船就会超载，然后会依次沉船。

我希望此次会议根据拉各斯行动计划中发展的框架和困难来讨论非洲的经济情况。我们必须特别关注非洲的食品供应问题。独立和大规模的饥荒威胁是相互矛盾的。我们不能让国与国之间、政府与政府之间的分歧压制了非洲的经济合作，这对我们所有人的自由是至关重要的。

假装政治差异甚至冲突不存在是荒谬的。我们中的一些人相当不喜欢邻国的政治或者社会构成。我们甚至会带有偏见地认为这会使得难民大量涌入或会鼓励颠覆政权。而这些都会破坏我们的努力。但是无论我们面对什么样的问题，我们无法回避。我们生活在一起，我们一块儿解决问题，否则我们没有一个人会得到自由。我们在宪章中坚持的，互不干涉彼此的国内事务和尊重彼此主权和领土完整的原则是我们维持独立并为我们的共同利益而进行经济合作的唯一基础。

对整个非洲而言，如果我们让我们的争端发展为争吵并让国外势力有机会利用我们的冲突，这对我们是非常危险的。我们应该更好地利用我们的组织或者其他非洲联盟来解决我们的问题和争端。有时候这样的情况是会发生的。要感谢那些作为和平使者或者作为主办国来讨论解决其他国家斗争派别问题的非洲国家，他们的做法让人感到高兴。我们总是让非洲争端问题（非洲国家虽关心但甚至不进行磋商）成为与非非洲政权进行政治协商时的主题，这令人感到耻辱。

我一直在强调我们需要通过更大程度的团结来保护我们独立国家的民族尊严。1963年这个组织成立初始就致力于为非洲的彻底解放而努力。当然，我们在整个非洲大陆的政治解放上已取得了很大的成绩。1963年，32个国家签订了宪章。现在我们有51个成员国，但是这一任务还没有完成，它必将完结。

我们现在有两个主要的突出问题。纳米比亚好像仍被当作南非的殖民地。南非的总督根据比勒陀利亚的行政命令统治着纳米比亚。我们所有人都很清楚纳米比亚谋求独立的战斗史。

在我们组织及各个国家的帮助下，在西南非洲人民组织（SWAPO）的领导下纳米比亚人们已经使用外交和政治斗争手段，并且在可能和必要的情况下使用武装斗争。1978年当联合国安理会采用435号决议并制定出它的实施计划时，我们大多数人都觉得胜利的曙光就在眼前。然而六年后的今天，纳米比亚的独立依然像以前一样遥不可及。

原因很清楚。南非不想让纳米比亚获得独立。如果南非被迫允许纳米比亚在政治上独立，它想确保新的政府是它所喜欢的，是为南非利益服务的而不是为纳米比亚人民利益服务的。

为了这些目的，南非公然挑战整个世界。它袭击、入侵、占领了纳米比亚邻国安哥拉的大片领土。南非明明知道安哥拉当地政府在南非第一次侵略后邀请古巴军队进入本国领土，却还是命令古巴军队从安哥拉撤军。南非以很少的政治代价做这些事情是因为它的背后有美国的支持，即美国的建设性参与政策。

我希望此次会议再一次明确这一点，非洲反对这种连接政策，非洲要求立即执行435号决议，这是最低要求。我希望我们能够明确知道，要想自由，非洲不能退让，就像面对南非，西南非洲人民组织没有退让。我们一次又一次地同意那些我们接触到的党派提出的所谓的"最终"提议，并且期望这个计划能得以实施。每一次，都会出现新的困难，或者有新的建议提出。现在我们必须承认无论要花多长时间，我们都要坚持这个事业。要做到这一点，我们必须在这段有意义的时间里全力支持安哥拉，支持西南非洲人民组织。

最后，我们回到南非种族隔离制度这个问题上。在这个国家世俗化的种族歧视终结之前，整个南非地区仍会持续混乱状态，这一点越来越清晰。没人期望或想让南非人民在种族隔离制度下默默承受他们感受到的压抑和耻辱。因此，我们一定会看到南非政府会坚持不懈地掌控邻国或者使邻国动荡。只要南非政府相信这会帮助保护其种族隔离制度体系的安全性，它反人民时的残忍、欺骗和侵略将会继续被使用以对抗其他国家。

到目前为止，南非体制中没有任何主动改变的迹象。无论在非洲大陆之外发生什么改变，非洲大陆内部的改变很少，南非内部的改变就更少了，往往这些少之又少的改变还被过分吹嘘的"变革"所误导。南非人民明确地反对，为了减轻危害，粉饰种族隔离制度而使用的所谓的"轻微隔离"这一说法，即假装建立独立的班图斯坦政权，企图分割开非白人对种族隔离制度的反对。

他们承认这些做法就是这样的，就是企图加强种族隔离制度，而不是开启终结种族隔离制度的过程。因此，我们每天都有发生在非洲各个城镇的有关暴动的报道，最终情况恶劣到必须召集军队来对抗平民大众。因此新的产业动荡此起彼伏，就是对种族隔离制度的抗议，所以我们有证据表明群众通过政治形式和破坏行动持续不断地支持非洲国民大会的行为。

我们不要低估南非人民在对抗实行种族隔离制度的领导人时持有的勇气。每一天死亡人数都在不断攀升。即使没有被杀死或受到伤害，这些抵抗者也会因为失业，丧失了他们的生存和在城市里谋生的法律权利而慢慢死去。我们这些通过和平手段获得独立的人，和那些不得不反抗与南非种族主义者相比不那么残酷的压迫者的人们必须对反种族隔离制度的国内人民致予敬意。与此同时我们也承认他们的铤而走险迫使他们要么反抗要么失败。

在亚的斯亚贝巴这里我们至少能做的是，让我们再次担负起彻底反对种族隔离制度的任务，在全国解放运动的领导下支持它的南非反对者。这一次必须有深入的,连续不断的行动,从而促进他们的抵抗事业的发展。

然而,我们不应该轻易地或随意地做这事。这会带来政治上和经济上的代价。南非借口说国内反对种族隔离制度是因为国外势力的干预。尽管它口头上没有说,实际上它承认了,当邻国真正的、稳定的独立天生被用来谋求全体人民的利益时,威胁了种族隔离制度的教条。因为这样的独立凸显了种族隔离制度带来的羞耻感和经济代价。同时,它威胁了南非通过交流和贸易体制在非洲南部地区对其他国家的新殖民控制,这种局面是不能很快改变的。

南非侵略它周边的独立国家,侵略纳米比亚的北部邻国,这就是侵略本身导致的后果。侵略似乎仍要持续,除非南非付出的代价太高。直到现在,情况也并非完全如此。侵略的完全冲击力出现在边境国家,实际上这些边境国家留下来是为了保护自己,他们没有得到国内有意义的支持。失败不可避免。这不是涉及到的国家的失败,而是所有那些支持反种族隔离制度斗争的人们的失败。如果一个士兵没有得到后方提供的食物、武器,他不能成功地抵御侵略。

但是争取自由的战斗没有失败,除非不再战斗。我们也有成功。尽管莱索托偏隅一方,几乎被南非包围,但是它从没有屈从于反抗南非所承受的沉重的、代价高昂的压力。博茨瓦纳也已经站出来反抗威胁和经济勒索,而这些边境国家仍屈从于这些威胁和勒索。

南非想让这些国家承认班图斯坦,也想让这些国家就成为班图斯坦。尽管这些国家的人民要付出代价,他们仍勇敢地反抗着。但是莱索托和博茨瓦纳,以及其他前线国家仍直接或间接地受到南非的侵略。

在这次的会议上,我们不得不面对南部非洲的现实状况,并决定我们能做什么去帮助他们。为了维持独立,继续支持反种族隔离制度,这些前线国家已经并仍将继续付出沉重的代价:人民失去生命,遭受贫困,经济上也遭受巨大损失。那些没有帮助他们抵御侵略的国家几乎没有权利去批评他们为保护自己采取的行为。

他们需要同情和帮助,他们需要支持。当他们继续保护反对南非侵略的自由前沿时,其他国家应该在反对种族隔离制度,支持纳米比亚和南非的解放运动上发挥更突出的作用。

然而,近来,和南非之间又出现了新的名为"对话"的商谈形式。这一形式被赋予了正义的涵义,因为有人辩解,南非邻国正和实行种族隔离制度的国家谈话，既没有考虑到他们面临的侵略，也没有考虑到迫使他们官方性正式地应对邻国的地理经济环境。把南非当作地球社区里一个受人尊重的成员，这是非洲必须坚决反对的一种提法。南非的邻国和南非对话是他们为了生存，为了继续反抗不得已而为之的做法。我们其他国家没有必要和南非对话。如果我们这样做了，我们就主动承认了南非这个种族主义者是令人尊敬的。我们绝不这样做。

我最近在一次欧洲社会学家的集会上指出"遭受迫害的受害者的所作所为并不能正确指引他的同情者应该做什么"。相反，"他们要更强烈地反对种族暴行，因为受害者能做的事比较少"。同时，非洲不仅仅要同情反种族隔离制度和殖民主义的斗争，在许多情况下，非洲还要积极地参与到这一斗争中来。当南非人民，当实施种族隔离制度国家的邻国受到侵犯时，尤其是当他们失败时，远离前线的非洲国家有责任做得更多。

如果非洲的自由要得到加强和扩大，我希望此次高峰会议认真关注并严肃讨论纳米比亚和南非面临的这些问题，这是他们应得的，也是他们需要的。让我们彼此坦诚，相互理解。任务就摆在我们前面。让我们下定决心以非洲之名，为了非洲，为了非洲人民的尊严和发展行动起来。

# 26 非统组织解放委员会未完成的任务

## 在非统组织解放委员会第44次会议上的讲话
## 阿鲁沙：1985年7月4日

> *"我们已经到了解放战争最核心的时刻。1963年以后加入非统组织的19个非洲国家中，除了四个国家之外，其余的国家都已经通过和平方式获得了独立……但是，越往南，解放战争就变得越困难……"*

非常感谢你们邀请我在这次的非统组织解放委员会第44次会议上讲话，尽管我更希望的是在标志着你们工作圆满结束的庆功会上发表演说。因为等到我们把22多年前开始的工作圆满完成后，你们的委员会就没有存在的必要了。但是，现在的事实是非洲人民还在面临非洲解放战争中最棘手的困难，因此，非统组织和其委员会仍需代行其责。

我们已经到了解放战争最核心的时刻。1963年以后加入非统组织的19个非洲国家中，除了四个国家之外，其余的国家都已经通过和平方式获得了独立。解放战争中的政治和外交方式就足以达到解放的目的了，我们无需动武。但是，越往南，解放战争就变得越困难。

在安哥拉、几内亚比绍、莫桑比克和赞比亚四国中，有三个国家的国界是与南非，或是南非占领地相接壤的，这些国家的人民就有必要拿起武器。任何情况下，战争都是持久而痛苦的。但是我们最终的目标都是独立。

现在，我们面临的问题是南非在纳米比亚的殖民统治和南非国内的种族隔离政策。基本上，我们面临的就是南非的问题，因为南非的种族隔离政权就是一切暴力、不公和动乱的根源。

南非顽固反对纳米比亚的真正独立的主要目的是维护其种族隔离政策。

南非对南部非洲各独立国家进行的侵略和颠覆性的袭击也有其显而易见的目的,就是维护其种族隔离政策。也就是说,它担心致力于人类平等的各非洲国家的稳定和进步会起到榜样作用。同时,维护其种族隔离政策还是南非政权对其国内民众进行屠杀、拷问和拘押的真正目的。因此,在非统组织追求和平和非洲经济发展的斗争中,削弱和最终废除种族隔离政策必须成为这一组织的首要目标。

这一斗争有三个目标,且都需要非洲各国从政治、外交、经济甚至军事上的支持。这些支持需要我们这个委员会来进行多边的斡旋。第一个目标就是纳米比亚的真正独立。

联合国安理会的第 435 条决议在 1978 年获得了一致通过。联合国关于国家独立的计划理论上得到了直接参与讨论这一问题的各方的同意。参与方包括西南非人民组织、南非政府、西方国家联络小组各成员以及前线国家。但是纳米比亚还是没有独立。

相反,上个月,在第 435 条决议通过 7 年后,我们看到南非声称要在纳米比亚建立一个临时政府,那实际是南非的傀儡政权。这个临时政府没有国际身份,在国内也没有任何支持。安理会对此做出的回应是警告南非,安理会可能会考虑对南非进行强制制裁。同时,安理会还鼓励那些愿意对种族隔离政策政权进行单边制裁的国家。

然而,实际上,南非在藐视各国意见和纳米比亚独立这件事上还是信心满满。因为,尽管做出了很多重要的决议,联合国和其他国家在这些决议的执行上还是有很长时间的不作为。这就让南非误认为它不会因为这种藐视而受到任何经济上和政治上的损失,至少不会在对它最有利的区域上。南非认为,在任何一个关键区域,尽管它是在为自己谋福利,但是它是代表着美国,而它的自信正源于此。

第 435 条决议中规定的纳米比亚的独立和古巴军队从安哥拉的撤离这两者的关联是南非政府直到 1981 年日内瓦会议上所谓的"执行前谈判"之后才提出来的,并且这一关联还是在两件事都已发生后作为执行决议的条件而提出的。首先这一关联是在美国大选中提出的,并且提出者还赢得了总统大选。其次,所有南非提出的执行中的障碍都已被一一克服。

因此,这一关联实际是为南非利益服务的,它阻碍了纳米比亚的独立。因为南非政府所需要做的就是继续在安哥拉制造动乱从而使安哥拉不可能同意古巴军队撤军。这样便保证了美国支持南非继续挑衅联合国。对于美国这种与种族隔离政策和官方恐怖主义只是建设性参与的言论,非洲不能视而不见。

如果面对这一关联已经导致纳米比亚不能独立这一事实,非洲还只是扼腕叹息的话,那将于事无补。第435条决议的目的是为了实现纳米比亚政权和平移交给其人民,从而避免为了获得独立而进行战争的痛苦。联合国成立的目的之一就是要通过和平方式而不是战争来解决争端,这一次的尝试就是联合国实现这一价值的努力。

非洲支持第435条决议是因为它是实现解放的优先方法之一,而不是因为它可以替代解放。现在它仍然还只是一条途径。但是,西南非人民组织和非洲都需要再想想这条路径是否可行。如果可行,时效是多久,以及面对南非和美国的阻碍,它是否还是一条可供选择的途径。

多年前,纳米比亚人民在西南非人民组织的领导下开始了武装斗争。就因为这一武装斗争,国际社会才开始考虑纳米比亚的独立并制定了第435条决议。很明显,如果纳米比亚希望对这一决议进行强制执行,那他们必须加快加强武装斗争的步伐。这是令人感到遗憾的事实,但事实就是如此。尽管纳米比亚人民时刻准备着用和平方式来获取自由,但现在他们必须选择他们唯一可选的方式来追求解放,而在他们的斗争中,非洲永远是他们的盟军和后盾。

南非内部也有一个很好的形势,那就是它的人民也在发起反对种族隔离政策的斗争。从1912年非洲国民大会成立到1960年,人们一直采取的是和平抗议和消极抵抗。南非政府则一直用暴力、恐怖和更残酷的种族压迫作为回应。国际社会则一直冷眼旁观。

但是,最有耐心的人也最终忍无可忍了。虽然仍在继续呼吁谈判解决问题,自由运动还是多少刺激了整个过程的进程。并且,非洲独立国家数量的增加也把种族隔离政策的问题提上了国际政治议事日程,这一数量的增加也成为了南非种族主义者们不断增加的压力来源。但是,直到最近,南非做出的反应还是一如既往:更残忍的压迫,更多的暴力和恐怖袭击,更加藐视对人道和正义的呼吁。

在过去几年里,南非政府使用了一个新的策略,那就是尽力欺骗迷惑那些无辜者,尽量去帮助那些外来的朋友,而这些朋友的存在使南非对国际意见的藐视变得非常尴尬。它允许各个民族的人们可以在公园里共享一条长凳,甚至有时可以在一个餐馆用餐。它还有更进一步的目标。

尽管有各种禁令的存在,我们还是发现非洲商会确实存在,它决定通过赋予他们有条件的权利来控制他们。它通过让那些被界定为黑人或是印第安人的有色人种在立法过程中占有极其微小的一席之地,从而让他们自愿放弃斗争。它一直在讨论"改革"。但是,它没有做的,或不愿做的就是承认人类平等的原则,以及跟真正的非洲领导者们讨论废除种族隔离政策的事宜。

随着时间的推移,明眼人都能看清这一策略是如何缺乏诚意。当然,非洲的黑人也没有被欺骗到。被定义为"黑人"和"印第安人"的绝大多数人并没有上当。这些南非人一直生活在种族隔离政策之下,他们非常清楚这对他们的日常生活意味着什么。因此,南非内部的抵抗和挑战变得更加强大,更公开化,更加不顾一切。

在过去的一年中,南非时时处处都充斥着群体间公开的冲突。几乎没有哪一天没有抗议者或旁观者不被南非警察或军队杀害,因为警察已经没法控制他们自己了。有时候,在参加被镇压的受害者的葬礼时,也会有几十人被杀害或受到伤害。不断有人被关押,也不断有人在关押中死于暴力。成百上千组织非暴力抗议的人们被逮捕起来,部分人还会以通敌罪被送上法庭。

无论是非洲自由国家,非统组织还是解放委员会都不能鼓动或控制不断高涨的国内反抗。那些和南非比邻的非洲独立国家不能阻止它,即便他们希望他们能阻止。即使没有非统组织所认可的解放运动,内部反抗仍会继续。

通常,这些反抗都是自发的,是那些对种族隔离政策的压制忍无可忍的人们绝望情绪的表现,是那些看到其他国家人民可以享受自由国度所带来的尊严和人类尊严而自己却没有的人们绝望的表现。因为,向南发展,任何一个国家的独立和种族主义在非洲的消灭都是对南非人民的鼓舞,正如1947年印度的独立刺激了整个非洲独立运动的兴起一样。但是,这些都不能阻止非洲竭尽全力支持内部的反抗和解放运动。因为我们关注,且必须关注整个非洲的和平。但是,没有公正,何来和平!

没有支持,缺乏组织的自发的反抗只会招来南非更多的杀戮和羁押,只会让南非更疯狂地镇压直至国内一片混乱。从这个意义上来说,非洲国民大会、工会运动及国内反对种族隔离政策的力量都可以组织反抗运动,这样可以缩短斗争时间,同时推翻种族隔离政策后建立的社会制度将更加公正、和平。

但是南非政府对短期斗争和和平并不感兴趣,它感兴趣的是维护它的种族隔离政策。为了这一目的,它采取的是恐怖主义政策。南非政府是一个恐怖主义政府。它大规模地进行杀戮,在南非本土和其他国家。它还竭尽所能搜查解放运动及所有支持解放运动的人们。

前线国家所能给予南部非洲对抗种族隔离政策斗争最大的支持就是加强自己的独立并改善自己国家人民的生活。对此南非也很清楚,因此它在极力阻止。南非比邻国家从来没有,现在没有,也不打算拥有自己国土上的游击基地。对此南非也非常清楚并视为无关紧要的事。因为它知道莫桑比克、安哥拉、赞比亚赢得解放的战争形式并不适合南非的实际。

因此,这样自我反抗的做法不足以保护前线国家免受南非的攻击。南非攻击的目的是通过直接或间接的攻击,让与它接壤的国家动荡不安,从而希望他们沦落到与班图斯坦一样的地位。要想不受军事攻击或不被南非颠覆,前线国家要付出的代价是放弃他们的独立,充当南非的警察,代表南非镇压南非解放运动。对南非而言,保持中立是不够的。为了避免军事或经济攻击,他们必须明确地支持种族隔离制度。

他们必须调查每个南非难民点和自己国家的国民,这些人也许同情南非或纳米比亚的解放斗争,把他们找到的信件或文章寄送到南非,或者把相关的人送往南非。竭尽所能,使得从他们那边很难穿过与南非的边界。如果,仅仅是如果,他们做了这些事情,以及在任何时候的其他行为,都会有益于南非的种族主义,我再说一遍,他们也许会时不时地自由地发表批评种族隔离制度的言论。

莱索托做了什么伤害了南非?事实上,除了它是一个真正自由的国家外,它能伤害什么?然而,南非军队对莱索托的袭击,或者南非对莱索托发起的攻击已经造成42人死亡,导致有形损失高达300万美元。因为没有任何一个博茨瓦纳的叛徒愿意来代表其行事,上个月南非军队突袭了哈博罗内,杀死了12个人,打伤了6个,还毁坏了房屋和车子。死亡的其中6人是博茨瓦纳的居民,另外6人是南非的难民,在他们的棺木上覆盖了非国大的旗子。但是他们是难民,不是解放战斗队。

整个非洲都知道博茨瓦纳不允许它的领土上出现武装人员,也不允许在它的领土内有任何反对南非的敌意活动。然而南非对它在安哥拉、莫桑比克、莱索托和津巴布韦做的荒唐行径完全不后悔。它宣称无论何时,只要它觉得可以保护种族隔离制度,它就会攻击它的邻国。实际上,它上周就这样做了,又一次突袭安哥拉。

这些国家遭受袭击,动荡不安,就因为他们是南非边界上真正独立的国家。南非对这些国家的侵略,颠覆和经济制裁造成大约 70 亿美元的损失。大声反对种族隔离的非洲其他国家和国际社团不应该让他们独自承担这笔损失。为了保卫用鲜血赢得的独立,他们遭受痛苦;他们代替所有真正支持人类平等原则的国家遭受痛苦,而这种人类平等距离种族隔离政策国家还很遥远。

把南非人民从种族隔离的困难中解放出来不是非洲独立国家的任务。我们要清楚这一点。南非没有人请他们这样做。但是打击反对种族隔离的敌人,实行种族隔离政治体制也不是非洲国家的工作。

让南非控制自己的边界。我们的任务是保护非洲自由的边界不被南非的军队和被南非怂恿的强盗入侵。到目前为止我们还不能做到这点因为边界太长,保卫边界的费用太高。让南非承担为了反对不公正而封锁边界的经费花销和军事代价。南非想让它的邻国来保卫自己的边界,这样它才可以使用自己的军队去镇压南非城镇和乡村人民的抵抗。

但是,仅仅反对南非的要求是不够的,我们还要更进一步。为了保卫非洲,我们应该从政治上,文化上,经济上采取积极行动孤立南非,反对种族隔离制度。多年前我们已决定这样做,现在我们必须更加努力。

北欧政府已经采取一系列措施减少,最终中止和南非的经济联系。上个月,他们又采取进一步的措施,宣告和南非签订的《空中交通协议》下的定期航班将在六个月内停飞。欧洲其他国家和美国的人民号召对南非实行贸易收缩,经济抵制,武器禁运和运动抵制等措施。这是积蓄力量的全球性运动。我希望此次会议记录下对这些积极行为的赞赏,记录下对北欧国家和其他地区人民给予反南非斗争的支持的赞赏。

前线国家正准备发挥自己的作用。为了重建他们的经济,尽快减少他们目前对南非经济和沟通的依赖,他们自己组建了南部非洲发展协调会议。因为南非的侵略,他们的努力受到挫败,这又一次证明南非害怕被孤立。

然而,目前,南部非洲发展协调会议的大多数成员除了和南非进行贸易外别无选择,即使他们都知道并且也正遭受这样做的害处。但是对于非统组织的其他任何成员来说，没有理由，也没有借口和南非进行贸易，甚至进行谈话。和南非的贸易会帮助我们糟糕的经济，这样的辩解是不够充分的。我再说一遍，和南非相邻的非统组织成员国已经因为被南非侵略而蒙受了总计 70 亿美元的损失。

反对种族隔离是整个非洲的战役，并不仅仅针对南非人民和边界国家。这是一场为了非洲人民的尊严，为了非洲国家的自由而进行的战役。这是我们坚持非统组织宪章时承诺要做到的。至少我们必须做到的是发挥作用，在国际上孤立那些实行种族隔离制度的国家。

南非为了坚持种族隔离而继续实行隔离制度，殖民主义和侵略。这个委员会的使命就是代表非洲，支持反抗南非种族隔离和殖民侵略的斗争。这一使命还没有完成。卷入其中的国家不付出经济代价甚至政治代价是不行的。甚至有时提及反种族隔离和纳米比亚独立，就会引起那些实际支持南非的主要国际势力的反对。

尽管反对"建设性参与"政策的民意高涨，但是还没有迹象表明，在美国政策的改变下，我们将很快解决这个问题。仍然有很多欧洲和其他地区的国家，甚至包括不结盟运动的一些国家，他们通过贸易政策，或在联合国安理会上的投票，给予南非政府道义上和经济上的支持。

但是，这些困难终将会被战胜，而且，我们的工作会使南非人民推翻种族隔离政策的这一天尽快到来。这是一项严肃的工作，需要认真解决。仅仅参加抨击种族隔离政策的解放委员会会议和政治演说，是远远不够的。我们承诺会提供现金支持。没有经济的支持，纳米比亚和南非的解放运动不能进行，更别说工作的开展。许多南非的邻国，尽管做出了巨大的牺牲和努力，仍承受着超出他们经济实力的压力。如果想要成功地捍卫独立和非洲在解放运动中取得的进步，他们需要经济支持。

非统组织解放委员会的捐款总金额估计为一年 330 万美元。对我们面对的艰巨任务而言，这笔经费少得可怜。今年挪威一个国家就为帮助非统组织承认的国家解放运动捐款 500 万美元。到现在为止，仅有 10 个非统组织成员国给解放委员会缴费，当 1985 年 5 月 31 日停止缴费时，另外 7 个成员国只缴纳了 1984—1985 年度的部分费用。这就意味着 33 个国家严重拖欠应缴费用。难道人民不该问我们，难道我们不应该问问自己，在非洲解放运动中我们是真的如我们所需要的一样严肃认真吗?

所有的非洲国家正努力应对经济困境。我们一些国家的首要问题是饥荒。一些非统组织成员国的确帮助了解放运动,这在解放委员会的报告里并没有写出来。但是我们必须缴费给解放委员会。我们有必要随时记住,我们的捐款就像催化剂,就像是引导一群野牛狂奔的鸟儿一样。

每一次的战斗,总会出现对你有利的时候。这是你要更加努力的时候,然而你也许会疲惫不堪。有迹象表明现在这样一个对非洲有利的时刻就要来了。南非一片混乱,纳米比亚人民蔑视所谓的临时政府。去年强加在一些邻国上的战略性撤退也停止了,新的形势正在建立。在整个欧洲和美国,人们,有时甚至是政府正以新的认真积极态度反对种族隔离制度。

在非洲支持英勇的南非人民反对种族隔离的主导作用下,我们一起前进。

# 27 南部非洲发展协调会议与南部非洲解放

## 在南部非洲发展协调会议峰会上的演讲
## 阿鲁沙：1985年8月9日

> "南部非洲发展协调会议是我们在南非进行自力更生发展的主要手段。捍卫其尊严，促进其目标的实现，是反抗南非种族隔离的一部分。"

主席先生，同盟国的朋友们，尤其是多斯桑托斯总统，首先，向你们表示诚挚的感谢，谢谢你们在阿鲁沙召开这次会议。本次会议我们原计划在罗安达举行，但是主席先生您执意来这里召开。您的友谊，让我们感觉亲切而自然，我对此表示感谢。阿鲁沙欢迎你们，坦桑尼亚欢迎你们。

坦桑尼亚的地理位置独特，只有我们和另外一个成员国马拉维与南非或者南非所占有领域不相邻。马拉维是内陆国家，其传统的外部通信系统易受南非的侵袭，并且民族独立以后，坦桑尼亚与其南部国家保持外交与通讯联系。但是，坦桑尼亚对南部非洲发展协调会议有义不容辞的责任，会竭尽所能、毫无保留。

南部非洲发展协调会议既不是反抗南非非法占有纳米比亚的一部分，也不是反抗南非种族隔离的直接组成部分。但是，这两个方面又不可分割，使其成为南非解放斗争的中坚力量。其一，是使我们抗衡经济统治和种族隔离侵害的力量更加强大；其二，是通过合作与协调，促进区域发展、增强独立自主性，进而促进民族的经济解放。

南部非洲发展协调会议是南非众多区域性组织之一。正如在拉各斯行动中所概述的以及在近期的非洲统一组织峰会中所决定的那样，南部非洲发展协调会议完全适合非洲经济目标的框架。比如，在亚的斯亚贝巴会议上提议的

"食物安全"和"预警"机制早已是我们计划的组成部分,并且在前段时间已经开始执行。区域的交通和通信系统的发展是南部非洲发展协调会议早期优先考虑的问题之一。还有,在动植物疾病以及各种能源、人力资源发展方面,我们也已经开始了协调与合作研究。并且,在年度进展报告中,我们会展示每个研究项目取得的进展,以及预期状况。

尽管非洲统一组织将南部非洲发展协调会议视为一个区域性组织,但是在某些方面,它与其他区域性组织是不同的。它是一个独特的本土组织。在创立该组织时,我们的确获得了非洲国家以外的个别专家弥足珍贵的技术上的帮助。但是,其形成是基于前总统塞雷茨·卡马的个人倡议,还有前线国家领导人热情快捷的帮助。我相信,塞雷茨·卡马总统在此问题上的倡议将会使他的名字镌刻在我们所有国家的历史之中,不仅仅是作为总统和博茨瓦纳的创立者,而是作为一个区域的领导者。请允许我补充一点,主席先生,您已经证明了自己是当之无愧的接班人,不管是在此组织中还是在国内。

南部非洲发展协调会议还因其结构而与众不同。它不是由总部和秘书处组成,其中秘书处发起和组织所有事务,成员国尽力通过周期性的部长和最高阶层会议指挥和保持预算控制。相反,所有成员国都要积极参与所有南部非洲发展协调会议项目的发起和执行工作,每一个成员国都负责一个特定部门的协调发展问题。这种结构使得秘书处在监控和协调成员国的工作时规模小,效率高。更重要的是,这种结构促进了各个成员国在开展各项工作和进行利益合作上的广泛参与。

正如所有成员国所看到的,南部非洲发展协调会议根据成员国的需要制定计划和项目。我们需要并且申请外部的经济上的以及有时候是技术上的援助。但是,这些帮助必须符合我们区域合作和协调的需要。曾在一些其他的领域,我们全盘接纳他人为我们制定的计划,却忽视了我们自己的专家而青睐了他国的人才,这些经历使我们认识到此种做法的危险。目前,尽可能真正地发展我们地区的独立自主,尽可能利用我们现有的和潜在的资源,应该说更加容易了。

当然,我们现在整合的资源还很匮乏,远远不够一些需要紧急进行或完成的工作。南部非洲发展协调会议的所有成员国都是发展中国家。其中许多国家已列入"最不发达""低收入"国家行列。而且,除马拉维之外,其他国家连续三个季节的严重干旱使得农作物产量减少、牲畜死亡,估计损失近20亿美元。

这也使得人们需要花费外汇进口食品、疏导交通、免费分配其他设备等。国际初级商品价格的暴跌，在南部非洲发展协调会议短暂存在期间，进一步加大了我们国家的贫穷程度，削弱了我们资助发展计划的能力。

因此，我们很感激友好的政府和国际组织对南部非洲发展协调会议的项目融资所作的贡献。对于今天的会议，我必须说我由衷地高兴，因为今天的会议将考虑执行北欧倡导的与南部非洲发展协调会议的合作事宜以及对我们的目标和计划的支持事项。北欧的一些国家早已分别在援助南部非洲发展协调会议计划中起过突出作用。这次的倡导将会引入南部非洲发展协调会议与另一个国家组织的合作——这个组织的成员国曾经经历过共同合作所带来的各种困难和利益。而且，北欧国家也开始与我们一道致力于反抗种族隔离的斗争。

对我来说，此倡议似乎是以实际行动支持新国际经济秩序的例子。因为最大程度上，即使对于某些小的经济发达团体也是力所能及的，这是行动的方向。南部非洲发展协调会议与北欧国家已共同制定了方案。我希望此方案能够在下一年的第二个季度被有组织地执行。

但是，令人伤心的事实是，除了欠发达引起的需要之外，由于南非对我们基础设施进行直接或怂恿式的人为破坏，导致我们也急需一些资本投资项目。莫桑比克和安哥拉的港口设施和主要桥梁尤其如此。但是，其他国家也由于种族隔离的侵犯而遭受了损失。南非企图强迫其邻国成为"黑人家园"，继续挖空心思地捍卫种族隔离。它要么通过武力威胁，要么通过利用经济力量阻断通讯和限制基本输入供应来达到这一目的。

南非的军事威胁也强迫我们的国家把用来投资发展的资金用于军事防卫。据估计，由南非造成的损失到目前为止总计70亿美元，这比南部非洲发展协调会议创立五年以来所得到国外投资资金总和还要多！

这种侵犯和扰乱活动还会持续很长一段时间。我们不能假设这种侵害不再存在而制定相应的计划。相反，南部非洲发展协调会议本身，以及所有的成员国，都必须为与种族隔离长期斗争而做好准备。

但是，前所未有地，我们也可以说我们应该为局势的改变而做好准备，这个变化，源于南非内部的重大事件。这并不意味着种族隔离很快就会结束。这个体系和它的机构是根深蒂固的。但是，种族隔离已不再自信。它的许多重要支持者和领导者已在他们心里承认，种族隔离以其原始和单纯的形式不再可行，他们将无法继续执行此政策。谁在几年前听说过种族隔离的"维新"？其领导者们正企图寻求一种方式进行"种族隔离维新"！

他们没有成功，他们也不会成功。种族隔离的受害者对其自夸的"维新"嗤之以鼻。老人们继续用他们日常的话语和行动挑衅种族隔离，反抗种族分裂。然而，年轻人已对这种温和的反抗方式失去了耐心。每一天，他们都不顾一切地，冒着生命危险热切地投入到这个反抗种族分裂的斗争之中。

许多镇区政府的行政结构由于公众舆论的压力和威胁而瘫痪。在一些地方，白人的企业和店铺得到有效抵制，以至于一些白人商人请求政府与黑人真正的代表进行谈判。非洲民族会议和政府行动委员会的行动在南非又一次遭到了禁止！如果有人认为你支持这两个组织，那么你将会锒铛入狱。但是，他们的旗帜到处可见，他们直面当局标榜自己。每一个种族隔离的受害者，不管活着还是死了，在非白人的眼中都是烈士，每一场葬礼都是人们团结一致反抗种族隔离的表现。

当地政权对此既残忍，又甚感恐慌。他们召集军队加入警察的行列，因为单靠警察已不能维护民法或种族隔离的法律。他们甚至企图限制人们参加葬礼，这无疑成为他们未来暴行的秘诀。

在紧急状况下，1200多人遭到官方逮捕，其实实际人数远不止这些。人们无从知晓这些被捕者遭遇了什么。但是，随着不计个人成本的抗议的继续，每天都有大量报道甚至是官方报道说更多的人死于警察枪杀。现在又有证据证明民间"敢死队"的存在。"敢死队"专门杀害那些杰出的种族分裂反抗者，因为当局不方便用官方方式处理他们。

种族隔离在为自己的命运而战，这是垂死的挣扎，也是沉痛的挣扎，它将给人类造成巨大灾难，也给邻国经济造成巨大的损害。南非内部的人民还在抵制威胁。他们无限的勇气令人敬佩，而这种勇气源于绝望。他们需要从世界的其他地方得到帮助，他们也有权得到帮助。

他们所呼吁的并不是美国或其他国家的军事干预。相反，对反抗种族隔离的非白人领导者来说，他们需要的是对南非当局政权的经济制裁。他们并不愚蠢。他们知道经济制裁意味着更多的非白人失去工作，但是他们相信经济制裁会极大地削弱南非的种族隔离力量，而这，正是他们用生命和自由所追求的。

非洲也呼吁经济制裁；我们也不傻。我们知道南非的报复会直接指向其邻国。但是我们知道,在击败种族隔离之前,我们的自由和经济都会受到长久的威胁。如果前线国家会加入这场抵制运动,那么莱索托,波斯维纳,甚至津巴布韦也可能必须如此,即使南非被允许限制或避免他们的商品受到国际制裁。

最后,世界也开始制裁南非。北欧国家在一段时间以前已经开始采取行动,并且现在在强化这些行动。加拿大已经开始行动。上个月,法国实行了单边制裁,并且倡导安理会决议呼吁自愿制裁。非洲国家渴望制裁,并且渴望更多的制裁,我们渴望实行强制性制裁。而安理会决议以及越来越多的国家采取的单边行动都只是一个开始。实际意义上的强制制裁运动,终于开始了。

但是,南非的朋友们还在保卫它。美国和英国就在安理会决议中弃权了。德意志联邦共和国拒绝支持甚至是拒绝呼吁自愿制裁。所有这些国家都说不想增加南非非白人的苦难。他们有时候仍然还在谈论自己作为一种促进改变的力量进行贸易交往和投资,好像他们从1948年以来就没有进行过贸易交往和投资!

现实情况是这些国家通过贸易、贷款和投资,给予种族隔离实际性的支持,增加了黑人的苦难,丝毫不提"建设性参与"政策。通过他们的行动可以看出,这些国家是真正的种族隔离同盟国。倘若这些支持继续存在,南非确实可以接受这些重要经济伙伴的口头评论,甚至可以接受回国大使们的磋商。由此产生的问题是,这三个民主国家以及一些其他国家的人民对强加制裁的呼声越来越高,他们的政府又能反抗多久?

出于自身利益,他们将很快采取行动。他们的银行和股票交易市场已经开始回应大批国内顾客的需求,他们要在与自己还是与南非进行贸易之间做出选择。"撤资"和"无贷款"运动,尤其在美国,正在起效!

我们恭喜那些已经采取行动的人们。同时,私人金融机构和投资者对于南非正在发生的事情开始受到惊吓。他们知道可以通过剥削获取利润,而不能从混乱中获取利润。聪明的商人知道何时放弃公开剥削和种族主义剥削,并且知道,凭借未来的力量他们可以达成什么条款。

南非内部正在发生改变。这种改变,不是种族隔离"维新"的改变,而是人们在一种国际氛围下应对挑战的改变,这种国际氛围使得这种改变充满希望。对改变的抵制继续,侵略就会继续。南非,尤其是南部非洲发展协调会议的成员国,必须学习南非人民的勇气;去坚持,去提高他们的抵制能力。南部非洲发展协调会议是我们在南非进行自力更生发展的主要手段。捍卫其尊严,促进其目标的实现,是反抗南非种族隔离的一部分。

我很自信的是,南部非洲发展协调会议会生存下去,会更加壮大。因为它有明确的经济目的,现实可行的目标,所有成员国积极参与的结构以及内部监控体系和跟进机制。同等重要的是,南部非洲发展协调会议具有由其成员国的政治意愿甚至是政治必要性所支持的政治动力。

因此,我以我开头的话来结束我的演讲。坦桑尼亚会毫无保留地支持南部非洲发展协调会议。至于我本人,作为一个有两年任职经历的党主席,作为一个忠诚的非洲人和坦桑尼亚人,将会继续以各种恰当而有益的方式致力于南部非洲发展协调会议的发展以及九个成员国的合作,直到我们成为十个然后十一个成员国。因为,自由的纳米比亚和民主的南非将有可能加入南部非洲发展协调会议,我猜想他们也会愿意加入!

# 28 法律必须以正义原则为基础

### 在尼赫鲁大学接受名誉法学博士学位时的演讲
### 印度,新德里:1985 年 8 月 26 日

> "从一名教师和政客的角度出发,我知道一个姑息建立在不公平的法律体系的人,不能致力于公平事业。我也坚信,这样的法律终将无法得以推行。人们迟早会不甘于活在这样的不公平法律的压迫下,要么决定自杀,要么去消灭它。"

由一所以贾瓦哈拉尔·尼赫鲁命名的大学授予名誉法学博士学位,我感到诚惶诚恐。因为尼赫鲁不仅是印度的开国总理,也是世界上家喻户晓,备受尊崇的国际领袖。对于那些我们亲身见证着的必须争取独立解放的国家,对那些仍然为了摆脱世世代代贫困现状而挣扎的国家,他的意义更加深远。对我们而言,他曾经是,现在依然是一位为自由而战的英雄。

博学家尼赫鲁,是民族独立运动中最伟大的两位领导者之一,在那个人们为自由奋斗举步维艰、饱受挫折的日子里,振奋起了我们的士气。在非洲那些没有得到解放的地区,国家的领袖和学生们仍然会读尼赫鲁的语录,并思考他在长期的监禁生活中所保持的坚韧品质。对于那些仍然备受世界敌视,却仍然为独立解放而挣扎的非洲国家来说,尼赫鲁的见解和言行对他们仍大有帮助。

来贵校谈论这位伟人是不礼貌的。我只想说,令我终生难忘的是,坦桑尼亚独立后,我曾有幸见过尼赫鲁并与他进行了交谈。

尽管贵校授予了我法学博士学位,但是我毕竟是一个教师,而非一名律师。虽然我跟法律有所牵扯,也知道法律在我们生活的社会上的重要性。但作为坦桑尼亚的总统,捍卫我们的宪法,支持我们的法律是我主要的责任。事实上在坦桑尼亚独立之前,根据殖民法法案,我曾被起诉并被宣告有罪。

因此，我的经历告诉了我这样两个道理：法律首先必须要建立在公平的原则之上；法律需要支持而非阻碍人类和国家的自由和发展。这是立法者应该承担的责任，在民主政体里，也是人民的责任。

我们都听说过，种族隔离的南非盛行法制。如果真是这样，那么种族隔离是不公平的。这意味着人们所奉行的法律本身是不公平的。我把这个问题留给哲学家来讨论，制定一些糟糕的法律是不是比没有法律要好。从一名教师和政客的角度出发，我知道一个姑息建立在不公平的法律体系的人，不能致力于公平事业。我也坚信，这样的法律终将无法得以推行。人们迟早会不甘于活在这样的不公平法律的压迫下，要么决定自杀，要么去消灭它。

法律和公平不能混为一谈，但是这个由不完美的人组成的并不完美的社会，其安定需要这两点能够尽可能人性化地一致起来。作为公民，尤其是领导者，致力于结束这种现象并且使法律能真正地伸张正义，这将是我们的责任。我们需要在现有的法律条文允许的框架内使法律尽可能地人性化。

种族隔离当局的子弹和酷刑，与联合国、英联邦国家、不结盟运动以及印度自身的行动并存，南非当局知道，他们将会继续得到支持。

我十分感激贵校今天授予我的殊荣。作为回报，我只能说我会努力效仿印度，在坦桑尼亚，在非洲以及我们共同的国际社会，努力为正义而奋斗。如果我说我从未犯过错或者是从未在努力之后失败过，这将会很可笑。我的就职宣言是，我保证捍卫我们国家的宪法和法律。但是，我不会假装坦桑尼亚从未发生过不公平的事情。我们只有像印度曾经尝试的那样，去创建有据可依的法律机制。再有不公平的事情发生时，我们才可以通过和平的方式来解决。

今天的仪式给予我一个再次尽我所能地去致力于公平事业的机会。在接下来我在任的几个月里，我将以党的主席的身份，以国家公民、世界公民的身份，为公平事业竭尽全力。

# 29 对个人政治生涯中某些见解的反思

## 在古巴哈瓦那大学获政治学名誉博士学位时的演讲
## 1985年9月30日

> "首先回首过去,我们很天真……我们根本不知道改变从前的殖民统治者们看待我们以及我们人民的态度有多么困难,甚至我们更少意识到许多发达国家,特别是其中最强大的国家,会把我们这些新兴国家视为他们新增加的某一区域,可以施加重要影响,甚至可以进行间接控制。"

在任何一所著名的大学获取荣誉学位都是一件无比荣光的事情,而哈瓦那大学具有变革精神和革命传统,在这里被授予学位,对一个社会主义者来说,是一件特别值得骄傲的事。今天得到这样的殊荣,我万分感激。

我希望我的回答公平合理些。尽管你们选择授予我政治学学位,但是事实上,我是一个高度参与政治的人,而且是一个自坦桑尼亚独立以来就被委以重任,现在正逐渐退位的政治家。基于这样的身份,除了日常工作外,我还要处理像总统换届过渡时期的、坦桑尼亚议会的和有关总统选举进程的等一些工作。所以,今天我仅仅就我个人政治生涯中某些见解进行反思,而不会对某一问题作深入的探讨,古巴领导人常常进行那样有深度的演讲,我想你们应该比较熟悉了。

因为强烈反对殖民主义极其恶劣的影响,我们的人民曾经为了独立而斗争。人民对像我这样的人委以重任和权力,是因为他们期盼我们的努力能给他们的生活带来革命性的变化。虽然他们极其渴望尊严与自由,民族的自由,人民的自由,但是他们也同样极其渴望摆脱正在压迫他们的贫穷、无知和疾病。

我们这些领导者也有这样的愿望。但是在多数情况下,当然就我个人而言,只有经过一段时间的摸索才发现要实现这些愿望得经历多少艰难险阻!

首先回首过去,我们很天真。我们当中的一些人接受了英国的传统教育并且读了一些政治哲学方面的书籍(表面上,我们是读了),都坚信我们的国家独立和主权得到全世界的认可就意味着被全面接受。我们希望我们的国家被认为是一个平等的主权国家。我们原认为迎接国家元首的21响礼炮就表明了一种在国家平等和相互尊重的基础上来探讨共同关心事务的意愿。

我们根本不知道改变从前的殖民统治者们看待我们以及我们人民的态度有多么困难,甚至我们更少意识到许多发达国家,特别是其中最强大的国家,会把我们这些新兴国家视为他们新增加的某一区域,可以施加重要影响,甚至可以进行间接控制。

1961年,古巴人民本可以使我们受到一点教育。因为在革命前的60年里,你们亲身感受了新殖民主义的强权和暴力经历。但是,在非洲,我们却处于摆脱旧殖民主义的过程中,没有足够注意到新殖民主义的破坏会有可能把我们刚取得的独立变成泡影。加纳的克瓦米·恩克鲁玛高瞻远瞩,对于新殖民主义的危害性曾给我们以严重警告。但是我相信,当时我们中的大多数人,并不理解。我们不知道我们如何吸取古巴人和拉丁美洲人的经验。对我们而言,拥有独立主权的国家才是独立的。

经验是最好的老师并且呼之即来!在我任独立的坦噶尼喀的总理时,最早采取的措施之一就是,1961年9月9日后将继续进行种族歧视活动的6人驱逐出境。但是,尽管在坦桑尼亚国内人民相互尊重已经形成共识,但对于在世界范围内解决国家平等问题却毫无作用。我发现只是一场永无休止的斗争。

确实,新一代的领导集体已经崛起,先前的殖民势力逐渐改变了那种视殖民地为继儿的恩赐态度。但是这些改变仅仅使我们站起来直面其他的现实:那就是他们所实行的强权,时而温和,时而躁动,但的的确确存在。

近代史上曾有那么一段时间,强国的内部及周边都一致倡议国际主义和国际合作。这种倡议虽说不是绝对的,却占主导地位。40年前,这种倡议促成了联合国的建立以及各个国家在联合国大会上有平等的代表权,甚至在安理会也是如此。尽管否决权是对强权的让步表现,但联合国本身和他们的各个机构都表达了权力会被用于维护和平的愿望。并且真正的和平需要注重社会和经济的不公平,这一认识似乎被广泛接受。

从那时起，以"强权即公理"的理念为基础，我们就一直在为和平而进行的国际合作和实行民族主义外部侵略这两种理念进行坚持不懈的斗争。有时，这两种理念同时矛盾地推动着一个国家不同的行动。

比如，美国总统肯尼迪在非洲给我们留下了深刻的印象。他似乎理解和赞同我们为解放而作的斗争。当我们在与殖民势力斗争时，根据美国国家政治结构的准则，他表示支持。但是，他是美国的元首，下令进攻古巴的猪湾①。从那时发表的回忆录可以看出，怀疑美国有意他国独立是多么地合理！

然而，尽管这个例子表现了强权问题包罗万象的本质，我们非洲依然十分渴望获得美国和苏联的支持，因为他们实力强大。我1963年访美，要不是苏联还没有给予反殖民运动任何支持，我就会在此之前或随后即刻同样访问苏联。因为这两个国家有着各自独特的实力。他们联合，就可以统治世界。他们敌对，就会使世界恐慌，因为他们具有发动核战争的能力。

然而，无论敌对还是合作，美国和苏联都无法维持整个世界的和平，除非他们与其他的国家合作。换言之，国际主义的理念实实在在维系着国际关系。现在所谓的"地区战争"不仅使千千万万人致死，而且通常是由于超级大国（单边或双边）干涉恶化的。但是战争又不总是他们引起的。

这些战争可能是由于不公平的情况恶化到无可忍受的地步，人们群起而反抗，或者是由于我称之为"小希特勒们"（即侵犯邻国的小国家的领袖们）引起的。原本国际主义者和联合国的目的都是通过联合行动防止不公平的发生，包括贫富不均和防止侵略。

联合国一次又一次证明其无法完成既定目标。军事力量和国家的权力阻碍了其目标的实现。我急于补充的是，我并未暗示联合国软弱无力，也从未有一刻产生过这样的想法。值得赞扬的是，联合国取得过许多成绩。我的意思是，它本可以做得更多并且必须要做得更多。但是，由于面对日益强大的侵略经济和军事力量，国际主义节节败退，联合国并没有变得强大，反之，它正在遭受破坏，甚至受到公开的攻击。

几天前的联合国大会上，我讲述了近来发展趋势的几个例子，现在无需我

---

① 即猪湾事件。1961年4月17日，在美国中央情报局的协助下，一批流亡美国的古巴人在古巴西南海岸猪湾登陆，向菲德尔·卡斯特罗领导的政府发动进攻。后被全歼。——译校注

细讲,尤其在古巴。但是,我觉得该从我们中的一些人身上吸取教训,因为我们不具备与自我保卫势均力敌的力量。

最重要的教训就是要团结一致和自力更生,国家内部要团结,国家之间也要团结。不结盟运动是没有用的,在某种意义上说,它既没有军事能力,也没有经济实力。如果在相互尊重的基础之上,本着国际主义精神,多方之间相互合作,我们就会拥有更多的军事力量,特别是经济实力。甚至现在,这也并非没有影响。强权国家似乎无视它的决议,除非他们偶尔为了自己的政治目的而利用这些决议。但是,有时为了影响这些决议而做出的努力却恰恰证明了它们的重要性。

事实上,当不结盟运动,或为此而建立的非洲统一组织为了某一责任而全心全意地投入并团结到某一特定立场,对强权国家的压力就会增强,如果面对公开或秘密的攻击,这种团结依然可以坚持足够长的时间,最终就会立于不败之地。因为这是人民的力量,是世界上大多数人民力量的表达。

所以,我们的问题就是去缔结联盟,并且创建责任,在不结盟运动中满足世界对公平与和平的需要。这不是件容易的事,肯定不要操之过急。尽管我们进程稍慢,但我们正在朝那个目标奋进。

运动往往被视为是反殖民主义和反种族隔离的。我不相信在这些方面取得的进步与这一责任是不相关的。但是,只有在过去的十或十一年里,我们才将注意力转移到经济问题上。并且事实是在不结盟运动中,我们还没有全身心地紧密团结成一股有效的力量以维护经济正义。像我们意识到这种需要的国家和领导人必须要承担这个责任,我们需要去教育,去鼓动,去组织。

目前时机已经成熟,全球的经济混乱局面激励最消极的第三世界领导人要伺机而动,并且在想要单独行动时,要意识到我们国家力量的薄弱。我们真正需要的是:摆事实,深分析,给建议。我认为,这些最好能以一种温和有理并无可辩驳的语言表述出来。因为不是所有的第三世界领导人都在革命传统中成长!

古巴,尤其是这所大学,长期以来在这个领域里都很活跃。作为为古巴自由而战的中流砥柱,哈瓦那大学与古巴国家领导人一起摆事实,深分析,给建议,在我看来,他们的语言大部分非常合理且很有说服力!如果你们的荣誉博士学位没有来路不正,恭喜你们!并且,我相信你们不需要我来督促你们继续加强你们的学业。

应你们的要求,我仅再引用一句我最喜欢的名言,来自于一个过世已久的美国作家马克·吐温:"肥皂和教育不像大屠杀那样来得迅速,但从长远来看,他们才是更致命的。"①屠杀战胜不了帝国主义的剥削,但是教育却会使其受害者们产生坚不可摧的力量。

重申一下,我十分感谢你们给予我这份荣誉。我会恪尽职守努力工作以不负虚名。以非洲经验来看,我会致力于教育和鼓动建立国际经济新秩序的工作。至于组织工作,我把它们留给一代一代的后来者,像你们学校的年轻人和坦桑尼亚大学里的年轻人。

---

① 原文出自马克·吐温(1835—1910)的《我最近辞职的事实经过》。"肥皂"在此为双关语,另有收买的意思。——译校注

# 30 非洲是一个整体

**荣获奥古斯蒂诺·内图[①]勋章时的演讲**
**安哥拉,罗安达:1985 年 10 月 3 日**

---

"坦桑尼亚会继续支持非洲大陆的解放斗争,因为我们知道,只有全非洲取得政治自由和人身安全,经济的发展与解放才能走得更远。换句话说,优先解决的问题就是为非洲独立斗争的真实意图清理道路。"

---

身为获得安哥拉的最高荣誉——奥古斯蒂诺勋章奖的第一人,我无法确切地表达出我的心情。得到这一荣誉我心存感激,因为它是以非洲最伟大的儿子之一,安哥拉国父的名字命名的,我有幸与之结识并共事。

如果说我不配得此奖就质疑了你们的判断力,或者认为这个头衔只有安哥拉政府和人民才有权利拥有,那就是我个人的揣测。但是,若无谦逊之情以及你们在判定时的宽宏意识,我现在不可能站在这儿且聆听你们阅悉的引述。但是现在,站在我这个位置,聆听着颁奖词,要说没有愧疚之意,没有感觉到你们的慷慨宽容之心是不可能的。

身怀感激之心,我接受这项荣誉。不仅以我个人的名义,而且代表全体坦桑尼亚人民(自 1961 年以来我有幸领导并代表他们)接受这项荣誉。因为我所做的一切都是代表他们而做,他们一直认可我,配合我,全心全意地支持我。总统先生,您提到,我们坦桑尼亚人民为安哥拉过去与现在的自由斗争作出了贡献。坦率讲,我很感激您这样说,同时,我们也一直在为我们国家的自由而不懈奋斗。

---

[①] 1922—1979 年,安哥拉首任总统(1975—1979)。——译校注

是克瓦米·恩克鲁玛首先提出,除非整个非洲得到解放,否则他自己的国家——加纳,不可能彻底地解放。这句话适用于1957年的加纳,后来适用于1961年的坦噶尼喀,现在适用于今天的坦桑尼亚。因为,非洲是一个整体。除非我们整个大陆都能从殖民主义和种族主义中解放出来,否则没有哪一个非洲国家的独立是安全的。

这样说只是讲安哥拉所知的真实,和安哥拉行动的基础。因为从安哥拉的武装斗争获得国际认可之时起,甚至是在此之前,当安哥拉人民解放运动发起武装斗争时起,安哥拉就一直在争取纳米比亚的自由和废除种族隔离的不懈斗争中发挥着不可替代的作用。在可以想象的极其艰难的情况下,安哥拉依旧持续支持西南非洲人民组织,为解放运动提供必需的后方基地,也继续支持南非非洲人国民大会。

坦桑尼亚为了仍未独立国家的解放运动所做的努力并不比你们正在做的多。我们当时没有来自于外部的敌对势力,尤其是没有遭受安哥拉所经受的且仍在经受着的陆空军事袭击。因为,很幸运地,我们离种族隔离政权所控地域距离较远。葡萄牙确实向坦桑尼亚投掷了炸弹,但却没有发动安哥拉所经历的那种袭击。

但是,我没有装作支持非洲解放的活动很容易。它是一项人们须尽力完成的任务,只因为人们必须去做,而不是因为无事可做。坦桑尼亚会继续支持非洲大陆的解放斗争,因为我们知道,只有全非洲取得政治自由和人身安全,经济的发展与解放才能走得更远。换句话说,优先解决的问题就是为非洲独立斗争的真实意图清理道路。

我们为了政治自由,为了废除种族隔离而奋斗,是为了取得政治独立这一武器之后,能开始摆脱一直压制我们人民的贫困、无知和疾病任务。因为这些不幸对我们的政治自由来说也是一种限制。而且就其本身来说,他们也不得不被打败,而且将会被打败。

但是,正如安哥拉人民所知道的,当政治自由仍没有保障时,可保证的经济解放工作就有很大限制。一个基本的要素是国内人民的团结统一。

非洲政治与经济解放的敌人总是一直寻找能够成为"第五纵队"的非洲叛徒。而且,安哥拉最大的问题之一就是南非能找到这种人,并且利用他们实现自己极其恶毒的目的!

坦桑尼亚人民比较幸运。我们有能力维持民族运动的团结统一，这使我们有能力为总统先生诚恳地提到的非洲南部的政治解放作出贡献。这种团结统一是坦桑尼亚最伟大的力量，可以说，也几乎是坦桑尼亚唯一的力量。

究其原因，经济上，坦桑尼亚非常贫弱；军事上，坦桑尼亚没有军事力量。这不会因为坦桑尼亚军队和人民成功击退了伊迪·阿明军队的入侵而受到影响。我们经济和军事上的薄弱限制了我们在支持安哥拉抵御南非入侵和空中打击的持续斗争中做些我们想做的事。现在我们能做的非常有限，只能给予你们道义上、政治上和外交上的支持。在一定程度上，这种支持对你们已经是一种援助，而且未来也会是一种援助，我可以保证这种援助将会持续不断。

但是，安哥拉人民正在经受着真实的斗争和深切的痛苦。总统先生，我向您致敬，我希望您代表全体忠诚的安哥拉人民接受坦桑尼亚共和国政府和人民的敬意。因为，如果我们有能力已经做或正在做任何事帮助安哥拉获得政治自由，安哥拉就回报给我们了上千倍的勇气，有了这些勇气，安哥拉才能坚持不懈地抵抗南非的侵略与种族隔离。

我们必须继续斗争。南非人民纷纷站起来反抗他们的压迫者，同时也是我们的压迫者。我们正在为非洲的解放发动一场普遍而简单的战争。它值得我们去完成历史和地理位置赋予我们的责任。这是一场艰苦卓绝的斗争。尤其是在保卫国家和追求非洲自由的斗争中，成千上万的安哥拉人民牺牲了，或者残废了。你们的牺牲，非洲的牺牲，都不会白费的。

这一切的结束不会太久。多年来，非洲的爱国主义者，尤其是非洲南部的爱国主义者以信念战斗着，经受着。他们没有预见结局。但是现在，我们的信念不断增强，我们知道是我们自己，而不仅仅是我们的孩子都能够见证种族隔离的没落，见证经济解放和非洲繁盛的新斗争的开端。我并不是说不久就能实现政治上的胜利。敌人非常强大，而且非常坚定。种族隔离的死亡挣扎要很久才能实现，仍会让种族隔离的受害者遭受更多痛苦。但是，结局现在已经明了。在痛苦的尽头，我们能看见胜利的曙光。

自由的原因就是胜利。我们坚信我们终将胜利，我们现在的任务就是从中保持勇气，补充力量，以增强战斗力，迎来我们整个非洲庆祝种族隔离和非洲南部战争终结的一天。当那一天来临，安哥拉将会因其所作出的巨大贡献而在我们大陆的历史上赢得一个特殊的席位。

我要再一次感谢你们今天授予我这份荣誉。代表通过我享此荣誉的全体坦桑尼亚人民,我再一次向非洲解放斗争郑重承诺,我向你们保证我们将继续与安哥拉政府和人民团结一致。我们一起大步向前,迈向胜利。

# 31 非洲彻底解放是最终目标

**在安哥拉国事访问时一次国宴上的致辞**
**安哥拉,罗安达：1985 年 10 月 3 日**

"在过去的两次峰会上,非洲恢复了统一,找回了目标感,尤其是认识到以一个地区和一个大陆为基础进行国家间的经济合作与协调的重要性,这也标志着非洲巩固其政治解放的开端。"

---

从坦桑尼亚来到安哥拉,我感到既惭愧又自豪。受到安哥拉政府和人民、安哥拉人民解放运动以及总统先生的热烈欢迎,我感到惭愧,尤其是人民的热烈欢迎,更让我加深了这种感觉。因为我看到安哥拉人民尽管饱受了殖民主义残害百余年,尽管为独立武装斗争了 14 年,尽管为维护独立苦战了 10 年,仍保持着坚不可摧的精神。我感到自豪,是因为你们是勇气和意志的典范,也因为你们的斗争就是我们的斗争,非洲人的斗争,虽然相隔很远,我们仍有权利尽绵薄之力的斗争。我同样为今天你们的盛情欢迎感到自豪。这进一步证明我们非洲人要尊严,要自由。谢谢你们。

你们的奋斗,我们共同的奋斗,还没有结束。非洲的帝国主义和资本主义正面临着孤注一掷的处境和无望取胜的后果,当然安哥拉人民也在忍受着他们带来的种种痛苦。但是,过去和现在,你们的反抗已经昭示出最后结果——非洲的彻底解放!

在安哥拉人民解放运动的领导下,安哥拉人民在最危急的时刻进行了游击战,以此来反对那些统治力量。那些统治阶级,从一开始就非常残忍地维护其自身的利益,非常地傲慢自大。你们在战斗中学会了战斗。在胜利与失败的经历中你们学会了抵抗敌人的攻击。无论任何遭遇和挫折,你们从未放弃,所以你们胜利了。

事实上，你们和莫桑比克、几内亚人民所做的远不止如此。你们不仅从殖民主义中解放了自己，同样也解放了受法西斯主义迫害的葡萄牙人民。我不知道他们是否曾感谢过你们，但事实是不言而喻的。

不幸的是，安哥拉人民还没有享受片刻独立的幸福，也几乎还没有开始自由发展经济，你们的国家就随即受到了被中央情报局赞助和武装的南非和傀儡组织的攻击。直到中央情报局都无力支撑时，你们仍然能顽强抵抗住北部的侵袭，你们真是好样的！

但是入侵的是一支训练有素，装备齐全而且常常拥有空军支持的南非部队。即使是最英勇的游击队伍也不能独自阻挡他们最后抵达罗安达。游击队唯一能做的就是再次隐身于灌木丛中为自由而战。

正如许多非洲其他国家一样，我们在坦桑尼亚也看到了你们需要什么。但是让我们不断感到羞愧的是，我们无力提供你们所需要的物资和军队援助以击退敌人的袭击。有人说，这只是非洲部分的失败，整个非洲最近已经从殖民主义的毁坏和分裂中产生。但是实际上，或许我们的无能为力不但确实存在而且不可避免。

对安哥拉和我们来说，幸运的是，古巴政府和人民愿意并能够与我们一起来抵抗南非及其同盟对非洲解放带来的挑战。古巴和安哥拉武装力量能够将南非入侵者赶回纳米比亚边界。我代表坦桑尼亚赞扬古巴人民为非洲的团结所做的努力，并且祝贺他们取得胜利。

但是，南非对独立的安哥拉攻击从一开始就是一种策略，仅仅是为了保护其境内的种族隔离制度以及对纳米比亚进行殖民主义非法占领。他们之所以持续攻击安哥拉至今是因为想让安哥拉变成下一个班图斯坦，尽管班图斯坦已经被联合国承认。此外，他们还想让安哥拉背叛人民积极抗战的事业，背叛非洲解放的事业。

为了达成这些目的，他们一次又一次地侵略安哥拉，并且一次又一次地利用安哥拉内部的土匪和叛徒来攻击这个国家。总统先生，你们的人民已经承受了巨大的痛苦。你们那从殖民主义时代继承下来的本已非常薄弱的经济和基础设施也遭受了巨大的破坏。

但是安哥拉并没有投降，安哥拉人民并没有放弃继续努力。总统先生，我为安哥拉的人民和政府感到骄傲。你们予以反击,并给南非纳米比亚的解放运动以支持,同时意识到,你们、他们及我们都在为自由而奋斗。

安哥拉在军事上斗争,在外交和政治上斗争。你们冒着国家失去和平的危险,冒着被背叛的危险,但是却不会去冒任何事关非洲荣誉和自由的危险。你们挑战了南非关于非洲南部和平的宣言,你们也挑战了美国要全力支持纳米比亚解放的宣言。

作为前线国家的一员,安哥拉政府同美国政府,甚至南非进行了双边谈判,即使美国并不承认安哥拉政府,南非和美国的"宣言"也未曾实现。但南非却从未在安哥拉境内撤退,他们过去一直暗地里支持那些土匪,现在也从未停止过这种支持。

我再重申一遍,坦桑尼亚一直钦佩独立自主的安哥拉政府和人民的团结统一。坦桑尼亚也会和其团结在一起。由于我们经济条件极度恶劣,除了道义和政治的支持我们无能为力,但这种支持你们已经拥有并且一直伴随你们。

尽管我卸任坦桑尼亚总统一职才一个多月,但坦桑尼亚的基本政策不会改变。尤其是,我们将继续致力于非洲政治和经济的解放。因为这不是我的政策,甚至也不仅仅是坦桑尼亚革命党的政策,它是我们全部人民的政策。

此外,在新总统的带领下,坦桑尼亚将继续成为前线国家中活跃的一分子,将继续积极参加南部非洲发展协调会议。因为这个会议的地区发展政策对我们所有国家来说都是至关重要的。它将加强我们的经济实力同时也会使许多成员国降低对种族隔离地区自古以来的经济依赖。

坦桑尼亚也将继续是非洲联合组织中活跃的一员。长期以来,我们认识到,非洲真正的自由依赖于非洲各个国家的更广泛合作与团结统一。在过去的两次峰会上,非洲恢复了统一,找回了目标感,尤其是认识到以一个地区和一个大陆为基础进行国家间的经济合作与协调的重要性,这也标志着非洲巩固其政治解放的开端。

总统先生,我希望借此机会向安哥拉所作的伟大贡献致敬!当然,在前线国家会议上和南部非洲发展协调会议中您一直是这么做的。尽管由于外部连年不断的袭击给国内带来无穷无尽的难题,安哥拉始终站在非洲和国际社会反对新殖民主义的最前沿,维护着小国和弱国的种种权利。此外最近在罗安达举行的不结盟运动部长会议的成功也恰好证明了这一点。祝贺你们,也感谢你们。

总统先生,我们还会不断讨论两国政府和人民关心的许多问题,在此,我只想做一件事,那就是表达建立我们两个国家经济双边关系的愿望。希望我们的这种关系和我们已经建立的亲密友好的政治关系一样有效。我们已经对安哥拉和坦桑尼亚的经济谈论了这么多,远远超过了我们已经实现的合作,当然除了通过非洲南部发展协调会议所实现的合作。尽管我们没有成功,原因也是明显的,而且是可理解的,但我希望在接下来的几个月或几年里,我们会成功实施我们的部长和官员们已经讨论过的合作计划并建立合资企业来进行经济合作。

总统先生和在座的朋友们,我将重复我开头所说的话来总结我的演讲。我为这个伟大的国家骄傲,为它巨大的勇气和对非洲解放事业的坚定不移的决心骄傲。我感谢你们,并请接受来自坦桑尼亚人民最温暖的美好祝愿。

# 32 非洲解放余下的两项必要任务

由于对非洲解放作出的贡献,在哈拉雷大学接受
荣誉博士称号时的演讲
津巴布韦,哈拉雷:1986年6月7日

"每一个非洲国家的国家安全和领土完整都处在危险中,同时殖民主义和种族主义仍在我们大陆上肆虐,而那些南非和纳米比亚周边的国家每天都经受着这些。"

我是同时怀着谦逊与骄傲之情,接受学校给我的荣誉的。谦逊是因为你们褒扬我的那些,仅仅是我作为坦桑尼亚人民信任的总统应尽的职责;骄傲是因为你们给我的赞誉,在非洲共和国的自由发展中产生了作用。我的任何成就都是因为坦桑尼亚人民曾经是,现在仍是在坚定不移地为非洲政治和经济独立而努力。我对他们负责,代表着他们的声音。

津巴布韦大学现在可以在种族自由的环境下正常运作,而它的国家也取得独立,政府也是由人民选举产生。在这些情况下,它有为国家效忠的机会了,因为津巴布韦人民曾拒绝接受奴役或种族的和少数人的原则。他们曾苦苦挣扎过,最终为了国家自由的尊严、人人平等和政府自治而斗争。在无数伟大的牺牲和痛苦下,他们在1980年取得了民族独立。

津巴布韦的独立是由津巴布韦人民取得的,这是毫无疑问的。但事实上,整个非洲都参与了津巴布韦的斗争。尽管非洲给予的物质援助和实际帮助有限,但意义巨大。而且,非洲的政治和外交支持既重要又自然。

那些支援并无特别的关照,只表示一种认同:非洲人必须如此,且需竭力为之。因为非洲大陆上每一个国家的自由和幸福都与其他地区的自由和幸福密不可分。每一个非洲国家的国家安全和领土完整都处在危险中,同时殖民主义

和种族主义仍在我们大陆上肆虐,而那些南非和纳米比亚周边的国家每天都经受着这些。如果他们不被迫放弃独立斗争,那他们的邻国也会被迫放弃的,反过来,就要经受直接的危险等种种苦难。不管是否愿意,我们所有的非洲国家都彼此相联。

因此,对非洲来说,还有两个不可逃避的政治任务:其一是,纳米比亚要脱离南非殖民统治而独立;其二是,摒弃南非的种族压迫与隔离。很难预测这两项工作需要多久才能完成,但如今的南非人民已经无比勇敢地站起来了,面对每天的枪声与痛苦,群众集体抗议种族隔离。无论付出多么大的代价,他们时刻展示出自己的决心,坚决抵制任何形式的种族隔离。

如果种族隔离政权只是孤军奋战,那么即使是血肉的搏斗,胜利也不会久远。国际上对种族隔离的制裁加快其灭亡的进程,并且减少流血牺牲的数量。然而,美国里根政府、英国撒切尔内阁继续支持种族隔离而反对国际制裁南非。自1980年以来,美国实行了"建设性交往"的种族隔离的政策,采用了与纳米比亚独立"挂钩"的策略,并且从安哥拉撤离古巴军,种种行为极大阻碍了纳米比亚的独立。

因此,美国霸权似乎与支持种族隔离的势力紧紧缠绕在一起,纳米比亚依然被南非统治着。对前线同盟国家的打击更加明目张胆,南非和美国共同支持着安哥拉叛国贼萨文比,且代价越来越高!

然而我相信,最终美国人民和英国人民会强迫各自的政府来停止对南非种族隔离的支持,并且同意国际社会对其强行实施经济制裁。然而,无论这种愿望是否会实现,结果都是一定的。反种族隔离斗争的外部支持会影响到事情的进程和人民遭受的苦难,但不会改变事实。种族隔离终将消亡。不论人们的真正代表达成了怎样的过渡协议,南非和纳米比亚各民族都会掌握政权,并为其利益服务,那时,非洲政治解放才能完成。

然而,还会存在至关重要的非洲地理、经济和社会团结问题,这些都会使各相关国家竭力取得完全的独立。非洲大陆的贫穷和列强对我们土地和人民的剥削,使得非洲大陆取得前所未有的团结。不然能怎样呢?

取得政治自由后,我们54个非洲国家首脑、54面非洲国旗和54个非洲国家,就会作为代表一道出席联合国。同时,我们仍会坚持对非洲经济弱点的外部控制。如果非洲分裂,这种弱势会继续被放大;如果想要为了人民长期的利益重组内部构建,那每个这样的国家都会遭受侵犯或毁灭。

政治自由是整个非洲解放的关键性的第一步。但如果止步于此,就像一座桥刚建了一半就走上去,还宣称已经横跨了大河。民族的独立使得我们有了自由的尊严,使我们,不论作为公民还是国家,都可以名正言顺地向世界宣称自己的平等地位。"是的,主人"、"遵命,老爷"之类的话都该放到语言博物馆去了!

我们国家的独立还意味着,在我们各自的能力范围,我们可以选举自己的国家元首,确立自己的宪法,组建行政机构,结交自己的友国。我们还有同样的能力,在巨大的权力斗争中采取不结盟的政策,并且按照我们所承担的义务、团结和经济的程度,我们还能选择自己的经济体制和社会形态并且在国内实施。

不幸的是,我们个人的力量是十分微薄的。我们不得不联合成一个统一的非洲,在一个经济占主导的世界大环境中生存。各自分开,就会迫使我们参与到弱肉强食的丛林般激烈的国际金融贸易竞争之中,以获取现代科学经济发展的基本物资。

在适者生存的丛林里,我们这些贫弱的生物,无论何时追求利益的时候触怒了丛林之王,我们都会被并且正在被无情地剥削和攻击,而且他们不会受到任何惩罚。因此,为了经济、自由和需要的货品我们付出了更大的代价,而且与我们刚开始冒险之日相比,似乎这些剥削与攻击频繁发生,以至于迟迟无法结束我们相对贫弱的状态。

这种例子比比皆是。介于非洲的贫困与发达国家的富裕差距越来越大。非洲国家陷入越来越严重的债务,甚至越来越无力去保持像之前他们完成的经济增长。当自然灾害,如干旱或洪水来临,或赤字严重时,那么暂时的救援物资就会变成列强的军事、通讯或强行灌输经济政策的"工具"。如果非洲国家不充分合作,那么安哥拉和利比亚的教训就摆在那儿,我们只能对他们频繁侵蚀我们政治系统不置一词。

当然,非洲的各国在各自的弱点上还是有些共性的。对我们而言,英、法、德,甚至是意、荷这些国家,都可以被称为大国。然而他们通过与真正的超级大国比较,也认识到了自己的弱点。因此,他们创建了欧洲经济共同体,并不断加强它的实力。但是对欧共体而言,他们已经很大程度地交出了自己的经济主权,将来,几乎可以肯定的是,他们会交出更大的权力。

欧洲国家也会在一起讨论国际政治问题,有时会行动一致。他们并没有发展成为一个 12 州联邦,而是不断加强集体的力量同时加强自身。他们中不会有任何一个国家在同盟国的首都投放炸弹,即使超级大国要干涉任何欧共体成员国的内政也会很微妙、很低调,成功的可能性也不大。

现在,就连我们非洲最发达的国家都不能与欧共体国家在发展上和经济实力上较量。尼日利亚在人口上超过了他们中的许多,还是有很大潜力的;埃及,人口稠密,也能打造一个经济繁荣的未来;非种族主义的南非,如果在争取自由的斗争中基础设施和生产力没有太大的破坏,那么也会成为非洲的另一大国。然而,真正的自由在哪儿呢?与欧洲相比,什么是这些国家的真正力量呢?

津巴布韦在非洲各国中是较富裕和较发达的国家。跟坦桑尼亚比起来,人均国内生产总值达到约 740 美元,真是可喜可贺!而英国的是 9200 美元,德国 11430 美元,法国 10500 美元,而现在的美国,人口 2.35 亿,国内生产总值 33160 亿美元,人均 14110 美元。它统治当今世界经济到如此程度,我们只能被迫填补它海外和国内的经济赤字!

非洲需要团结起来争取自由,争取整个大陆的和平,争取充分发展经济和社会的机会。我们的所有国家无一例外地需要这种团结。我们可以扬长避短,我们可以优势叠加。如果我们可以联盟,那么我们抗击贫困便胜利在望,而如果我们按照殖民者给我们划分的那样分隔开来,说实话,我们就没有任何一个国家能预见比这更大的贫富差距了。

在政治上,我们非洲作为一个整体投出的票会比现在的 51 票或将来的 54 票更有效,因为我们更强大了。即使是现在,仍有国家关注着任何我们集体采取的行动,这说明他们一直试图拆散我们(也曾得逞过)。尽管我们 1964 年做出了极其实用又必要的非洲统一组织决议,彼此尊重领土主权完整,但是出于叛逆的天性,那些国家还是让敌国和暴政国有机可乘,牺牲了本国利益还让他们挑起了争端,最终,使得非洲的弱势更加集中。

非洲渴望统一和泛非主义,这是毋庸置疑的。但这种必要性正在被忽视,因为我们正面临一种使各个国家分隔开来的敌对的压力。这种压力是真真切切存在的,我们无法假想它不存在。

我们每个民族要在自己的地盘上为独立而斗争,殖民活动形势逼人,这种斗争迫不得已。在斗争的过程中,每个国家的行动都要唤起一种民族意识,而不是泛非意识,但是我们这种各自为战的行动却会加强整个非洲的团结。

在早期的独立运动时期,这种意识还没有形成,新的独立政府要高度重视国家建设。舍此,新国家的不团结往往会成为理论上成立的政权的败笔。在非洲的51个独立的国家中,说明这一点很必要,因为国家内部动乱、冲突并受外部影响的例子太多太多。

那些对各自的发展策略和政治形态及政府组建所采取的措施,也加强了民族主义和非洲国家的分裂。我们为自己的体制而骄傲,并与邻国在此问题上争执不休,就仿佛我们找到了处理非洲问题的妙招!更有甚者,在时间的长河中一只庞大而有力的非洲人民队伍竟然在非洲分裂中谋取到自身利益!

现在非洲有51位政府首脑,然而他们中有多少能欢欣地接受一个更大的非洲实体只选一个首脑的谈判呢?不仅是政府首脑认为很难接受这种变化,而且大大小小的地方长官,不论是部长、秘书长还是半国营机构的董事,在一个选民决定联邦政府的国家,在国际环境中的地位就不会像在各自的国家中那样,尽管联合起来可以使其有更多的机会服务人民。

因此,在过去30年,支持泛非主义的呼声逐渐减少,而民族主义的声音逐渐增强。渐渐地,我们就开始认为自己首先是坦桑尼亚人,或是津巴布韦人,然后,才是一个非洲人。即使在欧洲人已经开始改正错误之后,我们重蹈欧洲的覆辙!可是,我们与他们国家分裂的历史原因不同——他们是按照语言和文化差异组成的国家政体。

在非洲,除了斯瓦希里和索马里已经有了自己的民族语言,我们的政府、行政机关和各种非洲会议仅仅使用英语、法语、阿拉伯语和葡萄牙语。尽管非洲有不同的文化习俗和宗教,但没有一个是特别民族化的。斗争的口号不同,但我们都有口号,而且也不是国家与国家都不相同!

我们的民族主义既是先辈流传的,又是我们自己创造的。它变得越强大,我们就越是要长期地加强民族主义的培养。由于我们异地而居,我们也只能如此。问题是,我们不能同时、同进度地培养我们的"非洲主义"。

并非非洲的国家领导人浑然不觉国家和大陆对统一的需要,而是他们确实试图去巩固它,即使有时并非全心全意,也还总是不可避免地将它当作众多任务之一。因此,非洲是唯一一个拥有全民组织的大陆,每个成员国都平起平坐,探讨共同问题并努力建立共同政策。

非洲统一组织虽然能力很弱,但确实存在。如果我们非洲国家能更加重视它，毫不恐惧它发展成为一个强大的力量，那这个组织会更加强大。正如现在，我们很小心地不陷入各种困境，如缴纳联合国、世界银行或国际货币基金组织的会员费，当然对非洲统一组织也一样。当我们一起坐下来，共同制订出非洲经济行动方案，或者非洲人权宪章。我们往往不能将计划加入到我们国家的经济蓝图中，并对协调我们的非洲统一组织做必要的报告，或者有时干脆就忽略了去批准宪章！

同样还有很多地区性的国际非洲组织，列在纸上，会是很长的一份列表。理论上我们所有的国家都接受统一的这个逻辑。因此，我们很容易就同意建立一个河流管理局，或贸易优惠协定，或更大的组织，而不去管我们国家在做那个决定的同时是否要去完成相应的政治和经济的义务。结果往往是，一个带有秘书处的组织，虽然耗费开支，却少作为或无作为。其唯一结果是，人们更多地对非洲团结与合作的观念不屑一顾。

南部非洲发展协调会议是目前非洲大陆上最强大最积极的地区性组织。部分原因是因为它的结构顾及到其成员国不同的民族主义，同时组织成员国之间相互理解的必要合作。可是南部非洲发展协调会议具有强大力量的主要原因是其现存的政治义务，由于它是由前线国家出于个人需要而建立的。

尽管目前南部非洲发展协调会议成员较多，但是前线国家依然是其中心，是其目标实现的保障，是其主要力量源泉。又由于各成员国的政治义务，它的秘书处虽然小但工作效率高，在释放马可尼博士上，津巴布韦作出了很大贡献。南部非洲发展协调会议的政府首脑和部长会议是其重要事务。

尽管在过去的 20 年间有过无数艰难和失望，非洲一定不会停下努力团结的脚步。我一定会团结起来，从目前的 52 个，到将来的 54 个独立的国家。然而，无论教科书上的逻辑如何，与在 1963 年我们国家领导会议上同意建立一个非洲合众国相比，现在的机会甚至更小了！要进行跨界经济、社会或政治合作，如果可能的话，组建两个或多个国家的政治联邦，我们的道路会更加曲折！

理论和实践都清晰地表明，在经济一体化之前实行政治一体会大有裨益。但是，不管我们达成何种合作模式，真正重要的是所有成员国的政治义务。因此我们必须抵制两种错误观念。其一，富裕的非洲国家会被穷国"扯后腿"，就像人们说的德克萨斯州如果不属于美国的话会更富裕！其二，如果我们同意合作或团结的话，贫弱国家会受到富强国家的统治，也就等于说受外部势力美国、法国或英国的统治可以,但受非洲团体合作伙伴的统治就不可以。

我们再谈谈我们的根本难题。我们现在都是独立的国家政体,每个政府都不可避免地有各种日常事务的困扰,要尽最大的努力首先处理好国内人民的紧急需求,为他们直接负责。比如说,如果首先考虑了非洲内部合作的资源分配问题,或者津巴布韦政府忽略了反对南非侵略的国防问题,或者坦桑尼亚政府忽略了中部地区的饥饿威胁,也都无助于非洲的整体利益。

政府有种种务必执行的义务。为非洲将来的团结努力工作就是其义务之一,之所以不能忽视这一义务部分依赖于国家领导阶层的特点。有些政府(如津巴布韦)始终保持着泛非理想的热情,而有些政府则忘得差不多了,但是最重要的力量依然是各个国家的人民。

如果非洲人民继续认为自己是"非洲人",继续强烈要求与这种认识一致的行动,他们的立场就应该是非洲政府在制定政策时要考虑的政治因素之一。如果非洲的人民组织、政治团体、工会、合作企业以及妇女、青年和学生运动等积极支持非洲统一,就会迫使各个政府将其记录下来。

当然随它们而来的也并不总是给予团结的压力。即使最好的政府,如果有些人极力逼迫他们朝着目标更快更激进地迈进时,态度也会有点粗暴。但是正是由于人民强烈要求,人民努力奋斗,人民要赢得非洲政治自由斗争的胜利,因此持续表达不满的也将是人民,直至我们完全投入到经济自由斗争之中的,当然其中最根本的部分是非洲团结。

因此,政府与人民需要不断对话,任何一方都不得推脱责任。非洲政府务必积极促进非洲团结意识,务必努力使他们的国家和整个大陆朝此目标迈进。同时,非洲大陆人民务必保护和建立这种团结意识,并且强烈要求政府促进和推进非洲团结的实际工作。

在这项工作中,非洲大学起着重要的作用。他们不但有能力和人力资源理解非洲团结的迫切需要,而且会有实际措施促进团结的实现。比如说才华横溢的技术论统治者们起草了1985年非洲统一组织峰会的经济文件,这些文件为解决非洲经济危机提供了联合行动的基础,而来自非洲各所大学的人正是其中出类拔萃者。

非洲大学的相互合作也有助于非洲团结。如果大学之间彼此相互学习借鉴会有助于教学科研及国家发展项目。学校之间的师生交流、联合课程的推广、非洲语言的学习以及对非洲历史的重视都会有助于相互理解并加强团结。

非洲大团结必须保持我们一贯坚持的方向。这座大学,还有非洲其余大学,要确保无论我们的民族还是我们的政府,都不能沉浸于当前的问题而不能自拔,以至于看不到目标所在。

唯一能保证自由和实在的祈求非洲人民长期福祉的方法就是坚持非洲团结的运动。我们要朝着那个方向前进。正如独立斗争一样,一路上会有困难与挫折,但也正如我们取得自由的过程中克服的困难一样,这些困难也可以克服。要求团结的需求再清晰不过了。

我们的总理先生、伟大的曼德拉同志,还有我,都因为对非洲的解放被授予了荣誉。但这项任务不会终止,直到非洲大团结,政治完全自由。我们所有人必须,以各自不同的方式,为这项事业贡献力量。

# 33 反对南非种族隔离的贸易壁垒

**在南部非洲发展协调会议的国家元首和政府首脑
会议上被授予"塞雷茨·卡马勋章"时的演讲
博茨瓦纳,哈博罗内:1986年8月26日**

*"从一开始,南部非洲发展协调会议就有两个主要目标。第一,加强9个成员国之间的区域合作。第二,过去和现在,都要减少沿袭已久的南部非洲国家对南非种族隔离经济的依赖。"*

---

南部非洲发展协调会议上我往昔的同事们授予我"塞雷茨·卡马勋章",这是本组织唯一正式荣誉,让我很感动。我也特别感谢,不是奉承,你们今天晚上关于我的溢美之词。谢谢在座的各位。

事实上,我在做坦桑尼亚总统期间,特别是在作为南部非洲发展协调会议的领导人之一时,做的只是对非洲以及对南非的一部分坦桑尼亚的本职工作。当然,我所做的并没有现今南部非洲发展协调会议的领导人们做的多。你们过去、现在都要面对比我作为坦桑尼亚领导人时更加复杂的局势。南部非洲发展协调会议的多数成员国都与南非接壤,很容易受到,并且确实已经受到过非洲自由的敌人,当然也是南部非洲发展协调会议的敌人的直接攻击。

南部非洲发展协调会议是由当时博茨瓦纳总统塞雷茨·卡马先生倡导创立的。这是他对非洲的众多贡献之一。有关什么也不说、什么也不做的所有借口激怒了种族隔离制派,在博茨瓦纳的首都几乎就可以看到他们的边界,塞雷茨·卡马先生安静地高贵地但也清晰地保卫了博茨瓦纳及周边人类平等的原则。他在多次演讲中谴责了种族隔离制,代表他的国家拒绝南非政府提供的所谓的"援助"。当南非统一组织和协会提议要废除种族隔离制时,他大力支持,而且使博茨瓦纳成为了成千上万受种族隔离迫害的避难者的庇护所。

整个非洲,而且特别是我们南部非洲发展协调会议,感谢博茨瓦纳人民,因为他们首先选举了塞雷茨·卡马先生,他成为了他们的总统。感谢他们,以巨大勇气迎战南非对博茨瓦纳人民和领土无缘无故的攻击。

从一开始,南部非洲发展协调会议就有两个主要目标。第一,加强9个成员国之间的区域合作。这是一个长期目标,不会被将来纳米比亚和南非的政治自由所影响,除非这些国家之后成为该组织的成员。第二,过去和现在,都要减少沿袭已久的南部非洲国家对南非种族隔离经济的依赖。因为独立是防御种族隔离制的武器,既无须顾忌国际法和国际惯例,也无须顾忌敌我共存的需求。

认识到我们对南非的经济独立是用来防御种族隔离制的武器,只是对现实的认识。它并不意味着消除了外部反对,尤其是消除了南非的周边国家的反对,种族隔离就会维持下去。

我们反对种族隔离制。这已不是什么秘密,我们要从根本上反对人种偏见,并使其成为制度化,反对少数人控制一切。但是,尽管我们在非洲南部还没有意识到有组织的种族隔离已成为世界性的一大威胁,甚至还妥协于南非的管控,但反对种族隔离的斗争仍然会在国内人们的策动下发起,因为这种斗争已随处可见。

我们这些非洲独立国家,只能给予他们道德、政治和外交上的支持。实行种族隔离制的南非具有雄厚的经济实力和强大的同盟国,它们愿意用"毒刺"式导弹武装南非傀儡政府。不幸的是,我们不能给予南非和纳米比亚反抗种族隔离的人民以同样的支持。

在南非的边界上,我们仅仅能够尝试尽我们最大的能力拥护人类平等的原则,保卫我们国家的独立。但是,在南非,种族隔离的政府不想接受任何条件。倒是希望我们成为其傀儡,用武装反对其人民。轻易地拒绝那些身份和任务,我们就可能遭到南非经济、政治甚至是军事打击,因为这个种族主义的政府要扩张其权力,他们的体系充斥了种族隔离制固有的侵略性。剥削滋长了他们的野心,如果不加以限制,将后患无穷。

因此,在塞雷茨·卡马先生提议下,我们决定联合行动以减少应对侵略时的弱点,因此,最初这是一个防御性举动。尽管每个国家会采取不同的政策,但南部非洲发展协调会议会始终支持南非和纳米比亚人民的独立斗争。

相反地,南部非洲发展协调会议从一开始就表达了我们的决心,我们不会成为南非以自身利益为先组织的"国家群体"的一分子。我们创建它很重要的目的是,巩固国家的独立和民族自由,按照我们的需要去发展它们。我们知道只有经济发展与社会活动相互协调、相互配合时,我们的国家自由才会更加安全,经济上才会更加强盛。

因此,南部非洲发展协调会议是南部非洲实际需要的体现,第三世界国家越来越意识到了这一点。它是南南合作的体现,也是我们贯彻非洲决定,支持地区经济合作的体现。它是由我们建立的,由我们直接管理。但是,我们欢迎,而且非常感谢来自其他国家的朋友对我们项目的帮助。

我们有来自联盟和其他个人无价的技术援助。南部非洲发展协调会议的各个项目,都得到了许多友好国家和国际组织的援助。我们同北欧国家建立了密切合作关系。没有这些技术和资金的援助,我们的计划会贯彻得比目前慢很多。不幸的是,我们仍需要更多这样的帮助。

在所有的计划和项目中,南部非洲发展协调会议从一开始就考虑到优先发展国家内部交通和通信,这些连接了各个国家,并且使其他形式的合作有了实现的可能。由于我们的国家是建立在殖民主义废墟上的,且种族隔离制的南非束缚了经济的发展,就使得公路、铁路和电信建设变得尤为重要。

在实现过程中,我们已经尽可能快地记录了一些重大的成功。但是南非攻击我们的运输装置,使我们的成员国不得不再去使用南非的铁路和海港。这给了种族隔离政权以机会,他们寻求把非洲独立的各国作为抵押品以保卫其无良的体制。而这一结果并非是南部非洲发展协调会议的各种意欲屈服于种族隔离制度,相反,我们认为近期南非的行为再一次证明了两件事情。

首先,证明了我们优先考虑通讯和运输部门的正确性。第二,证明了这一领域需要紧急采取行动,以保证国家和人民的安全,给种族隔离政权以毁灭性的打击。

既然全世界现在终于清醒了,认识到对种族隔离实施经济制裁的必要性,对我而言,就没有必要夸大当前的紧张形势和现实所需。南部非洲发展协调会议的一些国家直接受到了经济制裁的决定和南非反经济制裁的影响,坦桑尼亚政府已着手开始给予他们尽可能多的援助。我敢保证,为了实现这一切,我们已经筹谋和探索与其他成员国合作的模式,以我为主席的坦桑尼亚革命党会给予坦桑尼亚政府以充分的后勤保障。我们的经济处于困境,像其他国家一样,坦桑尼亚也要做出一些为难的决定。但是,我们积极参与为自由而战,你们该充满信心,因此,我们也会不惜任何牺牲地去消灭种族隔离。

生活对于任何一个独立国家都是艰难的,尤其是在过去的六年里。我相信我们就像南非的人民,在接下来的几个月乃至几年中,很可能要经历更艰难的处境。这将是与种族隔离制最后的抗争。但是,我们是为政治自由的现实而战,是为经济自由的存在而战。存亡攸关的是力量和控制。为南非,同时也为我们合法的独立和没有种族歧视主义者的非洲各国。

我们能够成功,因为我们作为人类和非洲人的尊严受到质疑,我们必将成功。

因此,我个人将继续支持我们共同的斗争。再一次感谢你们,感谢今晚授予我正式的荣誉。也感谢那并不正式但正是我所期待的真正的荣誉。那是与接下来非洲南部领导们在南部非洲发展协调会议的组成和进程中合作的机会。我想,对于追求自由的南部非洲国家和人民来说,是一件无价之宝。

# 34 向塞雷茨·卡马学习

### 在塞雷茨·卡马雕像揭幕仪式上的演讲
### 博茨瓦纳,哈博罗内:1986年9月30日

> "塞雷茨·卡马是非洲的核心人物,生来就是部落首领。他是一位民族领袖,因为他和他的人民认识到在政治上部落组织在为自由而战的浪潮中已经成为历史。他成为一名非洲领袖,因为他意识到自由是不可分割的,对于非洲来说真正的解放意味着那些人为的国境线只是一些行政设施。"

有些政治领导人因为那些璀璨的光环而为之服务,竭尽全力应对各种棘手问题。但是,有时,他们也会招来许多敌意从而损害他们的事业。

塞雷茨·卡马并不是他们中的一个。

有些政治领导人在世界各地默默奔走,为了避免招致敌意,一旦面临国家经济或者政治力量的严峻挑战,他们则会立刻改变自己的政治立场。

塞雷茨·卡马并不是他们中的一个。

有些领导人认真而严肃地追求他们的目标,即使那些为实现自由和发展最振奋人心的工作都会变得无聊,毫无魅力可言。

塞雷茨·卡马并不是他们中的一个。

塞雷茨·卡马是原则和尊严的典范。当受到不公正对待时,他不会进行人身攻击,也不会丧失理智。他可以自嘲,也可以嘲笑这个世界,同时致力于反对种族隔离和民族压迫的运动。

塞雷茨·卡马总统为非洲,为非洲的自由事业,为非洲的人权发展,不论肤色、种族和宗教,作出了巨大的贡献。

他安静而又坚定地奉献着。没有华而不实的言辞,有的只是踏实务实的作

风,他制定了职位的原则,并遵守这些原则。在非洲会议乃至世界会议上,众所周知的是:博茨瓦纳的代表总是会安静、有条理而幽默地讨论非洲自由和尊严问题。他立场清晰,言之有物。

诚实地讲,当博茨瓦纳独立时,我因为我们大陆有国家获得民族独立而高兴。但是我更期盼这种政治自由也能落实到地图上。一个大国,人口稀少,生活于种族隔离的南非和少数人统治的罗得西亚的夹缝中,除了尽量多地维持尊严,还能做些什么?这是我的感觉,我相信那些致力于非洲解放事业的人们深有同感。

塞雷茨·卡马总统将不会有这种感觉。他从不主张做超出国家许可范围的事情。但是他表明,对于他能做的,他一定凭着大无畏的勇气矢志不渝地去创造性完成。为了提高博茨瓦纳人民的幸福感,为了实现非洲民族独立的目标,他努力地去探索法律和政治上的自由。

在每一个合适的场合,他沉稳又不失坚定地反对种族隔离,反对纳米亚的入侵,反对罗得西亚的少数民族统治。无论是在联合国还是在联邦峰会和不结盟最高会议中,我们都会领略到他的风采。

对带有目的性的经贸交流,塞雷茨·卡马总统拒绝和少数人统治的罗得西亚有任何政治往来。他拒绝和种族隔离政权的高层有任何政治接触,并且过去现在与种族隔离政权无任何外交人员互访。实际上,塞雷茨·卡马总统坚持把与南非所有的政治接触都降到最低,不论是在官方还是非官方的接触。他拒绝承认在博茨瓦纳边界建立的所谓的独立的班图斯坦政权。

更有甚者,尽管博茨瓦纳急需发展经济,塞雷茨·卡马总统依然清楚表明拒绝接受南非的官方援助。并且,他的国家成为第一个庇护所,去接纳那些遭受种族隔离政治迫害的难民。

在全世界热情高涨的反对种族隔离运动中,塞雷茨·卡马总统没有做出伟大的承诺。但是他致力于人类的平等和尊严的事业,并且认为,努力为他们国家做到最大限度。如果没有博茨瓦纳人民的支持,博茨瓦纳总统就不可能始终如一地坚定反对种族隔离的立场。人民享受了他的成就。他领导人民,并指引了前进的方向。我们对他心存感激。

但是,塞雷茨·卡马对非洲的贡献不仅如此。他是一位积极且极讲效率的前线国家成员。塞雷茨·卡马不在场的时候,很少有会议可达成一致。我们怀念他的沉稳,他的理性和他恰到好处的幽默。他最伟大的贡献就是创立了南部非洲发展协调会议这一组织。碰巧正式决定创立该组织的那次会议是在坦桑尼亚的阿鲁沙举行的。塞雷茨·卡马负责召开那次会议,并在开幕式上发表了奠基讲话。

我想重申,正是由于塞雷茨·卡马总统的倡议,我们才拥有最有效的非洲合作地区组织,我们十分感谢他,因为这对非洲和第三世界来说都是一笔宝贵的遗产。

塞雷茨·卡马是非洲的核心人物,生来就是部落首领。他是一位民族领袖,因为他和他的人民认识到在政治上部落组织在为自由而战的浪潮中已经成为历史。他成为一名非洲领袖,因为他意识到自由是不可分割的,对于非洲来说真正的解放意味着那些人为的国境线只是一些行政设施。

无论是从其出身、本性还是学养上来说,塞雷茨·卡马都是一位民主人士,人类生而平等的思想在心中根深蒂固,他从不关注种族、肤色、宗教或者教派,只注重品行。他是一个勇敢的人,只要活着他就一直做着伟大的事,尽管有一些来自于种族隔离的南非和少数人统治的罗得西亚相关的个人和政治威胁。

塞雷茨·卡马是一个非常有能力的人,他可能非常严肃,但他从不自诩高贵,他非常诙谐,只是一番平静的话语就能洞穿别人的自负和做作,但他从来也没有恶意,从来也不会招致怨恨。

塞雷茨是我的朋友,对我来说能同他一起为非洲事务工作是一种莫大的荣幸和快乐。今天,很荣幸能来到这儿为他致挽词,我相信,我代表的不仅是坦桑尼亚,也是南非甚至整个非洲大陆的所有人民。

马歇尔总统,当你为这个国家第一任总统和自由非洲之父的雕像揭幕时,我想说,能与您这位博茨瓦纳的领导人,卡马总统可敬的继承人,前线国家成员和南部非洲发展协调会议的主席一起做事,是莫大的荣幸。

# 35 获取政权仅仅是一个开始

## 在非洲人国民大会会议及其 75 周年庆典上的讲话
## 阿鲁沙:1987 年 12 月 1 日

> "我将重申:我们的首要任务便是改变南非的政治结构。之后,便是在这个 75 年中充满了专制、镇压与种族歧视的社会中匡扶正义,争取人权与民主政治。这,将异常艰巨。"

今年,我们为非洲人国民大会 75 周年庆而欢呼,为其经受摧残却依旧伫立而欢呼。纵然 27 年前沦为非法组织,非洲人国民大会仍存于南非,仍领导着南非与其人民,为了自由而奋斗。

我为我们共同的斗争而感到骄傲,我也要为从 1912 年至今那些致力于人类自由与平等解放工作的人呈上我的敬意。非洲人国民大会从不缺伟大的领袖,他们的名字激励着南非国内外反对种族隔离的人们一路前行。

支持种族隔离的大佬威胁人们反对他们是违法的,人们因此而不敢表达自己的观点甚至连自己的名字也不敢提。但是,国内仍有数以百万计的,没错,数以百万计的人们,加入到了反对种族隔离的斗争中来。他们的名字,仅有与之共事的人知晓,而这些知晓之人却正不断死去。

正是这些人的抵抗与积极反对,才使得我们的正义之战得以延续。南非种族主义者的强势、冷酷、恶毒与非人行径都不能遏制非洲国民大会,亦不能毁坏其赖以存续的根基:平等,正义以及自由。我们的努力与牺牲,换来了胜利的曙光。这光芒将会挫败种族隔离者们的气焰,挫败那针对人们肤色的非人道行径。

胜利并不是近期可以谈论的话题,但我们坚信它终将到来。再无任何可能击垮南非对自由的追逐,再无任何理由怀疑种族隔离的胜利终将来临。

今天,我们庆祝非洲人国民大会成立75周年并非毫无依据。虽然我们仍未胜利,但我们知道胜利之日终将到来。我们同样清楚,每一天的抗争,都将带领我们向胜利迈进一步。

长期以来,南非的人民一直在抗争。抗争之潮起起落落。挫败不断涌现,使怯懦之人心生绝望。更有甚者,令勇敢的人心生怯意,隐退辞职。但抗争之潮不会停息。总有新生力量从力竭之人手中接过斗争的火炬,继续前行。抗争由南非国内进行,这是形势所驱。境外的人不可能为其带去真正的自由。

城镇里,农场中,矿井下以及整片祖国大陆上,所有的人,通过各种方式,为斗争付出着自己的努力。同其他自由之战一样,背叛与妥协同样存在于南非的战斗中。但广大的群众没有放弃抵抗,他们拒绝屈服。承受着种族隔离者的暴虐,他们坚持寻找胜利的希望,使自由的风潮活力不断,将自由的真义传向四方。

他们正大光明地反抗,不论何时何地,只要可能;这反抗同时又是秘密进行的,只因为公开的反抗会招致攻击。他们组织进行反抗,同时又清醒地分辨出组织何时被渗透,被发现。他们包围种族隔离的受害者,团结一致,共渡难关。在人民的支持下,他们罢工示威,组织袭击,支持人民武装反抗。

对南非的人民来说,从来没有过如此漫长的战争,也从来没有过看上去如此无止境的煎熬。而我们,这些境外之人,有时会担心,他们还能坚持多久。但他们一直坚持着没有放弃。对此,我谨代表坦桑尼亚向这些反抗者们和非洲人国民大会致敬。

今天在座的各位,有一些人从南非来到阿鲁沙,然后再返回去。他们之中,一些人已名扬万里,一些人则隐姓埋名。在此我们心怀敬意和自豪,欢迎他们的到来。他们是抗争的主力军,每天冒着生命危险,每天都亲眼看见并且分担他们热爱的人民的痛苦。

但我们绝大多数人都在南非之外,享受自由,远离种族隔离的迫害。我们的职责是为南非的斗争提供支持。我们必须肩负起唤醒种族隔离者内心的责任,竭尽全力壮大南非反对种族歧视的队伍。同时一定要援助武装反抗种族隔离的队伍。

我们大家在我们的国家里,有各自的问题要处理,这些问题有时很棘手。

在非洲，我们必须要与这个大陆上独立了的国家一起为了公平、正义和自由而战。我们必须为了更好的经济独立而斗争，甚至于为了在充满竞争的世界中求经济生存而斗争，也必须反抗军事和经济压迫，防止种族隔离主义者企图壮大。

尽管在这些努力下我们取得了一些胜利，但是我们也遭遇过失败。种族主义者为我们的困难和挫折举杯庆贺。他们企图阻止独立的非洲国家的人民为了自由和平等而做的任何努力。

但是，无论有什么样的问题或困难，我们都没有理由不去积极支持反种族主义的斗争。我们必须以我们的力量通过各种方式积极反抗种族主义。因为种族主义者失去了外部的支持和认可，政权就不会长久存在。

今天，反种族隔离人士云集于此，不用我强调物质、政治、外交以及道德上对南非斗争支持的必要性，也没有必要重申国际制裁的争议。这所有问题以及如何采取行动都将在大会以及接下来的会议中进行讨论。问题将在非洲国民大会与外国盟友之间展开讨论，前者了解自己最需要什么，后者则懂得怎样通过操控来壮大发展斗争运动。

上述问题与本次庆典息息相关。任务与庆典的交联尤为重要。胜利虽然终将到来，但若不将抗争持续下去，胜利也不会从天而降。敌人正采取新策略，借以使我们松懈，分解。

再早之前，南非种族主义政府就明确了白人的特权以及有色人种的卑贱地位。他们不再公开谈论黑人孩子的教育问题，只因其"卑贱的"黑色皮肤。现在，仍有白人政治家持有这种态度，但是，南非种族主义政权的发言人已经不再这样说了。

甚至被称为"辛苦调解员"的博塔，都停止了谈论这类问题。种族隔离的世界越来越扭曲，其早产的言论也将停止散播，至少在公共场合是这样的。

博塔政府宣称反对种族主义，并且这一行为已逐渐深入。他们现在实行两院制，将有色人种和印第安人联合起来。他们已经废除了复杂的婚姻行为，允许建立合法的黑人贸易联盟，修改了出入境法，等等。

这些人叫作变革者，温和派，在政治上需要得到支持，来反对崇尚白人政权的极端主义者。里根政权与撒切尔政权劝我们放弃他们所谓的恐怖主义，放下武器，支持政府的改革。我们的领袖身陷囹圄，成千上万的男人、女人甚至孩子被拘留，他们竟然告诉我们向种族隔离政府妥协以求改革！

让我梳理一下,我相信没有任何一个英明的南非斗争的支持者喜欢武力解决问题。近50年来,非洲人国民大会一直承诺和平斗争。他们组织示威,占领,被动地反抗,也进行过教育战。他们饱受种族主义的摧残却不曾反击,他们反抗却不损敌人一兵一卒。他们独自忍受监禁、折磨与死亡以及对南非人民愈发肆无忌惮的压迫。

深谙战争的罪恶,50年来非洲人国民大会忍下了所有的挑衅,守住了非暴力抗争的底线。他们同样明白,战后重建民主与正义,将是何等地艰难。

但是,暴力事件确确实实发生了,发生在了黑人同胞的身上。暴力的存在使人们渴望正义,这渴望换回的却是蔑视与嘲笑。非洲人国民大会要求一个为人民发展政治经济的机会,得到的回应却是日益嚣张的暴力与镇压。非洲人国民大会与其他民族组织均被取缔。未能成功撤离的领袖们被捕入狱。里根总统似乎不清楚这段历史,不过撒切尔总统可没有理由不知道。

因此,非洲人国民大会不得不拿起武器。1960年,其他的分支也纷纷跟从。我相信,若非必要,非洲人国民大会是不乐意武装反抗的。非洲人国民大会为自由与正义而战,不是一帮妄想暴力夺取政权的恶棍。种种原因导致现在武装斗争仍是必要选择。

若是改革能为肩负斗争之责却被压迫的人们带去希望,我们欣然接受。若一个非洲白人能够修改法律,在不偏袒种族隔离的情况下,允许建立机构对抗种族隔离,我们为什么不接受呢?南非总工会和南非矿工联盟正在通过他们的组织来反抗种族主义。

因此,他们成为了非法的斗争工具。因为只有种族隔离政府修改针对贸易联盟的法律,他们才是合法的存在。当任何"囚犯"不受到任何虐待就被释放,像姆贝基同志和其他上月释放的人一样,我们都将庆贺他们的自由与不竭的勇气。

所有类似的小胜利,都将引领人们向着反对种族隔离的胜利迈进一步,不论表面还是本质。种族隔离主义者憎恨我们,因为我们知道当种族隔离政府仍旧固守其立场时,他们需要释放外界的压力,缓解为其盟友所带来的尴尬。但这事实并不能蒙骗我们。

这些所谓的改革,不过是种族隔离这所大监狱的装饰而已。监狱中的居民——南非民众——仍是囚犯。种族隔离在曼德拉及其同事之前很早就已经存在,是它将曼德拉送进监狱。只要有一位领袖在监狱受苦,种族隔离就仍将存活于世。废除种族隔离的粗野法律,将会使其受害者更好受一些。但是种族隔离仍将存在,随时准备东山再起重新将我们的领袖扔进监牢,随时!

监狱内外,囚犯间升温的和谐,或者说囚犯们日益减少的孤立,为其提供了一个更好的生存环境,但囚犯仍是囚犯。与此相同,种族隔离应被废除,而不是改革。任何一种仅使人们感觉压迫不那么明显的尝试都不能阻止它被消灭。带着人道主义面具的种族隔离不会存在。这本就是矛盾的命题,因为种族隔离的根基就是对人道的否决。

种族隔离无论戴上什么样的面具,涂上什么样的颜色,抑或添上什么样的气味,终究是非人道的,都应当被废除。一头野兽再怎么打扮还是野兽一头!只有南非政府真正成为南非人民代表的那一天,种族隔离才真正被击败。

我们当然不知道,我们将怎样取得胜利,何时取得胜利。我们只知道,斗争将持续到胜利那天的到来。武装斗争并不是政治斗争的备胎,它比政治斗争和经济斗争更能帮助自由战士们的工作。我们斗争的敌人强大,训练有素,坚定而残忍且有强劲的盟友。我们必须想尽办法与其斗争,利用好每一次机会,推进胜利的步伐。这是一场政治经济军事三位一体的战争,将带领我们走向胜利。

因此,最后我们将有资格与种族隔离政府进行谈判与磋商。这将在双方最高领导人之间进行,其背后是己方的中坚力量。

囚犯与狱管之间的谈判不太可能涉及基本事务。至今,商谈应就基本问题展开,即种族隔离的废除以及胜利的非种族主义政府将如何接管政治力量,其他的种种都将是陷阱与欺诈。因为除此之外,再无其他可以给南非人民一个重获民主与自由的机会。而今,这谈判还并不可能。但终有一天南非种族主义政府及其军队将会承认自己不复存在的事实。之后,他们便会接受与自由领导者及其人民商榷如何进行权力交接的必要性。这些我们懂,他们之中的佼佼者,也懂。所有的改革不过是混淆视听阻止其逃避必然的灭亡的企图罢了。在这谈判发生之前,在代表着人民的政府光明正大地坐在比勒陀利亚的谈判桌上之前,非洲人国民大会的任务就是引领这场斗争的进行。各地的人们都要全力支持。

南非人民的政治权利是争取一个没有种族歧视、民主的未来的关键。这将会成功的,但是这种成功仅仅是个开始。这将不会改变大多数南非人民的社会和经济条件,只是改变条件的开始。因为当人们获取政治权利的时候,已经建立起来的民族、经济和社会结构不会崩溃,几十年来的种族歧视和压迫也不会一扫而光。

不论是否真心支持种族隔离,那些人都不可能忽然倒戈向民主、平等与正义。甚至有些人会在他们力不能及的地方煽风点火,鼓惑他人去制造混乱,抨击法律发泄怒火。并且,国内甚至国外都有很多人厌恶种族隔离,抱怨为什么新政府接管政局后民主与正义仍迟迟不至。还有一些人遭受了多年的折磨之苦后,迫不及待地想摆脱种族歧视,想从他们绝望的生活条件下解放出来,尽管政府正在着手建立一个民主的政府。

我们必须清醒地认识到这一切。我们必须加大力度,尽快废除种族隔离。境外的盟友们也应为了种族隔离得到应有的惩罚而奋斗努力。我们一定要为自由战士以及其他反抗种族隔离政府的人们提供更多的援助。同时我们不能欺骗自己这场为了正义与民主的斗争将在种族隔离政府被人民的新政府取代的那天落下帷幕。新政府的成立仍急需我们的支持与理解,特别是成立早期。

我将重申:我们的首要任务便是改变南非的政治结构。之后,便是在这个75年中充满了专制、镇压与种族歧视的社会中匡扶正义,争取人权与民主政治。这,将异常艰巨。

我们这些境外的反对者,在艰难的现实与威胁下,千万不要退缩。邪恶的种族隔离主义并不形单影只,它是一个残暴的政府实践的产物,已深深地渗透进了社会。同其他发达国家相比,南非经济已高度扭曲,自1948年以来人们生活的各个方面都烙上了种族隔离的信条,甚至从更早开始,就已被种族特权主义扎根!

非种族主义的政府必然要建立,我们也必定全力帮助南非人民达成心愿。同时,我们将会继续支持南非大多数人克服教育、经济和社会上的缺陷,当他们需要保卫新获得的自由打击种族主义者的负隅顽抗时,我们将不遗余力。

当种族主义被打败时,全世界都会为南非人民欢呼庆贺。因为,这场为了南非的正义与民主的斗争,至少开始了。

愿那一天早日到来!

# 36 政党必须为人民服务

### 在人民民族党 50 周年和党创立日金斯顿宴会上的讲话
### 牙买加:1988 年 6 月 4 日

"我要说的是,人民是任何政党唯一的正当理由。为人民服务是,也应当是其唯一目标……"

---

很高兴再次来到牙买加,十分荣幸与你们共同庆祝牙买加首个政党的 50 周年纪念日,我谨向其创立者们表示赞扬和钦佩。感谢你们今天邀请我来,我久仰诺曼·华盛顿·曼利①先生的盛名,在我和同僚们于 1954 年成立坦桑尼亚第一个民族主义政党坦盟之前,O. T. 费拉奥先生、诺埃尔·尼瑟尔先生和 H. P. 雅各布斯先生在人民民族党的成立者中也是声名卓著。但是,正如我们对这些著名的代表们表示赞扬和钦佩一样,我们也应该对那些被公众遗忘姓名但是确乎参与政党成立的人,抑或是那些没有早期政治成功的期望而加入到政党建设事业的人致以赞扬与钦佩。

一部分人民民族党的创始人也许还健在。如果是这样,我希望他们能因受到国内所有人民的崇敬而安享晚年。人民之所以尊崇他们,是因为他们在国内主动发起运动,并捍卫平等公民权利的尊严,捍卫自由的尊严。

人民民族党的创立者建立一个政治组织的原因有二。首先,他们看到大多数牙买加人民的社会经济条件亟待改变,这些现状严重违背了庄重得体和人类正义。其次,他们感到有必要废除殖民主义的凌辱。

---

① 1893—1969 年,牙买加政治家和民族英雄,人民民族党的创建者,1959—1962 年任自治政府总理。——译校注

在早期，人民民族党重视社会问题而非政治问题，这是1938年的牙买加国情的自然结果。政党成立于社会动荡时期，是在一场大规模的罢工之后，工人动乱和广泛的公众抗议活动达到了顶峰时。尽管在殖民地，民族独立是一个保证变革的社会经济状况的关键要素，之后会给予重视。社会主义政策，除了意义有些不清晰，但是以后还会成为正式的政党政策。

在坦桑尼亚大陆，即后来的坦噶尼喀，情况则截然不同。我们的人民绝大多数都是农民，少数人在侨胞的农场里工作，或者作为移民劳工在剑麻庄园中奔波。更少的人为政府和地方政府部门效劳。那时，在坦桑尼亚，我们几乎没有工业，但是，坦桑尼亚人民清楚地记得在1905年的马及马及反抗战争的战中和战后，德国殖民者施加给他们痛彻心扉的折磨。在1914到1918年间，无数的同胞参与了英德军的战争。因此，在20世纪50年代，我们的人民依然对外来侵略及与之共存的种族歧视倍感愤恨，但是又深感无能为力！

因此，坦桑尼亚大陆上的第一个民族主义政党——坦盟，是以自由为基本目标建立的，即摆脱外国统治和种族歧视。直到独立斗争的最后阶段，除了对自由的要求外，坦盟才着手处理社会经济事务。然而，到了1961年12月，我们便宣布自己是一个社会主义政党。在自由了五年后，我们在阿鲁沙宣言中给社会主义下了定义，并采取一系列措施调整国家经济。

在政治发展中，这类问题是在所难免的，因为我们受到自身历史的影响，任何政党的建立者和支持者都会受到自身的社会背景、教育背景和生活经历的影响。领导者和支持者的努力也许会改变未来，但是他们对未来如何构想，源自他们自己的生活，受到过去和现在的影响。

如果一个政党想要与人民联系密切，获得更多支持，那这个政党必须随着视野的扩大或形势的改变而调整其政策。因为，一个政党想要成为解决困难的方法，想要成为通过组织人民活动改变社会条件的手段。但是，那些困难会随着时间而改变。这可能是因为外界干涉、新技术或者掌权者的决策，也可能是因为政党想要解决一个问题的行为导致或者暴露了另一个问题。也可能仅仅是因为他们进步了，所以他们的欲望和期待升级了。那些基本的物品一旦得到保证，最低条件的衣食住行就再也无法满足人类了。

这是人们当前感觉到的问题。如果政党政策始终与人们息息相关并且切实可行的话，那么这些问题肯定对政党政策起到决定性作用。政党必须向人们说明他们当前的问题，而不只是那些他们过去有的、能够解决的问题。人民必须参与到制定和执行解决办法的过程中去，因为只有他们——人民自己，才能对他们自身的问题做出一番成果。如果他们没有以某种方式参与政党活动，那么这个政党将不复存在。因为意见和方针政策纵然很重要，但是一个政党终究是由人民组成的。

民众的政党会随着时间推移制定出新的方针政策，但这并不意味着政党起初的方针政策是错误的或是不合适的。这仅表明该政党在履行为人民服务、满足人民需求的义务。由于随着时间的推进，对人民来说全新的东西会演变成新的问题。一个充满生机的政党需要不断审查它的方针政策在改变后的情形下是否仍然是有意义的、合适的或是切实可行的。

此刻，我要说的是，人民是任何政党唯一的正当理由。为人民服务是，也应当是其唯一目标。人民是一个政党的手段，是其实现任何目标的唯一途径。政党的所有工作人员和活动家必须永远铭记：他们工作的目的是为所有生活在这个国家的人民服务，不管那些人是否是党员。他们必须据此行动。在党的内部，通过将民主与纪律相结合，党员们须既要拥护党的领导又要保证它能全心全意为人民服务。只有实现了民主与纪律的结合，并由此实现政党的目标，政党才算有章程！

因此，在确定方针政策时，人民政党必须问自己三个问题：第一，在经过自由、公开的讨论之后，政党认为什么政策符合人民的利益？第二，政策一旦确立，如何让广大人民群众理解并支持该政策？第三，在当今地方和国际局势下，如果那项政策与某个国家政策有关，如何在政府机制之外实施该政策？

如果情况改变或新的认知使得现存的政策不再合适，那么可以改变政策，也必须得改变。一项政策随着时间的变化而进行修订是一种在经验中学习的简易方式。但是，这并不意味着每项政策都应该改变，只是因为使之被理解、接受或实施的努力遭遇了失败。问题可能在于对政策的解释不清，或者是政党未能预见政策尝试实施的所有情形。甚至，在政党方面，在领导权之争中对障碍缺乏勇气，对困难缺乏理解。

任何渴望为贫穷国家的大多数人民服务的政府都会面临困难。那些希望在社会经济结构做出重大改变以满足人们长期需求的愿望则面临着更大的障碍。

一个新的激进的政府面临的首要问题是现有的权力结构一直非常坚固。权力人员,即受益者,很自然地抵制改变,至少他们不可能对改变怀有热情。不要期待那些真正认为政策错误或者违背了自己利益的人民能热情地支持和拥护政策的实施。也有些例外,那便是有些人民由于履行了他们受委托的责任而成为皈依宗教者,有些杰出的人明白一项新政策的目标,知道受益人将因此获得更大的权利。

因此,如果一个政党决定要在教育体系进行根本性变革,政府不得不任用现有的教育部官员制定出细则,呼吁现有的老师实施新政策。所有这些人将会通过旧体系来完成他们的工作。虽然需要微小的改革,但是大多数人可能认为新政策不错,他们肯定知道并理解这项政策。这些事实将难免影响到新政策的运行。

如果一个政党决定做出经济上的改变,那么它很可能要削减当前现实中拥有财富和权力之人的权与钱,诚实公仆的抵制很可能被强大甚至冷酷无情的权势所取代或掩盖。这些人可能有能力和意向破坏政府实施这些改变,从而损害整个国家经济。

必须要预料到对根本性变革的反对和抵制。如果具有影响力的国家或国际新闻媒体反对变革,那么所有的困难都将被夸大,有关腐败和低效的新闻报道也被放大,而且似乎所有报道都是这些内容。政党必须做好准备面对这种反动力量。政党在应对由此而产生的困难时,为了夺取主要胜利,它必须支持政府,即使政府在特定的时间或政策方面做出一些让步,政党也必须完全相信政府政策的正确性和稳定性。

但是,一个决心进行经济变革的人民政府可能会面临完全脱离掌控的外部因素所导致的更大的问题。第三世界国家,像牙买加和坦桑尼亚一样,是贫穷落后的。例如牙买加的人均国民收入,世界银行给出的数据是每年940美元,而坦桑尼亚的人均国民收入则是每年290美元。你们生存在一个发达强势近邻的阴影和势力范围之下,它的人均国民收入将近是你们的十倍。

正是因为贫穷,我们才需要发展经济。出于发展的目的,我们国家需要外来资金,对此我们不设利率。我们的经济在另一个方面同样具有依赖性:我们任何一年的国家财富都严重依赖于所收取的主要出口商品的价格。以牙买加为例,它可以从旅游业中赚取收入,那些价格不受我们掌控,而到牙买加来度假的游客的数量是由美国经济的繁荣或萧条决定的,这却决定了牙买加的一切。

这些现实可以以任何方式将我们的经济置于外力的掌控之中。比如说,在1985年年末,牙买加欠下约37亿美元的外债,现在这个数字可能更高。坦桑尼亚的外债约有35亿美元,我们的债主都是在国际上十分有权势的。他们有能力,也确乎这么做了,那就是他们会让我们这些国家的任何一个政府难以生存,除非我们的财政部能首先归还到期利息。甚至,他们会让我们取得为国际贸易提供资金的正常信贷变得几乎不可能,大大减少为亟需的生产性投资注入的资本。

结果可能是,当然这已经发生在了坦桑尼亚,那就是国家无力购买工厂运作或者交通设施所必要的原材料和零配件,而债务最初便是在这些领域产生的。因此,国家生产力更为低下,更加无法满足人民的需求,也更无力偿还到期利息!在这些情况下,如果一个政党不够强大,不够坚定,不够通情达理而无法支撑政府,不能获得人们不计困难的不断支持,那么那个政府就会崩溃。

因此,即便赢得选举之后,在如牙买加和坦桑尼亚这样的国家的人民政府也必须面对强大的外部反对力量实施两项十分困难而艰巨的任务。首先,由于存在会受到不利影响阻挡的可能,政府必须重新分配现有财富。其次,政府还需要投资它所缺少的资本以此来增加总的国内财富产量。在尽力做这两件事期间,政府还要应对牙买加的飓风或者坦桑尼亚的旱情带来的破坏效应,还有出口商品价格突如其来的暴跌。

说得严重一点,这项任务看起来根本不可能!但是,为了正义和平等却必须要做,只要有勇气和坚韧就能够做到,尽管这可能需要很长时间。在面对巨大困难时给予勇气和坚韧是一个政党的工作。

我们中的很多国家有人民政府执政,在某些场合下,我们还是拥戴他们。我们不必为他们的成就感到自惭形秽。你们都知道牙买加已经实现了什么成就。在坦桑尼亚,基础教育和公共医疗卫生服务已经惠及全民。经济生产和贸易部门已经收归国有或国控,尽管举步维艰,但是它们已然从无到有地发展起来,成为举足轻重的经济要素。

但是不管政府取得了什么样的成就,也无法与他们立志要取得的贫困之战的成功相比。我知道在我的国家,从1965年到1980年,年平均经济增长速度约4%,在这之后,我们的国家收入不但停止增长,而且在1980后持续下降。

甚至曾大大削减了的经济不平等现象再次呈上升趋势。这是因为,尽管我们很努力,但是为了得到维系现代部门运行的必要外汇资金,坦桑尼亚最后也被迫接受国际货币基金组织的掌控。

在坦桑尼亚,我们强烈反对认为我们的流通问题是乌贾马政策造成的这般指控。实际上,在这十年间,所有非洲国家和大多数第三世界国家都遭遇了严重的经济问题。它们中只有极少数支持所有形式的社会主义。相反地,我们相信我国的社会主义者推进平等和乡村发展,使得人民能够在政府的支持下保持团结,持续与严峻的经济问题抗争。但是,从总体来看,我们坦桑尼亚和非洲国家犯了一些基本错误。

面对人民的贫困,我们在更加公平地进行贫困再分配的过程中,太急于找到发展问题的快速解决办法。因此,在实践中,坦桑尼亚忽视了阿鲁沙宣言的第二个方面,那就是自力更生。我们把所有注意力投向了社会主义者。自力更生意味着主要依赖于自身的资源,其中最重要的便是人民,来实现发展进程和发展目标。但是就算有,也是很少的发展中国家能完全按照自力更生的原则贯彻方针政策。暂且不管我们现在谈论的内容,坦桑尼亚就没有做到。

我们往往认为依靠自己所能做的事情对于一个新的独立国家来说太老旧,太微不足道,或太平庸无奇。甚至,我们常常不去研究一下国外资金援助项目的建议,来预测他们是否会让我们在未来更加独立,或者去测定一下持续利用投资是否依赖于国家经济内外的资金的持续注入。

所以,坦桑尼亚发展计划的生产并不总是以我们国家的人和其他资源为中心的。相反,往往以外来资金为基础,期待着原材料和零配件的外币交换。实际上,我们忽视了把人转变为工具的艰辛历程和发展的目的。你也将知道牙买加是否也犯了同样的错误。

因此,总体来说,在某些年份中,坦桑尼亚和整个非洲取得了较快的经济发展(以国内生产总值衡量),但是,如果外部经济形势变得十分不利,不管如何努力,我们的经济和社会都会在不觉间退步。这种趋势最终可能危及独立的现实情况,损害我们凭借自身力量制定的符合自身利益的政策。

任何处身于恶劣经济局势的新任政府都必须优先考虑扭转局面。因此,当今的第三世界国家推出了层出不穷的"经济复苏"或者"稳定"计划。但是,单纯地按照相同的战略发展或者恢复经济显然毫无意义,因为那些计划只会让我们陷入深深的灾难之中。

所以，我们日渐明白必须转向以人为本的发展战略以创造财富，这也适用于国家既有收入的分配。也就是说，我们必须采纳并实施针对满足人民基本需求的自力更生战略。根据国家资源和经济的本质，这项战略的内涵在国与国之间各不相同。但是可以阐述一下特定的原则。首先，不管能筹到多少投资，都要将其投到人民身上，提高人民的能力来满足基本需要：食物、衣物、住房、教育、医疗卫生和公共交通。其次，在一个高度失业或待业的国家，重点是资金需求少的劳动密集型项目，而不是全自动化、资金密集型的工厂。

第三，要尽力保护既得收益不要在满足人民基本需求的过程中恶化。第四，也是非常重要的一点，在寻求外界投入来谋求发展之前，需要最大限度地使用当地的人力、土地、作物、矿产等资源。第五，任何可以使用的国外投资、贷款或拨款都应致力于解决这些当务之急，提升自力更生能力。

基本需求和自力更生战略执行起来并不容易。在任何一个国家，贫困人群是最有组织的群体，但他们不是最敢言的。中产阶级不喜欢强调满足贫困群体的基本需求和提高他们的能力，因为在一个贫穷国家，中产阶级的生活无论如何也不会好到发达国家的标准。在一个国家富裕、经济权势大的人群中，这项战略肯定不会受欢迎，因为他们习惯了得到政府的优先考虑。所以，旨在实施"基本需求战略"的方针政策会遭到拥有权势之人的嘲讽和歪曲，政策可能因此难以施行。而政党必须保持坚定，援助它的政府！

在广泛散布的歪曲言论中，有这样的暗示：没有一个依赖于外汇而施行的大型项目能符合"满足基本需求，实现自力更生发展政策"。这是十分荒谬的！我只需谈一下非洲的经历就足以说明这一点。在我们的大洲上，一条新的铁路、干道，一个钢厂对于维持小农在新大陆上的生产，为小型工厂提供原材料来说至关重要。如果没有巨额的外国资本，就无法开发利用大型矿床。甚至在资金严重短缺的年代，也要注意，长期的发展机会是不会永久被阻碍的。

在一个发展中国家，"基本需求战略"又带给政府另一个问题。这项战略要求平衡地前进，在增加生产的同时要避免通货膨胀和收入不均。找到恰好的平衡可能十分困难，例如，技能娴熟的专业人士的服务必须成功，如果他们的高薪受到损害，那么他们可以放弃投票权，到一个发达国家。只有特定的劳动力部门中的工会才是强有力的，但它们不总是在最穷苦人民中间。

他们对这样一个战略的支持是十分关键的,但是政府的当务之急可能与工会为战略上的重要工作加薪的短期可能性冲突。甚至,最贫困的人群也会丧失耐心,即使他们提出合理的需求,在困难时期也是不可能实现的。再说一遍,政党在争取时间和战胜困难方面发挥的作用是至关重要的。

现实情况是这样的,考虑到内部现有权力结构的制约和强大贸易伙伴可能施加的压力而带来的所有困难,没有哪个政府可以做出一百八十度转变,从一个旧的政策转到一个新的。但是,政策的目标可以改变,为了捍卫任何进步的可能性,甚至任何一次在速度和行动强度等方面做出的妥协都是必要的。越犹豫速度可能越慢。另一方面,一个自行车手很难在极慢的速度下保持平衡!

不论一个第三世界国家采取何种内部发展战略,经验都清楚地表明了它的经济,也就是人民的福利,是受到超出掌控范围的重大事件支配的,其中最为广泛而盛行的事件起因于国际经济的运行。

我无需详尽说明,我们的经济规模小,欠发达且有依赖性。不管是牙买加政府还是国民,在铝土矿的出口价格上有话语权吗?牙买加难道没有发现需要进口的火车或机器的价格都由美国、德国或日本的制造厂固定吗?我们以他们确定的价格卖出,以他们确定的价格买进产品,更糟糕的是,我们卖价低廉但是进价高昂!

我们一直都有债务,这很自然,因为银行靠利息盈利,只要债务人持续支付债息,它就不会关心本金增长缓慢的问题。现在,世界上的贫困国家向富裕国家输出的财产比从它们那里得到的还多。债务却还在增长!就算债主被飓风袭击,遭害虫肆虐,遭侵略者军事进攻或者经历一场革命,债务仍旧存在,必须要偿还!

目前,富国内部之间争执不休,但是面对世界上其他国家时,他们又联手合作。他们为了那个目的把自己组织起来。而我们,发展中的贫困国家也应该这么做。我们应该组成一个团队,共同协商,共同工作,在国家间的谈判中调整自己的位置。

但是现在情况并非如此,牙买加、坦桑尼亚、孟加拉和菲律宾等国为了贷款、外部投资、贸易协定和一切别的东西而单独去谈判。甚至在像乌拉圭回合谈判和关贸总协定这样的大型国际谈判中,第三世界国家也只是在谈判开始的一天或两天前会面,但是在那之前它们没有讨论出共同的立场,甚至没有制定出一张书写事实和数据的报告。但是我们即将面对的是始终一起协商的国家，上百位专业人士组成的秘书处，秘书处将一切准备工作都处理妥当！

我们，第三世界国家，必须组织起来共同合作。我们不必在所有事宜上达成一致。我们不必喜欢彼此的政府，甚至可以讨厌它！我们不必以一个127国的大集体身份做所有事情。我们可以有区域性组织或职能机构来处理部分而不是所有发展中国家都认同的具体问题。我们必须组织起来，来决定通过共同行动，我们在什么方面可以做得更好，以实施我们的共同决议。

一些组织的确存在。非洲统一组织、安第斯条约组织、东南亚国家联盟、南部非洲发展协调委员会、石油输出国组织，这只是众多现存的区域性或职能性机构中很小的一部分。但是他们需要变得更加强大，而我们也需要更多组织。我们也有一个由77个第三世界国家组成的团队，在尽力处理世界的经济问题。但是其组织不够有条理，没有秘书处、没有规章制度。因此，成员也不够忠诚。

对于我们来说，团结一致甚至更加有效地合作都不容易。第三世界国家互相都不了解，也不知道彼此的问题和能力。比起和我们有相似贫困问题的国家，我们更加了解英国或美国。然而，在发展中国家中，许多产品生产出来，卖价更低，或者更合乎我们的需求。所以，发展中国家首先要更多地了解彼此。

我们若要那样做，或者视其为一种加深彼此间了解的手段，无论我们在哪些方面存在共同利益，不管是债务、贸易、联合生产和商业企业还是研究和教育，我们都要组织起来共同合作。来自贫穷国家的学生往往比来自发达国家的学生更加了解在另一个贫困国家什么才是合适的。

这一切都非易事。我们将面对反对力量。就像过去在工会运动之初，工会领导人都会经历困难重重的时期一样，强大的富裕国家可能不欢迎活跃的国家。南方国家的一些政府可能受到国家特别关税优惠措施承诺的引诱而不再团结一致。说到世界上的强国，那些有权势的国家总是企图制造分裂来维护他们的统治。国家独立斗争不仅教给我们那些道理，而且还教育我们：必须做的事情一定能够做到。

当前，我们总理参加的所有国际会议和对南南合作很有必要的国际会议，都与人民有着密切联系，与金斯顿或达累斯萨拉姆贫民窟里的贫困个体有着密切联系。因为这样的会议可能决定于任何一个政府完成它的计划或者扩大关乎人民直接利益之合作的能力。

政策是围绕人民的,围绕人民的权力,围绕人民为自身利益而行使权力,围绕利益本身。今天,我们十分尊崇那些在牙买加建立了第一个政党的人,同样尊崇那些有意增加人民财富和提升人民尊严的人。自由的事业理应感激他们的努力。

在贫穷的国度,积极的政治活动家并没有得到变富有这样的回报。实际上,他们可能丧失名誉、遭到谩骂或变得穷困潦倒。但是,政治活动家和平共事可以为人民的福祉和国家自由与发展作出重大贡献。

因此,我想扩大致敬的人群,向那些目前勤勤恳恳工作并对牙买加政治事业信念坚定的人,以及那些以服务于人民为目的的人表示尊敬和钦佩。他们之间不会一次就在最佳选择上达成一致。在每个议题甚至重要的议题上达成一致是不可能的。民主和和平并非基于全体一致之上,而是基于互相尊重基础上的讨论和在共同议定的框架内合作的协议之上。

最后,向同意与我共事的朋友和南非委员会成员们致敬。米歇尔·曼利能力无限,既是一个辛勤的工人,也是一个真正的民主人士,他致力于为牙买加和第三世界国家人民服务。谢谢你!十分感谢你对我们共同奋斗的事业所作出的贡献。我的演讲已接近尾声,感谢你们能邀请我参加此次盛会,我感到莫大的荣幸,同样也感谢能有此机会更多地了解牙买加和牙买加人民。

# 37 城市反对种族隔离制大会和反对种族隔离制斗争

### 在"城市反对种族隔离制"大会上的讲话
### 荷兰,海牙:1989年6月17日

> "种族隔离制是不同于其他专制形式的,这一点我没有必要提醒我的听众。它是一种特殊的、独一无二的、确确实实的邪恶的行为。这种行为基于种族和肤色的不同而产生,任何个人对此都无能为力。"

首先,请允许我祝贺荷兰,特别是那些参与到"城市反对种族隔离制"大会组建和形成活动中的人。在这个国家长期存在的反对种族隔离的活动对南非和整个非洲来说一直是一种鼓舞,一种强有力的支持。地方当局在这项工作中有组织地参与会使其发展得更快更好,也加速了种族隔离制度的灭亡。与其他千百万对此事深有感触的人一样,我谨向您致以深深的谢意,希望您继续扩展您的工作。

不幸的是,世界上还有许多种形式的专制。当然,世界上也有歧视或提倡歧视某一特定民族或信仰的人的政府。在每个国家,都会有持偏见的人,对其他人犯下恶行。我们应该同大部分反对种族隔离制度的倡导者一样,谴责这些对人权侵犯的行为,在恰当的机会,采取恰当的措施。

种族隔离制是不同于其他专制形式的,这一点我没有必要提醒我的听众。它是一种特殊的、独一无二的、确确实实的邪恶的行为。这种行为基于种族和肤色的不同而产生,任何个人对此都无能为力。"歧视"也因此成为南非共和国人民最基本的人生观,这种人生观体现在宪法上,还体现在政府对内对外的所有的行为上。就连圣经也被援引来给它做理论支持。

早在欧洲移民潮时期,反对非白人的种族歧视就已经出现,并一发不可收

拾。但是，在1948年，当国民党因白人的选票而在选举中大获全胜时，种族隔离制度才成为政府执政的指导思想和目标。而且，有一点值得说明，尽管里根总统曾提及南非对德国反法西斯战争的参与，但是国民党的领导者并不支持南非人民。相反，由于他们是希特勒的支持者，为他效力，所以在战争期间曾被扣押监禁。他们相信优越种族的主宰理论。就是这些人和他们的盟友在1948年上台执政，在希特勒下台后的43年，这些人的理论继承者们依然掌握着南非的政权。

在1948年的选举中，黑种人的纳塔尔省要选举一个众议院代表，候选人的条件却是必须是白种人。两百万人民被标为有色人种，那时他们还有选举权。而这些仅有的象征性的选举权作为种族隔离本质上的一种转变后来也被国会法案收回了。

所以，在今天的南非，黑人没有投票权，为什么？只因为他（她）是黑人。在离21世纪只有11年的今天，大主教图图在南非没有投票权，为什么？只因他是黑人。更离谱的是，根据南非种族隔离制度的法律，大主教图图已不是南非的合法公民，还不只是没有选举权的问题。他被认为是"班图斯坦"的公民，而那只是种族隔离的虚构产物。

纳尔逊·曼德拉和其他许多人已在南非监狱被监禁了26年。之所以这样，只是因为他是黑人，他想让黑人和其他所有的南非人，不论肤色，都有投票权。他也被种族隔离制度认定为"班图斯坦"的公民，而非南非公民，为什么？只因他是黑人，而根据种族隔离制度南非是白人的国家。

种族隔离制度的目的在于维持白人在政治、经济和社会生活中的永久统治。种族歧视被写进宪法，被纳入所有的政府和公众的规则和法律。它渗透进南非的每个家庭中，无情地破坏家庭，藐视健康，甚至剥夺孩子的生命。种族决定你可以住在哪儿，在哪儿工作，你可以乘坐的汽车、火车甚至是救护车，而当种族无法确定的时候，就由当局政府决定。它决定人们受教育的种类和层次、能够得到的医疗保障水平等。

由于警方凶险的暴力行为使得种族隔离制度在南非得以保留。无论谁反对种族隔离制度，若被告密者告发到警局，那他（她）很可能就面临着不经过审判就被扣押的威胁，甚至都有11岁的孩子成为这种制度的受害者。警察对非白人拘留者的折磨几乎成了例行公事，同样孩子也不例外。南非只有2500万多人，而中国人口超过了 10 个亿，但是在南非发生的正式处以死刑的事件却是中国的 30 倍。

种族隔离是一种恶行。同时，种族隔离具有侵略性，它袭击弱小的邻国，以及任何可能对其存在产生威胁的力量，并由此来试图扩大控制权。

在西班牙人结束对莫桑比克和安德拉的统治前，实行种族隔离的南非曾把这些国家和少数民族统治的罗得西亚看作是自己和独立非洲之间的缓冲者。所以，南非与西班牙政府合作，尤其是史密斯政府，来帮助他们抵制国民运动。但当这些国家取得独立的时候，南非的立场就发生变化了。

自 1974 起，南非便一直军事入侵或袭击邻国。对于任何能找到或创造出的异端，都给予巨大的军事、后勤和财政支持。他们发动了经济战，不停地实施强制制裁。在不同的时间，对不同的国家，它会无所不用其极地采取最可能的措施来破坏新政府的稳定，在新国家制造混乱，或者说服那些处境尴尬的盟友继续支持南非。

种族隔离政权的目的是一致的。它们尽量阻止那些独立的非洲邻国成为和平、稳定、繁荣且无种族歧视的典范。它们寻求控制地区的经济，以增强自身的经济实力，促进繁荣，同时也把独立的非洲各国当作筹码来应对国际制裁对自己的威胁。同时，又强迫邻国扮演南非的警察，以此抵制南非种族隔离反对者的训练有素而又忠诚坚定的对抗。我们不可能高估这些遭南非入侵的前线国家所付出的代价。但是，国际团体并没有充分认识到由此而产生的后果。

在经历了长期的武装斗争后，安德拉和莫桑比克于 1975 年取得独立，津巴布韦于 1980 年取得独立。莫桑比克和津巴布韦所承袭下来的经济和南非经济有着密不可分的联系。一开始，这三个国家并没有时间去组建行政和经济机关，但却不得不同其他发展中国家一样应对这十年间国际经济的恶劣环境和经济危机。南非对它们的经济和军事入侵对这些早已千疮百孔的国家来说更是雪上加霜。

像博茨瓦纳、莱索托、斯威士兰一些小国家，在 1975 年以前几乎是南非地理和经济上的附庸国，同时也是其殖民联盟。这些国家从 1980 年开始，便是南非入侵的受害者。由于经济非常落后，这些国家非常脆弱，在 1966—1968 年（当他们独立的时候），这些国家的经济曾经与南非的经济通过关税联盟、南非货币的普遍使用以及几乎仅仅在种族隔离国家才得以传播的交流媒介融为一体。

遭到南非直接入侵的国家有安哥拉、莫桑比克、博茨瓦纳和莱索托,其中主要的受害者是安哥拉:当这个国家在1975年成立的时候,南非曾武装入侵。为应对这次危机,安哥拉政府曾向它的盟友求助;古巴派遣了军队,把原本为自己定制的武器支援给了安哥拉。南非人失败了,但他们转而又侵犯纳米比亚,他们生根的地方。但是,从1979年开始,南非的军队便又开始入侵安哥拉南部,在那儿进行杀戮、毁坏活动。有时,他们扫荡的范围有400平方公里。从1980年起,安哥拉南部的大部分地区一直被南非占领着,直到1988年才获得解放。

在1981—1984年间南非军队多次入侵莫桑比克。在一次战役中,马普托的人民还没撤退,南非军队就已经入侵了马普托。博茨瓦纳的首都哈博罗内,南非军队肆意占据其街道,并造成大量的人员死亡。死亡人员包括非洲的难民,这些难民中,年龄最大的已有71岁,年纪最小的只有6岁,还包括一个在那里工作的索马里难民。南非突击队还袭击了莱索托的首都,他们在那里造成了大规模的经济破坏,并且,在一次行动中,他们造成了42人死亡,其中3个还是孩子。也曾经有人袭击了时任总理莱布阿·乔纳森。

但是,安哥拉和莫桑比克受到了间接袭击,对经济和生活造成了更大的破坏。通过几乎无限制的武器、后勤和财政支持,以及在被占领的纳米比亚的坚实的后方基地的供应,南非通过与美国合作,使安盟组织成为一支破坏性的组织,对经济和人类社会造成了巨大损失。南非也以安盟的名义进行了一系列的蓄意破坏活动,袭击港口城市和从海上来的船只,炸毁或企图炸毁重要的石油储备基地。每当安盟军队要在安哥拉南部面临失败的危险时,南非会提供空军或其他帮助来抵制政府军队,一直到现在也是如此。

在莫桑比克,南非于1980年接管了一小部分罗得西亚训练有序的间谍组织和蓄意破坏团体,在把这些人遣送到新国家的不同地区时,又把他们重组、扩建成许多武装良好的强盗团体。在科马提协议前后,它一直支持这些强盗团体,给他们空投设备,用潜水艇运输这些支援设备,有时候给靠近海岸的孤立团体一些援兵。这些强盗团体,组织在一起称为MNR①,他们似乎只有两个目

---

① 莫桑比克全国抵抗运动(Mozambican National Resistance)的简称,1976年初成立,其后长期从事反政府武装活动。1994年成为合法政党。——译校注

标:搞破坏或进行恐怖活动。他们专门破坏学校、诊所、健康中心、食品店或者在绑架小孩之前逼迫他们杀害自己的父母。MNR 的办公处在里斯本,与安盟不同的是,它没有被认可的领导,只不过是南非的一个棋子,唯一的目标就是搞恐怖、搞破坏、制造混乱。

据联合国儿童基金会的统计,自从 1980 年开始,在安哥拉和莫桑比克,有 75 万五岁以下的儿童死于南非战争和破坏活动。在赞比亚和津巴布韦一直都有冲突,且这些冲突的代价很大,而南非在寻求利用他们独立后的政治分歧。

还有对邻国的经济制裁,虽然不是那么巨大,却也一样行之有效,旨在强迫他们做出政治退步。例如,在企图通过军事措施另外开辟廉价的海洋路线无效之后,南非抢劫了在火车、海港和边境上运输的必需且珍贵的货物,这些抢劫活动曾经一度持续几周或几个月。南非用各种方式,把它在本地区的经济主导地位当作武器,在邻国最脆弱的时候进行政治勒索。

所有的这些事情,都被南部非洲发展协调会议的成员国家、联合国儿童基金会、各地记者或来自西方的作家所记录和报道。这些前线国家,在 1980—1988 年间,因南非入侵而造成的经济损失大约在 440 亿到 470 亿美元之间。当然,有人估计这个数字可能更高。

而对人类社会造成的损失却是不可估量的。因南非参与的战争而产生的外部难民就超过百万,还有数百万内部流离失所的难民。南非的入侵活动,不仅使许多小孩丧命,还有数以万计的老人被杀,许多人残疾或受了重伤。

其实,人类社会和经济损失远比我说的严重。但在过去两三年中,在南非被大肆宣扬的改革以及最终同意赞比亚独立的决定都是通过他的西方盟友传达出来的,旨在暗示南非正在发生变化,所以抵制它的运动也应当有所放松。

事实说明一切。南非只有在其军队被安哥拉人民解放军和其南部的古巴武装联合打败的时候才同意执行安理会的第 435 号决议(大会一致通过的十年之后)。既然他们的士兵已经能够脱离险境,如果可以,南非当然会违背这个承诺。

但是,南非若想现在阻止纳米比亚的独立为时已晚,但这也并不是说他们不会尝试。他们将会集中精力阻止西南非洲人民组织在定期举行的选举中获得胜利,以产生一个更"友好"的政府。但是,如果那计划失败,我想他们很快会故技重施,用对付其他邻国的伎俩来破坏已独立的纳米比亚的稳定。如果对南非施加的压力不够强大,不久之后我们就会看到一个与纳米比亚的MNR等同的组织活跃在我们面前。

从南非的角度来看,为什么他们不能破坏独立的纳米比亚的稳定呢?南非一次次地对邻国进行直接或间接的入侵,但并没有受到任何惩罚。现在我们听说"建设性接触"可能少了,但尚未有这项政策已被废除的迹象。尽管联合国有武器禁运的规定,但南非还是成功地从工业化国家得到了高科技武器和模型。

联合国否决了对南非进行强制制裁的决议。欧盟经济体在这个问题上产生了分歧,英国政府坚定不移地反对他们,而其他政府似乎不愿意主动采取积极的行动。

尽管如此,国际制裁还是抵制种族隔离斗争中的必要武器。没有人主动声明制裁会废止那项邪恶的制度。但制裁的确会弱化南非人民的公敌——种族隔离政权。而且在国内反对当局的斗争已经开始。现在的问题是看国际社会如何反应:他们是想继续与当局勾结来支持种族隔离,还是断绝对当局的经济援助来支持种族隔离的反对者和受害者。

南非人民和邻国的人民在反对种族隔离的斗争中献出了生命。他们同时也呼吁世界其他国家应当放弃通过对南非人民大众的持续剥夺而获取的利益。他们也宣称制裁更多地损害了非白人的利益而非当局政府的利益,确实会损害人民大众的利益。但是人民的组织却支持这些制裁,宣称种族隔离制度更多地是损害他们的利益,不希望撤销这些制裁。如果说只有通过武力才能解决这些问题,那么人民将会承受更多的痛苦。值得注意的是,南非政府对这种制裁的反应不同于每个国家和组织的反应:他们不喜欢这些制裁。到目前为止,这些已被应用的部分制裁措施,已经让这个政权内原本统一的政治经济体制第一次产生了裂痕。

也有人说这些制裁会损害前线国家的利益。的确如此。但这些前线国家依然支持这些制裁措施。不可否认,这些前线国家需要南非发展协调会议的直接或间接的紧急帮助来应对南非政府的压制,所以他们会遵守这些强制性的国际制裁措施。世界的其他国家必须帮助他们抵御这只躲在角落里的猛兽。但这些前线国家声明,不管国际制裁措施对他们来说代价有多大,他们都觉得与种族隔离和它对自己独立的侵犯相比,是低代价的、更安全的。真正重要的问题是南非是否继续可以把它独立的邻国当作筹码,这也是它袭击莫桑比克的通信系统和其他国家经济基础设施的目的之一。

事实上,南非当局并不愿意主动废除种族隔离制度。这些言语抨击并没有引起足够的重视,因为它们对这项制度根本无伤大雅。前几年,被政府大肆宣扬的改革一直都是对外界压力的回应。但由于外界压力不够强大,所以这些改革也没有取得实质性的成果。种族隔离依然存在。

我们的目标是要废除种族隔离制度,而不是仅仅对其进行改革。你们怎样才能改变这种种族优越感呢?那就是种族主义不能再作为国家的基本思想和所有活动追求的目标。曼德拉和他的同事必须被无条件释放,人民组织能够运转,不能再对人民施加暴力,必须有所有肤色和信仰的代表就政府体制和转型问题进行协商沟通。要达到这一目标,我们有必要继续且加大对政府的压力。这些压力,可以来自国内,也可以来自国外,只要我们需要。

尽管面临巨大困难,南非人民依然坚守自己的角色,所有的迹象都显示他们将继续坚持下去。世界的其他国家也必须立刻、坚定地行动起来,来支持他们。每个人,每个机构和组织必须力所能及地来支援南非人民。

那些与南非政府有贸易往来的国家地方当局可以起非常重要的作用。你们自己的实际贸易,你们与南非政府有贸易往来的公司的关系,都会产生影响;你们的影响越大,话语权也就越大。你们在与边境国家的地方当局建立关系的同时,也在帮助他们,因为他们也在应对因反对种族隔离而处于前线的问题。而且,你们对政府施加的影响比其他任何人都要有效。

我以我的开头来结尾。祝贺城市反对种族隔离制大会的召开。我衷心希望它所有的成员都能在反对种族隔离的斗争中有一个正确且坚定的立场。

# 38 为更加公平的南北关系而努力

### 作为南方委员会主席在社会主义国际会议上的讲话
### 瑞典,斯德哥尔摩:1989年6月21日

> "……确实,把一个不公平的世界视为和平的世界完全是一种幻想。不管在国家内部还是世界范围内,一个不公平的体制成为一个和平的体制,都是绝对不可能的……"

感谢您邀请我参加这次会议。我是以南方委员会主席的身份来此,希望获得大家的理解和支持。

作为一个委员会,我们的支持者是发展中国家的政府和民族,但是发展中国家是世界的一部分,和发达国家在社会、政治以及经济上密不可分。因此,我们承认并要重申的是解决发展中国家的问题,这是我们自己的责任。与此同时,我们也要承认第三世界国家也面临着许多巨大的困难,这些困难的根源与国际经济秩序有着密切关系。在经济秩序框架内,我们进行人与人之间和集团之间的合作。然而,这种经济秩序是由发达的工业国家所控制。

与会的代表们代表执政的社会主义政党或即将执政的政党。正如我理解的那样,社会主义的基础就是全人类的平等,各社团组织保护并服务于全人类的利益。我已经花了25年的时间努力促进人类的平等。代表们和我一样也是民族主义者,但是因为我们是社会主义者,所以我们成为民族主义者是为了人们共同的利益以团结合作为背景的。

社会主义者普遍信仰自由,但不是放任;相信人具有主动性,而不是利用剥削;确信老弱病残需要在给予充分尊重和公正的条件下被帮助。全国范围内,甚至世界范围内,社会主义者致力于用人类共同人性法取代丛林法则。

南方委员会不是一个社会主义团体,其成员都是发展中国家的代表。既有资本主义者也有社会主义者,但绝大多数人对这两种哲学观点都不赞同。但是它是一个致力于促进不发达国家和民族自由和公正的机构。因为他们中大多数都很穷,都在能源和科技方面很弱,并且受到国际经济体制剥削。在这种条件下生存的国家和民族都不得不做贸易。第三世界国家的落后和贫穷是有据可查的,也是为社会主义国际所知的。婴儿死亡率和文盲率高、公共服务和基础设施差,技术落后,导致人们的生活期望低,这一切与全球的科技进步完全扭曲。对于这些东西,我不必过多地进行解释。

我要问在座的社会主义政党代表两个问题。

第一,我要问:在当今世界,你们怎样理解发展中国家的不发达及其人民的贫穷?贫穷是永恒的:如果人类下定决心,那么世界就有知识有能力有资源去克服贫穷。

这种贫穷与发达国家的利益相抵触,也与不发达国家的利益相抵触。生产者和店主是否依靠顾客的繁荣来繁荣自我,在19世纪的欧洲有些国家如此,在当今世界也是如此吗?社会主义者对此争论不休。世界上四分之三的人口住在经济相对落后的发展中国家。这种贫困是污染源,而且这也曾被布伦特兰委员会记录在案。生存是人类和国家的第一要务,贫穷者只有活过了今天,才有能力担心明天。正如饥饿的农民会吃掉玉米种子以挨过今天,而放弃明天丰收的希望一样。

第二,我要问:发达国家的社会主义政党和社会主义国际作为一个团体是否应该与发展中国家以及发展中的主权国家合作,当他们在竭尽全力处理他们的欠发达问题的时候。无论谁执政,南北国家之间的短期利益冲突以及优先权问题的冲突都是不可避免的。只要双方本着平等合作的原则,并且愿意寻求一个双方都接受的解决方法,这些差异都是可以解决的政治差异。

发展中国家的首要问题是,也只能是发展——一种自力更生的可持续性发展。如今,我们为此所做的努力总是不断被威胁:物价不断下跌;债务难以忍受,这些债务部分是由于我们无法控制的利率变化和汇率波动交换率的变化引起的;紧急项目缺乏资金投入;出口产品遭受隐蔽的贸易保护主义。而且,当与这些不平等抗争时,我们又落入国际金融机构的手里,他们的制约性对我们的需求和愿望来说非常不合适,甚至是太高意识形态了。

我们最基本的要求是发展中国家及人民享有世界平等权利,有权享有世界资源,以便我们在未来能够自我依赖,并且获得平等工作,平等工资待遇。

现在,所有的要求都没有得到满足,甚至在现行的世界经济格局中,都没有得到承认。贫穷的发展中国家反而是富裕的发达国家的一个净出口地区。仅1988年,从发展中国家到发达国家的净出口额就高达430亿美元。债主们坚持以"就事论事"原则处理债务问题,虽然那些问题起初就已经决定好了。知识逐渐被富国私有,世界共享资源逐渐被技术先进国垄断。

发展中国家需要一个国际经济新秩序。我们相信这也将有利于发达国家,当然也有利于发达国家的人民。而且,这个更加公平的改革已经提上世界议程,"实力即权利"这个信条在政治、经济和军事上都盛行起来。

为其自身的发展,为其议程符合国际经济体制的改革,发展中国家正在制定自己的议程。这样做,是从自己的错误和国际经验中吸取教训。尤其是,发展中国家正在认识到南南合作与团结是走自力更生发展道路的一条必需途径。并且,这也是为了有效地和发达国家进行对话,采取必要行动,为世界大多数人民的要求能够得到满足而采取的一种方式。

尽管只有发展中国家为发展中国家说话,真正需要的是全世界团结起来去解决贫困、疾病、无知和环境破坏等问题。只有在平等和相互尊重的基础上,南北合作,共同行动,世界才会和平稳定发展,造福所有人民。

为了美好的未来,发展中国家会全身心地投入战斗。大多数国家在过去的十年遭受重重危机。因此,发展中国家的团结因为人类需求的迫切而受到威胁,即使价格下跌暂时缓解是对有关国家和发展中国家的长期利益的政治和经济的让步。但是,我们不能放弃。

代表南方委员会,我请求社会主义国际和它的成员政党们在回国后,首先考虑一下关于南北关系更加公平的议程。我做出这样的请求是因为我完全确信为公平而努力就是为和平而努力,确实,把一个不公平的世界视为和平的世界完全是一种幻想。

不管在国家内部还是世界范围内,一个不公平的体制成为一个和平的体制,都是绝对不可能的。因此,我请求你们在行动议程中首先考虑这个问题,为公平和和平而努力,这符合世界上所有国家的共同利益,无论发展中国家还是发达国家。

# 39 为什么必须加强反种族隔离制度的斗争

### 所罗门·马兰古学院十周年庆典上的演讲
### 马津布,莫罗戈罗:1989年8月23日

"全世界反对种族隔离的斗争是一场反对种族主义的斗争。人们不是为了消灭种族主义而战,而是为了人类的平等而战,评判一个人不是根据其外表肤色,而是通过其行为。"

---

很高兴今天能和你们一起庆祝所罗门·马兰古自由学院的十周年庆典。目前正值南非政坛风云多变的时期,这次校庆对非国大,对坦桑尼亚,都是一个很重要的契机。

和你们一样,我也对非国大主席奥利弗·坦博同志的缺席感到遗憾。出于我本人,也是出于坦桑尼亚革命党的利益,我想借此机会向他表达美好的祝愿,愿他早日恢复健康,从繁重的工作中解脱出来。

奥利弗·坦博常拒绝减少其工作量,他全身心地投入到这场战斗中,不遗余力地工作着;他的努力可能会让反种族隔离的必然胜利提前一个小时到来。因此,现在他的身体也开始抗议了:他被迫进行必要的休息。我相信,在医生允许他回到工作岗位之前,非国大的其他成员都将替他分担这些工作,替他扛起这些责任。

那么首先,请允许我恭贺非国大,尤其是多年来在这里工作的人们。在坦桑尼亚,你们将会得到一些土地和房子。在你们自己的努力下,在朋友的杰出贡献下,无论出钱还是出力,你们都为儿童、青年人以及成年人创造了接受教育的机会。你们建造了丰产的农场,家具厂和一系列的其他小规模生产单位。你们创建的小型医院及其附属设施为坦桑尼亚人治病,使得本地区的居民得到和

南非一样好的治疗。所有的这些仅用了十年!

这些成就缘于预先计划和扎实肯干,它折射出许多人民的无私奉献,对南非人民未来必将得到自由的奉献。而这也反映了种族隔离斗争才是世间正道。而那些非南非人民为这一抗争做出的努力则显示出他们与非国大以及受到种族主义压迫的人民休戚与共的决心。

迫害还在发生,种族隔离依旧存在。

我们曾听到过许多关于改革的讨论。陈旧的法令被修正,新的法令也已通过。纳尔逊·曼德拉已被释放,并与博塔总统进行了会晤,而白人政客们也做了各类演讲,宣称种族隔离已是明日黄花,已被时代淘汰,对其进行改革已是大势所趋等。太好了!这听起来要比种族主义者抨击种族隔离的优点要有趣得多了!

但是,请不要忘记,种族隔离依旧存在。种族主义也依然控制着南非,白人优势论依然盛行。在南非的班图斯坦自治区仍会有儿童因为营养不良死去,但这并不是因为该地区食物短缺,而是因为种族隔离的存在。种族主义的中坚力量并未被削弱。

一位代理总统接管了比勒陀利亚地区,人们都期待着九月份时,白人选民可以选举他为总统。我提到了他是白人,选民也都是白人,并不是因为肤色有多重要,而是因为种族隔离制度的存在(使得黑人不能参加选举)。种族隔离制度的拥护者声明总统必须由白人担当,选民也必须是白种人。因此,在过早地控制政权之前,基于内部对种族隔离制度的争论,这位代理总统出使世界各地,与各政治经济大国的政治首脑会面,他也做出承诺要改变这一状况。他这样做无疑是想减轻国际社会对其掌控的政权施加压力。总之,要是不想显得格格不入的话,他只能做出承诺:改革种族隔离制度。

种族隔离是一种犯罪,而你不能改良犯罪。曾经有一段时间,有一种犯罪压迫我们的人民,那就是奴隶制!而当时没有人会提出说要改良奴隶制,奴隶制必须被废除,而不是被改良。对如何改良种族隔离侃侃而谈也足以证明那些人并没有彻底了解这种罪行的本质。种族隔离就是国家制度体系的一个弊病,一个人又怎么能够去改良一种疾病呢?罪行和疾病必须被根除,而不是被改良或者被掩饰。南非所需要的改变是废除种族隔离制度,而不是改良这一制度。新一任的南非领导人能真正理解种族隔离的内涵吗?

先前的履历并没表明这位代理总统曾是反对种族主义,视种族隔离为反人道主义的百万大军中的一员。而且他在过去的一周内所做的声明也并没有表现出希望在大马士革或者比勒陀利亚的改革道路上会出现新的奇迹的强烈愿望。相反,他呼吁非洲民族会议单方面地谴责暴力行为,这除了表现出新瓶装旧酒之外,种族隔离的实质没有任何改变。

现在,世界人民告诉我们说:南非已经发生了改变,大部分白人已经意识到种族隔离是错的,这一制度是必须被废除的,但是白人害怕非洲人会将他们赶出自己的国家,赶出南非。所以,你们必须安抚他们,告诉他们你们的计划是什么,你们对于和平相处所提出的条件是什么。只有这样,和平才具有可能性。我们中的很多人仍对此表示高度的怀疑,这种怀疑来自于数十年来我们反对种族隔离的痛苦经历。

当然,如果大多数的白人现在真心地希望废除种族隔离制,只不过他们对于如何才能安全地向着未来前进表现出一种恐惧,假若真是这样的话,那这也是一种进步了!我再说一遍:我们当中有一些人对这件事情持怀疑态度,不过如果事实果真如此的话,或者说早晚有一天,事情会发展到这种地步的话,那么就暗示着执政的少数派已经意识到种族隔离注定会被废除的命运。

意识到种族隔离制度终将废除的少数人会创造机会,带来美好的自由之日,那将是种族隔离制的死期和葬礼。没有人,至少整个南非和南非民族会议绝不想延长反对种族隔离的斗争,或者像种族隔离者一样采用暴力。那么,对于少数白人认识到种族隔离制终被废除,该怎样回应呢?甚至怀疑这样的认识会带来怎样的结果呢?

最能够确定的是,对种族隔离政权施加的压力绝不能放松,而且必须加强。南非的民众都知道:他们正连续遭受着种族隔离的迫害。对种种表象改变的反应和对改革的论谈都加强了种族隔离斗争。即使来自经过审查的南非新闻报道都印证了这个事实。我们必须也做出同样的反应。在未来的几周甚至几个月里,我们要对南非种族隔离制及其统治者加倍施加外部压力,这是势在必行的!

如果不这样做,将是多么荒谬。种族隔离依旧存在。如果南非的白人不再感觉他们的主宰是无尽的天赋权利,那么,作为种族隔离的努力及施压的成果,他们的改变是受欢迎的。这也使人们发现,种族隔离的代价太大。

一些人认为,这种发现来自于人们认识到,种族隔离制带给南非非白人的痛苦确实是令人无法忍受的,他们不得不去反对强大、残忍、无情的国家政权。的确,他们早就知道种族隔离对其受害者来说意味着什么,他们就生活在其中。但是,那些人宁愿无视无可忍受的事实而安逸生活直到不得不面对事实。然而,对许多或大多数南非白人来说,种族隔离要他们自己和家人付出的代价,就是可以唤醒他们的东西。如果,新生力量苏醒,那将是已提出法案的反种族隔离的斗争。

法案一开始生效就宣称放松对种族隔离制度的压力,就像打算捣毁一座大厦,其顶端刚有小小的裂缝,就扔掉了手中的大锤头一样。一旦放松对种族隔离斗争的压力,那些统治者就会回到安逸的主宰地位,并忘记所说过的改变。如果废除种族隔离的前景渐渐淡去,白人就不再恐惧实行种族隔离之后的事情。再重复一遍,种族隔离依然存在,依然强大,依然充满侵略性。反对种族隔离的斗争必须继续下去!

秘书长同志,你和你流放他乡的同事将会明白为什么我要强调这么明显的需要。世界上有些当政的人说他们不喜欢种族隔离制,但是,却迫使我们停止斗争,对种族隔离统治者很友好。终究,改变还是会来临。这样的人利用改革作为借口来逃避国际制裁——没有其他正当的借口。真正对抗种族隔离的人们现在就想加强斗争压力。只有在种族隔离这座大厦倾颓之后才能收起斗争的大锤。

但是提醒南非白人几件事实并无害处。他们也许现在准备要听,如果他们真的只是为将来担心,那这种担心会阻止他们为反对种族隔离工作。南非民族会议从没说过想要南非白人离开南非。为什么呢?因为有南非白人积极地参与了反种族隔离斗争。他们中还有的参与了武装斗争。我还从来没听说过有人皮肤变色的奇迹!

你(执政党)和你的盟友们也已批准通过了自由宪章。我没有听说自由宪章已经被废除,相反地,在非洲民族会议的文件中我依然可以看到自由宪章的影子。宪章的哪个部分谈到了要将白人赶出南非了呢?与此相反,宪章中谈到的是人,是人权。它否认了种族主义者的主张,提倡自由平等,囊括了全人类的自由平等。

再说了,有哪位非洲独立国家的领导者曾呼吁要把居住在南非境内的白人驱逐出境了？至少就我所知，没有人这么做过。当然除了种族主义者伊迪·阿敏，他可能是这么说过的，但是他也早已被推翻了。南非是非洲最发达的国家，一旦种族隔离被废除，那么南非强大的经济实力可以为整个非洲的发展带来无限的帮助。同时南非也是反对国际经济秩序不公正现象的中坚力量。

非洲统一组织当然不会想看到南非的经济被毁掉，最好的结局是可以服务于南非乃至整个非洲的人民。无论我们喜欢与否，那些名义上的白人，有色人种或印第安人，以及黑人都将是未来经济健康发展所必需的重要因素。不过那些种族隔离受益者不必需要非洲人民的言语安慰，他们可以看非洲人民的实际行动。

国家独立之后，安哥拉人要求葡萄牙人离开他们的国家了吗？从来没有。很多的葡萄牙人离开了是因为他们害怕，害怕他们的信念竟是过去所犯罪行的后果，毕竟他们曾经与安哥拉非洲黑人是对立的。当然现在也还有少数的葡萄牙人仍然居住在安哥拉。

莫桑比克人曾要求葡萄牙居民或者商人离开过莫桑比克吗？从来没有。大多数葡萄牙人逃离这片土地是因为他们对自己之前迫害莫桑比克人民的罪行感到恐惧，他们当中的一些人逃到了种族隔离控制下的南非，借机参与反对莫桑比克的独立战争，他们希望能恢复自己的殖民地，恢复其统治地位。但即便如此，莫桑比克人也从未将那些仍生活在莫桑比克的白人驱逐，相反地，莫桑比克人很坦然地借鉴学习白人带来的手艺以服务大众。

伊恩·史密斯仍然生活在津巴布韦，尽管他犯下诸多罪行。许多的白人也仍然生活在津巴布韦，他们视自己为津巴布韦人。尽管事实上许多白人在1980年之前或之后主动离开了津巴布韦。他们的离开只不过是因为自身的恐惧感，他们害怕自己的信念是自己罪行的果实，毕竟他们曾经对津巴布韦人罪孽深重。在罗伯特·穆加比为首的政党赢得选举之后，白人们便不再相信穆加比宣扬的宽宏待人这一信念了。不过，没有证据能证明这造成了什么样的可怕后果。相反的是现在众多的侨民要求能够返回津巴布韦。

全世界反对种族隔离的斗争是一场反对种族主义的斗争。人们不是为了消灭种族主义而战，而是为了人类的平等而战，评判一个人不是根据其外表肤色，而是通过其行为。

南非人民将最终决定代表他们的政体和宪法。并不用我来说它将是什么样子。非国大以及居住在南非的非白人种族仍在争取他们的权利,他们要求拥有决策权,要求在决策团体中能起到一定的代表作用,这些团体至少与民主原则有关联!他们仍在要求是因为种族隔离仍然存在。支持种族隔离的领导者仍是代表着种族主义团体,而不是代表他们个人。

但是,我要说,种族隔离是一种政治信条,通过对国家机器的种族控制来实施。而且它维护经济和社会的不平等,这种不平等是建立在人种差异上,而不是建立在个人的能力及其对社会经济发展所作贡献上。没有人能够假装说在种族隔离灭亡之时,这种建立在人种基础上的优势论和不公平仍然可以存活下去。如果真的有人这样说了,那么不管是何种肤色的人都是不会相信他的。

在过渡期内,不管做出了什么让步,有些让步是必须做的。后种族隔离社会的目标是构建一个使每个南非公民拥有平等权以及人权的社会体系。"团体"意见必须被"群众"意见所取代。

我坚信,不管我们给了何种保证,包括在过渡期内拥有合法的少数权力的保证,许多白人仍然会离开这片土地,因为他们不能接受一个不受种族隔离控制的南非。你是没有办法帮助这些人的,让他们离开吧——那是唯一的办法。剩下的人都是南非人的忠实战友,所有人团结起来一定可以将南非建设成自由的国家,这将会让整个非洲大陆都感到骄傲自豪。

当然任何人都不能假装说种族隔离的结束就意味着南非面临的诸多难题的结束或者说南非备受压迫的人们苦难的结束。南非现在的社会体系是由种族隔离衍生出来的,要想改变它是一个极其漫长的过程。例如,所谓的班图教育剥夺了数百万的南非黑人真正接受教育的机会。当种族隔离被废除时,这种教育体系才能走到尽头。

但是,不幸的是,即便如此也不能将那些已经经历过这种不公平教育的人变为熟练的医生,或是知识渊博的科学家,或是行政官、经济学家、工程师等诸如此类的人。但是在后种族隔离时代南非需要这些拥有专业技能的人。经济体系、社会体系的转型也需要这些人的努力。如果能摒弃人种差异的观点,并乐于支持一个代表性的南非政府,公平公正地对待每个人,那么南非将会出现很多这种集知识与技能于一身的人。

所罗门·马兰古学院正帮助一些非南非白人受到良好的教育。在不久的将来,这种教育对于支持接下来的反种族隔离斗争会起到举足轻重的作用。而且在后种族隔离时代,这种教育最终会普及到另外一些之前因为是黑人而错过了接受良好教育机会的人身上。我们不能预测这一天何时才会到来,至少它的到来不会像我们期待的那样快。但这一天终会到来的。我希望能呼吁所有享受这一切设施带来的快乐的南非人重视种族隔离这一问题。

用学到的知识服务南非人民,不要利用这些机会寻求自身的利益,毕竟这些受教育的机会是通过仍在战斗中奋斗的伙伴们的努力赢得的。以此来缅怀以所罗门·马兰古学院为代表的千千万万因反对种族隔离牺牲的烈士们。

我代表坦桑尼亚革命党,衷心祝愿所罗门·马兰古学院及其所有的工作人员和学生拥有一个更加美好的未来。自由非洲万岁!

# 40 非洲统一组织是非洲唯一的重要力量

**在非洲统一组织峰会上关于递交南方委员会报告英文版本的"副本"时的讲话**
**埃塞俄比亚,亚的斯亚贝巴:1990 年 7 月 10 日**

"在努力发展的过程中,我们犯了一些错误。但是,认为发达国家可以解决我们目前所有问题的想法,并不是造成错误的全部原因。事实上,也有不少错误是由于我们过于相信发达国家及其控制的一些组织的客观性和公平性。"

我非常感激能有这样一次特别的机会,以南方委员会主席的身份在这次峰会上讲话。我感到很荣幸,谢谢!

1986 年 9 月,在哈拉雷召开的不结盟运动的峰会上,我们宣布了要建立南方委员会的想法。但是,直到 1987 年 10 月,我们才召开了第一次会议。我们的目的在于研究发展中国家在克服其落后和贫困时所面临的困难,总结过去 30 年来的发展经验,并努力对于我们怎样才能稳步持续地朝既定目标迈进提出建议。

我们计划三年完成这项任务,报告将于下个月(1990 年 8 月)3 号发表。但是认识到非洲统一组织的重要性,报告英文版的"副本"已经提前发到了每一位代表团首脑的手中。我们希望,在今年年底之前,会译出这篇报告的阿拉伯语版,法语版,也可能是葡萄牙语版。

今天,我的目的不是总结这份报告,而是就一些问题共同讨论并提出提议,比如说关于国家发展战略、南南关系、南北国家关系及发展中国家与国际组织的关系等。

在过去的十年里,几乎所有的发展中国家都遭到了巨大的经济损失,且大多数仍然在努力克服持续不断的经济危机。在这些问题上，非洲国家并不是独一无二的。但总体来讲，非洲，包括非洲南部的大部分国家，是这三个洲中独立最晚、国家最分散、实力最弱，并且发展最慢的。因为20世纪80年代初期，非洲曾遭受经济衰退和日用品价格普遍暴跌的巨大冲击，国际经济不稳定因素最容易给非洲造成伤害。

非洲各政权为使其经济适应恶劣的国际环境，已经做出了巨大的努力。但是，几乎毫无例外的是，他们的努力导致了其国内生产总值负债率的升高，备用基础设施建设情况的不断恶化，充其量是各国在没有任何基础经济重建的情况下，人民的生活水平停滞不前。

因此，由于大量外国资本的注入造成的海市蜃楼，非洲并不是那么独立了，有些人已经不相信非洲可以创造更好的未来了，我们也开始质疑我们自己，开始质疑我们的能力了！

作为南方委员会的成员，我们已经完全意识到经济危机的严重性。但是，我们认为，无论非洲还是其他地区都是有理由自信的。发展中国家仍有大量未开发的生产力可以用于发展，会大大有利于国家和人民。在非洲，我们也有一些可以利用却还未利用的生产力，例如：我们的专家，我们的自然资源，还有最主要的是，我们人民创造性的劳动。

在努力发展的过程中，我们犯了一些错误。但是，认为发达国家可以解决我们目前所有问题的想法，并不是造成错误的全部原因。事实上，也有不少错误是由于我们过于相信发达国家及其控制的一些组织的客观性和公平性。

南方委员会出于为发展中国家的政府和人民考虑而建议的策略和行动并不是那么容易实施的。我们认为，没有任何简单的方法可以帮我们摆脱目前的困境。但是，我们也坚信，只要有勇气、有决心，我们终会克服种种困难。鉴于几乎在所有问题上我们的利益都是一致的，我们建议的核心是发展中国家之间要团结、合作、统一。

发展中国家是世界的一部分。没有一个发展中国家能够或是希望自己与发达国家隔离。然而，在政治和经济上，世界是由大国强国控制的。我们必须承认发展中国家的利益是按各国在世界上的恰当的影响力分配的。发展中国家只有加强自身的发展，共同团结，努力增强各自的国际影响力，才能获得更大的利益。

国家发展策略需要格外重视国内资源的最大利用程度。对我们来说，在非洲，严重的负债以及新发展项目（或是旧产业的修复）对国外资金的依赖，使得我们很难改变。但是，我们坚定了努力发展的方向，根据我们的人力、财力和自然资源设计了新项目，我们就能够在较少或是没有外力的帮助下，加强基础经济的建设。一个国家的自力更生是这个国家真正独立的核心。我们的投资决定应该以国家安全因素为导向。

然而，号召国家自力更生并不是号召孤立主义。如果我们想要实现发展的宏图伟业，就需要与所有发展中国家一起进行自力更生的发展。因为，发展中国家有的发展水平不同，知识领域、工业优势，甚至投资能力都各有不同。

通过南南合作在贸易、培训和科研方面的稳定扩展，以及合作企业的互惠互利，发展中国家能够得到各自的利益。同时，这些措施将会加强发展中国家总体的经济实力，从而，降低在许多南北谈判中的弱势。而一直以来，我们都一起或个别参与其中。

集体的自力更生意味着发展中国家合作的加强，以及第三世界国家发展选择权的扩大。这不是对与发达国家的友好与合作的替代，那将会继续，并且是必需的。尤其是，从发达国家到发展中国家的资金净流入和技术转让的公平条件（现在都还未实现）都是必需的。而且，集体的自立精神是我们自由发展的根本条件，同样也是南方委员会要求发展中国家团结一致的根本条件。

在所有的南北谈判中，发达国家是有组织的，也是团结的。当发展中国家单一债务国和发达国家的债权国谈判的时候如此，或者当发达国家与发展中国家进行国际经济谈判的时候也如此。发达国家确实是联合在一起的。

在接见发展中国家的代表前，发达国家往往一起协商，来克服或是掩盖分歧。在接见发展中国家代表时，他们会决定采纳共同立场。为了我们共同发展的前景，发展中国家也需要这样做——也就是说，认识到我们国家发展的根本重要性，并且在国际谈判中，相互联合，相互支持，这样做有利于我们的发展前景。

目前乌拉圭回合的谈判就是一个迫切需要联合的典型实例。其重要性无需过度强调，而且它将会在接下来的几个月内达到顶峰。我们非洲国家要与其他发展中国家团结在一起，必须坚定一致行动，以防止在关贸总协定的条款下出现新的问题，至少是防止联合起来的发达国家带来的问题。如果，发展中国家或是非洲国家没能果断决策,在谈判中不能做到行动一致,我们将发现我们的发展前景会受到严重的危及,并且,我们保护自己国家的经济能力也会大大降低。

南方委员会一直在注意着所有发展中国家出现的问题。并且,我们认识到不同的地区,不同粮食作物的生产商有着不同的首要利益。在我们看来,在全球范围内的南南合作是一种处理方式,这是在涉及到每个发展中国家的共同发展利益时我们国家所需要的一种合作方式。

然而,只要是与发展中国家的合作与团结相关的,双边的、地区的、地区以下的或者功能布局方面的都是或者都将是南南合作的主要实施领域。

而且,我们非洲有非洲统一组织,这使我们成为了唯一一个有能力作为一个整体发言或行动的大陆。我们没有超能力,非洲统一组织就是我们唯一的主要力量。我们需要加强它的实力,全心全意地支持它,包括利用非洲极少的资源去支持。然而,在政治和经济上,非洲需要其他发展中国家的支持。我们可以处理好自己的特殊问题和利益需求,尽可能地建立强大的内部贸易体系,生产与经济的基础设施。

对发展中国家来说,合作与团结,并不只是政府的事情,我们应该鼓励商业、贸易体系和非政府机构去发挥其重要的作用。南方委员会的报告显示了我们的需要,并指出每个公民都该参与到国家的发展中去。这份报告也制订了实践的建议和最终的提议。

今天,我的目的是呼吁非洲各国政府与人民考虑我们的提议。因为,南方委员会不是一个独裁的体制,措施的实施取决于领导者,尤其是非洲各国的政府及每个发展中国家的政府。

# 41 半奴隶和半自由的世界不适合人们和平相处

## 在正式递交给苏哈托总统南方委员会报告后的演讲
## 印度尼西亚,雅加达:1990年8月23日

"历史证明,人类社会如果缺少公平、正义,就会出现毁灭和厮杀。发展中国家的人民和发达国家的人民,我们必须团结起来,使我们生活的世界更公平,更公正,更和平!这并没有反对发达国家的人民的意思。"

今天早上,在正式递交报告给尊敬的苏哈托总统的时候,我做了一个演讲,是南方委员报告的副本——南方的挑战。今晚我的目标基本不变。我将说明南方委员报告的背景,同时呼吁不只是南方的所有决策者,能够认真考虑一下这个演讲的建议。我希望委员会其他成员国也予以考虑,并付诸行动,尤其是第三世界的国家政府和机构组织。

直到1939年,尽管殖民国家一直在反抗和斗争,世界政治格局中依旧是帝国主义占据霸权地位。不管是否被称为帝国,殖民势力并不因为他们有殖民地或保护地而惭愧,也不会为控制"托管领土"而羞耻。美国当时真的以没有殖民地而自豪,但是,菲律宾、海地还有很多其他的国家,尤其是拉丁美洲国家的真正独立,本应该受到质疑。

1939—1945年的战争的影响之一,是削弱了殖民主义的同时,促进了反殖民主义的再生。在40年代后期,反殖民斗争赢得了他们的第一个胜利,印度尼西亚是迎接1950年民族独立的国家之一。逐步地,几乎往昔所有的殖民地和保护地,没有经历痛苦和牺牲,就赢得了他们的法律主权。纳米比亚,非洲最后一个殖民地,这一年也在温特和克第一次合法地升起了自己的国旗。

截至20世纪50年代末,在现实中控制着我们现在称为第三世界国家的合

法主权也开始维护他们独立决策的权利。

但是，历史不易改变。殖民地和附属地的经济是为了服务于宗主国权力而蓬勃发展起来的。殖民地和大都会之间的贸易模式和机制相当独特；政府和高校教育的语言也产生了其他关联；行政体系也已定型。

最重要的是，殖民地的人们总有一种无意识的假设，就是来自殖民国家的东西都是现代的、先进的，比国内或者其他那些被外界控制国家的思想、制成品更好。这种现象肯定在非洲存在。在我访问期间，感到拉丁美洲，甚至亚洲的一些国家也受到这种相同的历史影响。

我不想过多强调这一点。毕竟，不管殖民地、传教士教育和他们领导的合作带来些什么，我们的人民已经意识到他们殖民地地位的不公正。但是不能否认，很多第三世界的国家在独立后的很长一段时间，都没有真正"独立"。他们强烈期望与北方进行贸易，向北方学习解决问题的方法，期待专家到来，甚至借鉴经济规则模式（保留着一些本族文化）。

这一点并不奇怪。因为发达国家仍然在国际信息中占主导地位。同样，他们的经济和政策尽管是为了提高自身利益，也影响了所有发展中国家的经济和人民的生活水平。

并且，发达国家不仅依然把自己看作世界警察，还利用经济军事权力，把他们的陆海空军派遣到他们决定的任意地方。他们经常以"反对外来入侵"和"保护主权完整"作为这种调度的理由。然而事实上，他们对所反对的国际事务的入侵和干涉还十分挑剔！

当说这些事情的时候，发达国家和部分发展中国家的人，应该会认为本人正在逾越道德标准，或是反对发达国家。

但这无关乎道德。强大的发达国家的人民和领导与发展中国家一样都不是魔鬼野兽，但他们也都不是天使！这关乎权力，是无限制无责任的权力。因为拥有这些权力的人并不为其受害人负责。

发达国家，因其在工业化、科学和技术上的优势，可以很好地安排国际事务来迎合自己的需要。在相同情况下，第三世界的部分国家也有可能那样做。

当今世界的地域分化以及各地区的人民并没有什么不对，是国际政治经济格局出现了问题。现在的趋势是，自动地使强者更强，弱者更弱，因此加剧了贫富差距。

我们需要改变的,就是这种格局。只有这样,世界的人民,发展中国家和发达国家的人民,才能安宁生活,才能构建美好的未来,才能协力处理好世界严峻的环境问题、贫困问题以及不断出现的各种不安定因素。只有这样,发展中国家才能克服劣势并获得收益。

对于南方来说,为了我们人民的利益,直面发达国家的经济霸权是必须的。只有认识到我们生活和贸易的世界,以及抑制我们自由发展的局限是什么,我们才能合理安排好"内务"。

对于北方来说,认清现实也是他们未来和平和幸福的开始。一位美国总统曾说过"一个国家不能是半奴隶和半自由的"[1]。如今,当代技术已经将所有国家密切联系起来,世界不再是四分之一的国家控制着四分之三的国家。历史证明,人类社会如果缺少公平、正义,就会出现毁灭和厮杀。

发展中国家的人民和发达国家的人民,我们必须团结起来,使我们生活的世界更公平,更公正,更和平!这并没有反对发达国家的人民的意思。但是,只是因为发展中国家还不够强大,依旧被控制,很多技术发展迟缓,所以必须要积极地进行改革。这是我们国家义不容辞的责任。

我们应该认知这个世界。但我们必须承认,我们没有身体力行地利用自身的资源来发展,来使人民幸福生活。并且后者是我们可以为自己努力的,尽管有相当大的局限性。如果我们真的想为人们造福,就必须下工夫。

因此,南方委员会建议发展中国家应当采用自力更生的策略并使之称为国策。在过去的 30 年里,根据发展中国家不同地区的发展经验,我们总结清楚一件事情。整体来说,发展中国家已经向外寻找拯救其经济的方法,给那些严重依赖匮乏资源的项目制定了发展计划,比如资本,并且主要根据心目中外市场设计了生产策略,而不是根据本国人民的能力和需求,无论是长期的还是短期的。

发展中国家决策和再决策的首要需要是,他们的战略、政策及具体措施都应该围绕最大化利用本土资源来造福于国家和人民而制定。南方委员会被迫得出这样的结论:总体上说,因为国内没有建立持续发展的稳定基础,依赖于援助、贷款,以及发达国家投资的经济活动,普遍使得我们在面对外部冲击时更加

---

[1] 此话出自美国前总统林肯在 1858 年 6 月的一次演讲。——译校注

脆弱。更有甚者,我们发现最近欧洲的政策,是降低来年发展中国家对发达国家的资金投入,而不是提高。并且,相当多的发展中国家早已将更多的资本转移到发达国家而不是资本回流。

然而,国家的自力更生并不同于国家的自给自足。国际贸易合作提高民族发展的潜力。南方委员会赞同这一点。确实,当今国际经济秩序最基本的弊端之一,就是国际贸易与资金的不平等管理。用各种公开伪装的方式,歧视发展中国家赖以生存的产品和服务,而偏好发达国家的各种产品。

南方委员会呼吁,在有关贸易问题的国际谈判中,发展中国家应该团结起来,通力合作,将力量直接集中于当前的这种不平等。例如,为什么在实行多纤维协议(限制发展中国家出口纺织品和服装的协议)的同时,又给第三世界国家制成品的自由化贸易以很大压迫,也不必说为什么通过乌拉圭回合谈判,发达国家向发展中国家施加压力的"新问题"了。

南方委员会仍呼吁,发展中国家应该团结起来,反对国际自由贸易主义的低执行度。发达国家极力支持国际自由贸易主义,但他们并没有真正执行。反对行动可以有效改善经济平衡,也可能对发展前景造成极大的损害,并且降低大多数第三世界国家的经济独立能力。国际贸易必须是互惠互利的。在发展程度不同的国家之间,就需要对比放任进出口更公平、更仔细的调配和计算。

然而,南方委员会还是相信发展中国家可以通过彼此之间更多的贸易和各种合作来优化他们的发展前景。不同国家之间也存在很多不同,比如高等教育的水平、工业化程度、科学技术水平以及已开发和未开发的资源的不同。这意味着在深思熟虑基础上的潜在互利贸易比二三十年前多很多。但是除此之外,发展中国家也有很多相同点,尤其是在发展中出现的问题上,虽然程度不同。他们普遍需要发展,并且都与国际经济政权的关系密切。

因此,我们的报告涉及了很多方法来加强南南合作,也就是从1955年的万隆会议开始的第三世界国家内部会议和地区会议。更特别的是,我们提倡对发展中国家关于贸易优先全球体系的协商会议加强关注。但我们也对怎样通过联合行动来减少南南贸易中的干扰提出了一定的建议。

我们应该对一些问题给予一定的关注,比如贷款和财政问题,这也是其他南南合作方式的问题。他们对彼此贸易商品和服务的知识有缺漏,南南之间直通的交通联系也很匮乏。同等重要的是,人们对发展中国家产品的广泛偏见。

它们只有通过发达国家代理商的检查，才"显得"没有问题。

报告也针对不同领域间的南南合作，从教育、研究、健康、生产和交通方面，提出了很多建议。因为委员会深信，除了国家的自力更生策略，发展中国家也要建立集体的自力更生的观念。这里有两个特别充分的理由，就是合作可以最大化地利用发展中国家资源造福发展中国家的人民。这种方式既尊重各个国家的主权独立，又是互利双赢的。

第一个原因就是这种南南合作的推广，比那些发达国家与欠发达国家之间的合作，更容易给每个参与者带来利益。发展中国家集体自力更生有利于我们每个国家更强大，拓宽发展道路，并且能够保证每个参与国家沿着符合人民价值和志向，符合民族文化发展的道路前进。

第二个原因是，正如握紧的拳头是最有力量的，发展中国家的集体自力更生会增强发展中国家的力量，尤其是涉及种种的南北谈判以及有关我们发展前景的重大问题的时候。力量和权力在这种政府间、企业间的协商中至关重要，不关乎任何道德与感情，却总是让人感觉其甜美。

发展中国家如果要在南方委员会报告推荐的各个领域里取得真正的进步，就要很好地组织起来。为促进南南合作以及加强贸易往来，各种地区及地区以下的组织建立起来了，必须对其进行高效管理，并且使其得到最大的应用。

南方委员会呼吁，为了一切促进南南合作或团结的建议，那些希望为创新共同努力的国家都应当不约而同地去做这些。重点是，他们应该敞开大门，欢迎那些准备好的其他国家在合适的时候加入。因此比如说，我们说任意两个南方国家间的贸易往来都是有利的。当一个，两个，三个，或更多国家加入的时候，就将会发展得更好。

最后，在思想上，我必须澄清一点。我们的报告只针对发展中国家和人民。我们相信发展中国家的发展依赖于发展中国家的人民，并且服务于人民利益。因此我们相信，建立在自力更生、促进发展中国家集体的自力更生和许多人民组织基础上的发展会在各自政府中以及政府合作中起到积极的作用。

比如说，为了促进欧洲统一，是商界，尤其是跨国公司起了带头作用。除了组织系统内部的合作与磋商外，他们还激励欧洲政府朝此方向努力。发展中国家的商界亦应如此。他们必须在其各自法律范围内建立南南贸易，协商交流活动等。

其他的非政府组织有很多共同的问题，他们聚集，并且需要聚集起来，去跨界分享经验，当他们出现相似问题的时候，还会共同解决。年轻的组织很重要，年轻人是国家的未来。他们也促使我们建立更大的统一和合作。学者、专家、工人——促进南南合作和团结的潜在的人员数不胜数。我们的报告就是针对他们所有人的。

南方委员会是独立而暂时的组织。它是由 28 个不同历史、不同意识形态，通过不同途径加入进来的发展中国家组成的。他们没有，也不期望有额外的权力。但他们一致决定必须要行动起来以促进国家和人民发展。我们相信这些行动，可以使我们所有国家的未来比之前更加美好，比仅仅执行旧政策，怀着偏见、怀疑、恐惧的态度继续发展要好得多。

南方委员会的所有成员都对发展中国家的发展潜力充满信心。我们在每个领域都有专家，他们有的在发达国家工作，因为他们的能力不能因发展中国家需要就用于发展中国家。我们有一些被忽视的自然资源，直到并且除非发达国家或企业需要进口，我们才会将其利用起来。

最后，我们有几百万人，他们要用自己的聪明才智建设家园，为人民和国家的利益积极奉献。尽管阻挡我们自由发展的障碍依然很多，但发展中国家的人民可以克服它们。因为我们有这个能力。南方委员会呼吁，我们必须整合利用好这些能力和资源，为发展中国家谋发展。

# 42 非洲国家必须合作

### 在东非和南部非洲正式启动南方委员会报告时的讲话
### 阿鲁沙：1990年10月6日

"非洲人民正在受难。在过去的十年里，生活条件整体恶化，大部分是由于他们无法控制的事件的发生。但是我们不能只是一味地坐等和抱怨。呼吁外援是无济于事的。世界上其他的国家有他们自己看重的利益，但是现在那些特惠与利益并不包括非洲。"

---

今天我非常高兴，赖斯先生，您和坦桑尼亚政府邀请南方委员会在我国举办第十次也是最后一次会议。我知道我的委员会同事们也非常高兴被邀请到坦桑尼亚共和国参加他们的最后一次工作会议。您也给予我和我的同事非常大的满足感，因为东非和南部非洲的领导人会亲眼见证我们报告的启动。诸位阁下，我们对于您出席会议并且同意在上午晚些时候同委员会有一个私人会谈表示感谢。

除了现任非洲统一组织主席的穆塞韦尼总统、穆加贝总统（他们两个在非洲以外访问）和多斯桑托斯总统，今天和我们一起出席的所有总统，都支持南方委员会的工作。这也是我和赖斯十分开心在阿鲁沙举办这个会议的另一个原因。它给予我一个机会，代表整个委员会，向大力支持我们工作的东非和南部非洲领导人表示衷心的感谢。你们在思想和财政方面都给我很大的支持。各位总统，请求你们和本地区其他国家的代表们向你们的政府和人民传达我们的敬意，并接受我们对于你们帮助的谢意。

但是，我想以我个人的名义说，赖斯先生，我特别感谢您和您的政府。您为我在达累斯萨拉姆提供了一个办公室和小型的团队，还为我南方委员会的工作提供了许多额外支持。您也同意在即将到来的后续期18个月到两年的时间里继续支持。没有您的帮助,没有加勒比自由贸易同盟的支持,我就不可能履行南方委员会主席的职责。赖斯先生,我想要公开地向您和您的政府的很多官员表示感谢,尤其是外交部的官员,许多坦桑尼亚人在过去三年里也给予我许多帮助和鼓励,在此一并表示感谢。

南方委员会的报告《发展中国家的挑战》现已正式出版。稍后,我会开心地赠予每位与会首脑一份报告。

我的意图并不是尝试总结报告。因为它本身就是对于大量的研究调查和广泛的讨论的总结,委员会的成员和领导、专家来自世界各大洲的发展中国家。在结论的基础上,报告提出了许多建议,这样做可以让我们牢记当前的困难,而事实上,固有的困难也在变化着。但我们相信,我们的建议指明了解决长期存在的基本难题的方向。而目前传统的补救措施似乎导致我们的结构更加混乱。

报告开端清楚表明发展是以人为本的,因为它是关于人民和社会利益的扩展,包括社会的、经济的和个人的。因此,它关乎人的尊严和人的个性——每个人独特的潜力的实现。

我们强调,人是发展的目的和手段。因此,发展规划都有意义,都是为了满足社会成员个人直接的或者间接的需要。只有大大小小团体中的人民才知道他们想要什么,只有他们能决定行动的第一要务,而且能执行那些行动。

在这一框架内,讨论完发展中国家的状态后,报告讨论并提出许多关于国家发展、南南合作、南北关系和国际体系管理的建议。我们敦促并支持国家的自力更生、南南之间集体的自力更生以及在国际事务中影响发展中国家的发展和真正独立的自力更生与团结。

在这些领域里,我们特别关注加强我们国家和人民在科技领域的能力的重要性。除非我们把这件事作为第一要务,否则我们的国家和人民将不可避免地被在这一领域中领先的国家控制文化和经济。

南方委员会是发展中国家的代表,即使所有成员以个人名义参加。我们正在寻找共同的愿望、共同的问题,以及世界各地发展中国家的机会。但是今天与会代表大多数来自非洲,大多数来自发展中国家,而且总体上是,来自于各大洲发展中国家里最不发达的、技术最落后、最脆弱、最贫穷的国家。

认识到这个事实，委员会原本考虑专门设一章或一部分，讨论尤其是非洲所面临的主要问题。我们拒绝了这一想法。

首先，一些非洲国家确实已经奠定了快速发展的基础。虽然大多数最不发达的国家都在非洲，其他的在拉丁美洲、加勒比地区和亚洲。他们在基本问题上有很大的相似之处，例如，孟加拉国、海地、马里或坦桑尼亚，虽然每个发展中国家，每个地区，都有其独特的历史和自然资源。但是每个国家都有自己的传统，自己的文化或者我们相信应该能建立起来的文化。

其次，我觉得要强调的重要一点是所有的发展中国家都需要对方。我们的多样性创造了机会，也带来了问题。比较先进的发展中国家可以在与非洲国家的合作中受益，正如这些国家能受益于较发达的发展中国家一样。

然而，在非洲我们有一项特殊的责任，就是面临解决内部问题和我们之间合作的迫切需要。除了极少数的例外，我们都是非常年轻的国家。我们的边界是人为划定的，并不是所有的人都在为我们自己努力，我们斗争的基础是抵抗贫困与愚昧，为人类幸福与和谐共同努力。因此，许多国家深受民事冲突和不稳定因素的毒害。和平和稳定必须是当务之急。否则战争肆虐的时候，发展总会滞后。而不发展，生计基础就会遭到破坏，我们的人民就沦为难民，努力逃脱死亡或残疾。

不管内部冲突的根源何在，还是有像南部非洲那样的外部原因，我们都会团结一致，并且通过政治上甚至是军事上的合作来促进我们的和平与安全。对于在非洲的我们来说，南南合作尤为重要，甚至比经济和社会的合作更为重要。我们的许多问题都源于政治，有时是外部政治，当然也源于贫穷。

随着南非本身改变进程的开始，在某些情况下，与种族隔离的南非接壤的国家的特殊问题正在减少。但是安哥拉和莫桑比克不得不继续反对外部财政支持的叛乱。当他们遭受这种混乱局面时，我们的安康也受到危害。

非洲各国必须在所有领域进行合作。这是我们都知道的。1963年非洲统一组织成立的时候我们就认识到了这一点。当我们地区的次区域和功能的合作组织和协会成立时，尤其是南部非洲发展协调会议和特惠贸易区成立时，这一问题就引起了人们的广泛关注。

但是我们需要给这些努力更高的关注。非洲统一组织、特惠贸易区和南部非洲发展协调会议必须得到持续不断的政治支持，而且对他们的财力允诺必须全面兑现。因为他们能坚定我们重建经济的决心，只要允许并鼓励他们向经济合作一体化的既定道路前进。

非洲大多数国家都有一个严重的债务问题，对于他们来说很严重，但和美国的外债相比微不足道。南方委员会已经要求所有发展中的债务国家进行一次债务论坛。在论坛上，可以交流经验，商定共同立场来应对债权国。但是如果他们还没这么做，至少非洲各国应该团结起来共同解决这一问题。

通过非洲统一组织，非洲的领导人已经号召了一次非洲债务国和债权国的会议。但债权国并没有响应号召。但是如果他们响应了，我们会作为一个集体，而不是五十几个分散的国家去会见他们吗？每个国家会努力确保各国最大利益而不顾他国吗？如果债权国家继续拒绝会见我们这个集体，我们就不需要商定共同立场了吗？

非洲人民正在受难。在过去的十年里，生活条件整体恶化，大部分是由于他们无法控制的事件的发生。但是我们不能只是一味地坐等和抱怨。呼吁外援是无济于事的。世界上其他的国家有他们自己看重的利益，但是现在那些特惠与利益并不包括非洲。

我们必须自己采取行动。在此次委员会上，我们都相信非洲和发展中国家的其他地区一样会采取行动。我们相信我们的政府和人民能在报告中找到有用的提议。即使只有少数的提议比较容易实施，但当适用于当地的情形和需要时它们也是实用的。尤其是一些来自非洲的委员会成员，他们坚信非洲人民的生存能力，更坚信非洲人民的快速适应能力和向前发展的能力。

我们认识到整个非洲的不同地方都存在着可以发展的当地特色，在这些地方，人们已经利用他们的特色取得了一定的发展并持续发展着。自从独立以来，通过全民族的努力，非洲的教育和健康状况已经有了很大的改善，尽管需要改善的空间依然很大。近年来，许多服务设施遭到破坏，基础设施严重不足，但至少比以前广泛多了。

基础虽然小而薄弱，但它确实存在。如果抱有信心并共同努力，我们会在我们的当地，在我们的民族内甚至跨越国界走得更远。如果我们这么做了，我们将有能力更好地利用不断发展的南南合作与团结的好处。

我代表委员会的同事宣布我们的报告，我们要求大家学习并且认真考虑我们的结论。因为这是你们的报告，是由发展中国家的人民准备并给予财政支持的,也是写给发展中国家的人民的,包括发展中国家的政府、企业、非政府组织和非洲的个人。

我们已经努力了,已经尽了最大的努力了。现在就看你们的了。我们要求你们读这份报告,然后根据自己的考量来实施这些建议。

# 43 不得不采取的行动

### 在北非正式启动南方委员会报告《发展中国家的挑战》
### 阿拉伯版时的讲话
### 阿尔及尔，阿尔及利亚：1991年4月30日

> "发展中国家的团结是能让我们抵抗联合的发达国家施予的巨大压力的唯一策略。要改善人民生活，获取自由，我们能够也必须向发达国家学习他们行动上的团结一致。"

首先，我要感谢阿尔及尔政府和国家战略研究所为促进本次推出南方委员会报告《发展中国家的挑战》的阿拉伯版本而付出的努力。同样也感谢受邀参加会议的宾客们。

将报告翻译成阿拉伯语是由科威特的阿拉伯经济社会发展基金会安排并给予资金支持的，感谢他们的援助。同样感谢贝鲁特的阿拉伯研究中心在短期内出版了报告的阿拉伯版。

我很高兴有机会到阿尔及尔和北非做南方委员会的报告。我也期盼着大家对报告中的许多观点和建议进行讨论。这是南方委员会报告在非洲大陆的第三次宣讲。第一次是东非和南部非洲的启动，1990年10月在坦桑尼亚的阿鲁沙举行，是西非启动，1990年11月在尼日利亚阿布贾举行。

今天，我将简要说明南方委员会的几个较重要的发现和建议。但是在此之前，我要首先真诚地感谢沙德利·本杰迪德总统和阿尔及利亚人民给予我和我的同事们始终如一的慷慨援助。

阿尔及利亚出色地完成了承担的南方委员会的工作和任务，并且给予无私的经济援助以促进委员会工作。今天是我四年来第三次访问阿尔及利亚，终于有机会对沙德利总统和其他北非国家的领导人公开表示感谢，因为在不同时间

我都曾与他们有过讨论,且受益匪浅。

1986年曾经有一个来自发展中国家由知识分子和学者组成的团体建议我成立一个独立委员会。这个委员会首先要总结发展中国家的发展经验以及今后要面临的种种问题。其次,要提出实用的行动建议以改善我们国家的发展前景。经过一次次磋商,建立委员会的想法在1986年9月由马来西亚首相马哈蒂尔·穆罕默德汇报给建立在哈拉雷的不结盟峰会。不结盟运动接纳这一主张,并给予了支持。

经过各大洲发展中国家冗长的讨论,1987年7月,我宣布了28名志愿为委员会努力工作的委员会成员名单。其中两名委员来自北非,阿尔及利亚的拉雅其·亚克和埃及的伊斯梅尔·萨布里·阿卜杜拉。

委员会的第一次会议是1987年10月召开的,第十次也就是最后一次召开时间是1990年10月。在那三年中,委员会召集了世界各个地区的许多次工作会议,在会议上,委员会成员可以与来自发展中国家和发达国家的有识之士谈论各种世界问题和关心的事务。为此,发展中国家的许多研究机构和兴趣小组创作了大量的优质论文,一些具有专业知识的名人也给予我们许多的帮助。

为了听到各国领导人和决策者的声音,我在发展中国家之间四处游走,尽管当然不可能走遍每一个国家,但无论到哪儿,都受到了热情的接待,并与各行各业甚至非政府组织和企业代表交谈,从中受益匪浅。

每一次的热情款待都让我相信,人们理解我们的目标并赏识我们为此而付出的努力。除了瑞士为我们在日内瓦的办公室的住宿给予了无私帮助之外,委员会三年的工作几乎全部是由发展中国家赞助的。

为了履行其职责,委员会解决的第一个问题就是发展的问题。无论我们每个国家的富裕、贫穷程度如何,人们都认为发展中国家的根本需要是改善人民的生活水平。

按照报告中的说法,我们认为发展"是一种成长的过程,是一种正在发展的社会中的雨后春笋般的运动"。同样,我们也认为,"真正的发展是以人民为中心的,是为了开发人民的潜力以改善人民社会经济福利,是为了保证人民获得社会经济利益"。

因此,发展不能仅仅以国民生产总值来衡量,重要的是衡量的形式。关心人民的发展,首先就要满足人民的基本要求,并且要给予粮食安全、健康、教育和就业问题极高的重视,同样也要特别关注环境问题,以确保地球资源、现在和将来人们的生存环境不受到危害。

发展是在人们获取自由的基础上进行的,无论是个人还是集体的自由。个人自由就是民主,是指人民有自由选择国家管理者的能力。然而,民主权和个人自由也必须要符合整个社会的需要。个人是社会的一部分,除非与社会的其他成员相互联系,否则无法生存下去,就更不要说发展了。

在谈到民主的时候,委员会的观点是清晰明朗的,民主必须是在国内发展起来的,而不是由外国引进或者外力强加的。每个国家都要创建与自己的文化历史和社会经济发展水平相适应的民主制度。当然,对此无论发达国家还是发展中国家都有相当多的历史经验可以汲取。但是没有哪种完美模式能适合于任何时间任何国家。

基于对发展观念的这种认识,委员会对与国家发展、南南合作和南北关系相关的这三个主要领域提出了许多重要建议。

就国家发展策略,委员会认为,尽管目前混乱,困难重重,如果国民要保持最近取得的国家政治独立,发展中国家就要为自己负责。人民的发展是人民自己的任务,只有靠自己才能进行持续性的发展。

因此,我们呼吁每个国家的发展策略都要基于最大化的国家自力更生上。对我们许多国家来说,这意味着方向的改变,不可能一蹴而就。但是,如果我们发展的选择和技术是建立在最大化地利用人民的技能、物质、生产力上,我们就可以自力更生。这就要求我们提高科学、技术、管理与培训水平,对于自然资源既要充分利用又要考虑可持续性因素,并且要选择适应我们的发展水平和满足我们需要的技术。

尤其是,我们必须结束忽视女性为我们社会作出巨大贡献的大的倾向。因为长期以来,她们努力劳动,我们却忽视了去挖掘或培养她们的智力和领导能力、她们的地方和传统知识。

除了国家的自力更生外,委员会号召发展中国家要有集体自力更生的意识,就是说,要大力加强国家之间在各个领域的合作。确实,如果发展中国家不被边缘化,不仅这种合作本身是令人满意的,而且越来越成为一种战略根本,比如在科技领域,这种合作对发展中国家来说,会成为一种占领科技前沿的可行而有效的方式。

南南合作自1955年万隆会议首次提出就成为几乎所有发展中国家的原则,当然也是所有非洲国家的原则。合作统一又是非洲统一组织宪章的原则。

发展中国家多次尝试贯彻实施这一阿拉伯马格里布唯一原则。然而,考虑到发展中国家内部合作的潜力,我们取得的进步是有限的。而非洲内部贸易仅占非洲贸易总额的4%。

我们认为这种状况原因在于不同合作努力的经验。我们坚信,人们一旦认识到这种合作确实是我们发展中国家集体发展的唯一途径,就会克服所有的困难和障碍。委员会对合作的区域和优先行动的类型提出了建议。

发达国家和发展中国家都是地球的一部分,而地球上国际社会的决策进程却由发达国家统治着。在这些进程中我们必须争得有意义的发言权。要实现这一目的,就需要南南团结一致。

当与发达国家就贸易、金融(包括债务)、技术转让或其他任何事情谈判的时候,单独的发展中国家,几乎毫无例外,都是弱势的。但是发达国家与我们谈判时,或单独或集体,从来都不是孤立无援的。尽管像我们一样,由于利益不同,他们也有很多争吵和分歧。但是当他们与我们,或我们的某一国家谈判时,他们总会先解决分歧,或将分歧先搁置一边。

乌拉圭贸易回合谈判如此,最近的南北团结谈判也如此。尽管美国和欧洲共同市场在农业补贴上有严重分歧,他们却在与发展中国家谈判的一些新问题上形成了共同阵线,比如,在与贸易有关的投资协定和与贸易相关的知识产权协定的谈判上。

发展中国家的团结是能让我们抵抗联合的发达国家施予的巨大压力的唯一策略。要改善人民生活,获取自由,我们能够也必须向发达国家学习他们行动上的团结一致。

委员会报告中有两个问题值得关注。第一,由于我们杰出的同事阿伯杜斯萨拉姆教授的极力主张,我们认识到将来科技的重要性。在报告的每一章中,这一问题都将反复论证。我们每个国家在与他国合作时,一定要格外重视将稀缺资源投入到科技能力的发展上。如果我们想要摆脱贫穷和欠发达的状态,这是最根本的。

第二,委员会意识到,主张南南合作与团结具有组织意义。感谢不结盟运动和77国集团的重大贡献,委员会的所有成员都认为建立发展中国家的永久秘书处是必要的。由于资源有限,这一组织肯定很小,但是小并不意味着没用。

拥有能力强、素质高人员的小团体,配备上现代信息技术,可以大大帮助那些存在严重问题的发展中国家在合作中达到双赢;撰写高质量论文为发展中国家在南北谈判中提供借鉴意义;可以帮助发展中国家确立共同立场,在许多重要问题上思想一致,行动一致;秘书处虽小,但确实可以帮助我们很多。

委员会完成了既定的工作,现在已经解散。但事情远远还没有结束,要是那样的话,55个发展中国家和组织对于委员工作的资助就会白白浪费!我们对于要采取的行动进行了分析并给予了建议。必须采取行动!因为两年后就要建立"发展中国家中心",用不同的语言去宣传我们的报告并促进建议中提到的种种行动。

但是,无论是委员会还是中心都没有任何执行力,只能是基于政府或非政府组织要实施建议的责任心。我和我的同事们只能强烈要求大家,政治、经济、文化领域以及受人欢迎的领导们认真阅读报告并按照报告建议采取行动。

我是乐观主义者。在一些国家,已经成立了部长和高级政府委员会,监察何处适合南方委员会建议而采取行动。甚至去年六月在吉隆坡召开峰会的15国集团的成员国(包括阿尔及利亚)为准备某些南南合作的具体项目给自己分配了任务。就我所知大部分工作进展良好,在下月加拉加斯举行的峰会上极有可能进行全面的汇报。

其重要性在于,计划项目对所有愿意参加的发展中国家开放,不仅限于15国集团国家之间的合作。我也希望,作为15国集团技术支持办公室开始运作,它会从发展中国家是一个整体的角度去思考和行动,并为实现这一目标建立发展中国家内部的通信网络。我相信,15国集团能,也希望能,在世界范围内代表发展中国家。因此,我希望,在加拉加斯峰会前,各个国家和人民团体把有关南南合作和南北关系的观点和想法告知15国集团,以便他们全盘考虑。

委员会考虑到了各处的发展困难,为了我全世界人民的安康考虑到了和平前景。委员会的报告旨在努力实现那一前景。

长期以来，我们梦想的世界是否能建立起来就依赖于发展中国家在面对机遇和挑战所表现出的团结一致的程度。我相信，许多政府会采取我们报告中的建议，阿尔及利亚的政府和人民也总是会站在最前沿去支持所有发展中国家。

再次感谢主席先生和您的同事们召集这次会议，并邀请我来与大家讨论委员会的报告，谢谢！

## 44 人民自由与国家自由不可分割

### 在正式递交南方委员会报告汉语版时的讲话
### 中国,北京:1991 年 7 月

*"一个国家人民的自由与国家自由必然联系在一起。如果人民遭受外部霸权统治就谈不上民生发展。"*

---

我以不同的身份来过中国好多次了。然而,我访华的目的总是来学习伟大的贵国人民所做所想,并且就发展中国家在重大国际经济和政治事务中的密切关系交流意见。

我又一次来到中国聆听、学习。但是这一次,与我一起来的还有南非委员会的同事们。南非委员会是由来自发展中国家的成员组成的独立团体,成立于 1987 年,主要总结和研究欠发达国家的发展经验和问题,并为未来行动提出建议。

去年 8 月,我们的报告出版了。非常感谢中国翻译出版公司的支持,现在报告已被译成中文。我虽然读不懂这本书,但是我委员会的同事钱佳东替我读了。因此,我真的很高兴能与来自不同发展中国家的其他八名成员一起推动此次出版的成功。

我们是中国政府邀请的客人,非常感谢你们的殷勤好客和热烈欢迎。真的很高兴可以借此机会感谢中国政府一直以来的信任和支持,包括对委员会工作的财政支持。

南方委员会要永记报告所赋予的责任和建议,这是委员会成员们集体智慧的结晶,因为我们来自不同地区,拥有不同的文化和经验以及不同的政治社会体系。但是,经过长时间的讨论,我们达成了一致意见并形成文件。因此,我和

我同事希望在中国做的一件事情是了解中国政府和人民对我们达成的文件的看法。

为分析过去、展望未来,明确我们所说的发展的真正含义是必不可少的。我引用一段话:"真正的发展是以人民为中心,是以人民潜在的满足感和人们社会、经济幸福感的提升为标准,并且以人们对他们社会和经济利益的确保为指导原则。"

因此,发展依靠经济和社会的进步,依靠财富产值的增加主要是人们对商品和服务的需求。国民收入的增加对提高人民幸福感很重要。同时,发展也需要民主,人民要参与社会决策,要建立与文化历史相适应的民主机制。

我觉得中国对这一发展定义并不陌生,因为中国历史已经将其展现得淋漓尽致:没有自由,深受压迫,暴虐的政治经济专制只能导致饥荒、愚昧和疾病,要持续性发展是不可能的。如果国内发生战争或暴动,持续发展也是不可能的。

一个国家人民的自由与国家自由必然联系在一起。如果人民遭受外部霸权统治就谈不上民生发展。委员会认为一个国家的自由要建立在人民自力更生的政策上。

从消极意义上讲,国家的自力更生意味着国家的发展与其他国家相互依存,但是国家的整体与决策不能依赖于他国。从积极意义上讲,国家的自力更生意味着最大、最好地利用国内人力和自然资源为人民谋福利。

国家的自力更生同时也意味着应用工业和农业科学技术,大力促进人力和自然资源的生产力,而较少运用于资源稀缺的领域。尤其是要自力更生的国家,应计划通过教育和培训政策提高人民大众的知识水平,增加专家的数量。

报告中民族发展这一章主要讨论针对发展中国家在自由、公正和提高全民幸福感的基础上寻求发展的议题和一些其他的问题及选择。讨论的问题主要是科技、计划、国家、市场以及性别和文化等方面的发展问题。

中华人民共和国从1949年独立后开始实行自力更生发展策略,发展中国家只有几个是这样做的。尽管在发展的过程中不可避免地会经历一些坎坷,但是也取得了巨大的成就。现在,贵国通过加强与世界的联系与合作,不断扩大国家自力更生的效益。

这让我想起了南方委员会报告中的第二个战略提议,即发展中国家应该通过不断加强南南合作,促进国内发展。其目标是构建发展中国家集体的自力更生意识。

南南合作是在1955年周恩来代表中国出席的万隆会议上发展中国家达成的一项官方政策，但是除了几个著名的例子外，比如中国与坦桑尼亚在20多年前建立了一条"联合运输线"，发展中国家的合作潜力并没有成功开发出来。

委员会报告分析了我们应该从以往南南合作中吸取的教训，对一些能够克服的问题提出相应的建议。因此，不管对个别国家还是整个发展中国家群体都很重要。集体的自力更生不仅能促进每个国家的建设，也能促进所有发展中国家的建设。

在现代条件下，发达国家认识到了集体自力更生的必要性。他们之间更加团结。当前，美国和加拿大之间有自由贸易协定。欧洲国家经济和社会政策一体化已经实行了很长时间。到1992年底，他们将会形成一个庞大而富有的共同市场。

南南贸易的潜力比19世纪50年代更加强大，因为发展中国家更加多元化了。其中，有些国家主要出口消费品，不同种类高质量的机器、电器设备，以及包括飞机在内的不同种类的制造品。

然而，发展中国家从发达国家进口几乎所有的东西，仿佛他们除了基本消费品什么都不能生产。在很多情况下，甚至当发展中国家从其他发展中国家进口消费品时，也通过发达国家的商人，当然，他们会从中赚取利润。委员会认为贸易政策应规定，在从发达国家进口之前，发展中国家的政府和企业（私有或国有）都应该调查清楚他们需要进口的商品能不能从其他发展中国家获得。

不同层次的南南合作，双边的、分区域的、区域的或区域之间的，都会有很大的机遇效益。联合的科技发展极具重要性。尤其在区域内部，我们有共同的研究需求。我们中几乎没有一个可以支付起长期进行科学前沿研究所需要的人力物力的巨额投资。然而，如果我们不想在21世纪被淘汰，我们就应该在这些新领域始终保持前列。

并且，发展中国家总体花费上亿美元送学生去发达国家学习。但是，发展中国家也有不错的教育机构，那里学费较低，课程更适合发展中国家的需要，而且社会环境与将来学生回国的差不多，他们也必将学成归国。

南南内部交换生的另一个优点是将会鼓励其他合作形式的发展，例如联合经营生产型企业，扩大贸易规模。为了实现这种目标，就需要建立发展中国家的信誉机制和融资机制。缺乏金融设施就会限制发展中国家内部进出口贸易。

集体自力更生旨在加强发展中国家经济的发展。但是,发展中国家是现在日益相互连接的世界的一部分。当今世界,发达的工业化国家和跨国公司与发展中国家的经济实力很不均衡。发展中国家总觉得发达国家在经济、政治以及与世界其他国家的关系都是双边的或国际化的。因此,南方委员会的第三个战略提议是:为促进与发达国家的协商,发展中国家应该最大限度地加强团结,这些协商当然包括必须重建当今国际的根本体系。

报告的第五章中肯地讨论了团结的必要性,但是这种必要性在一些现在正在进行的国际谈判中是显而易见的,比如关贸总协定、国际货币基金组织、世界银行以及世界环境大会,更不用说我们国家单独与各大银行、跨国公司和发达国家生产集团进行的贸易。

发达国家以及他们的大公司在与发展中国家或国家团体谈判时总是立场一致。当然在国际协商中他们也是如此。他们解决发达国家内部的分歧或争端,甚至将其暂时搁置。然后,他们一起做出最大让步以期按照他们的意愿与发展中国家达成协议。为了达到这种目的,他们拥有高度发达的国家行政,也有能为达成共同立场提供数据和信息资料的经济与发展组织秘书处。

发展中国家没有这些组织。我们优秀的、经验丰富的谈判人员数目很少,且超负荷工作。他们没有一套与来自其他发展中国家的谈判员一致的数据和信息资料,也很难在谈判中默契工作。南北会谈之前,也就是会议开始的当天,发展中国家的人员才会见面。发展中国家急需建立秘书处,不仅可以在南北对话中加强内部团结,而且也可以促进南南合作。报告说明了秘书处的重要性,呼吁它尽早建立。

很大部分是由于历史原因,中国目前并不是发展中国家主要组织77国集团和不结盟运动组织的成员。在20世纪90年代经济和政治发生巨大转变的条件下,中国和发展中国家的组织都希望重新考虑这一问题,因为没有中国——唯一一个有安理会否决权的发展中国家,我们将会更加弱小。

或许我的同事们会想谁允许我提及报告中没有谈到的南南合作和南南团结的特殊意义。但是从一开始,委员会就将中国视为发展中国家的中流砥柱。在委员会成立之前,我就与包括中国政府在内的几个主要成员国讨论过要成立委员会的提议。我们从中国和其他专家身上受益良多,其中包括我们的同事钱佳东先生。

我们很高兴报告中文版发表,非常感谢那些帮助我们的机构和个人。希望再次向安排这次启动仪式以及我们全程访问的中国东道主表示感激之情。

我们希望国内外会说汉语的人认真读读南方委员会的这份报告。同样,我们也希望在追求真正发展、自由和提升中国人民幸福感的同时,发现报告的有用之处。

# 45 团结起来,我们将克服万难,取得胜利

## 作为南方委员会主席访问纳米比亚首都温得和克时的演讲
### 1992 年 10 月 9 日

> "然而,非洲国家的共同之处比差异更显根本。我们共有的是:被压迫和奴役的历史,贫穷落后,国际上无权无势。并且,我们都有看重血缘关系和群体社团的文化。"

来到纳米比亚这个自由的国度,我高兴的心情无以言表。

两年前,纳米比亚宣布独立那天,和纳米比亚人民一样,我和坦桑尼亚人民也非常高兴。现在,必须承认我曾经不太确认在我有生之年纳米比亚是否会摆脱南非的统治。所以,我个人非常感谢纳米比亚人民和那些支持你们的人们给我站在独立的纳米比亚国土上的机会。

沃尔维斯湾——作为你们国家的一部分,事实上仍未回归。我相信这个时代遗留下来的错误会随着持续的压力、外交活动的斡旋和时间推移而得以最终解决。

不过,历史教给了纳米比亚人民两件事。第一,永不屈服。第二,永远不要停止为目标而奋斗。我认为第三个纳米比亚人民将会学到的教训是:始终坚持,保持耐心。

我现在 70 多岁了,比较老了。但是从我出生前,纳米比亚人民就在为获取自由与德国殖民者斗争,后来又与南非斗争,尤其与南非的种族主义斗争。他们只是采用新策略,所以就被枪支炮弹打败了。关于其书面记录,纳米比亚的历史学家们可以到国联和后来的联合国托管理事会查阅。肯定有。

我希望你们的历史学家不要放弃,要尽快地组织起来,从那些分散在各地

乡村的老人那里,从那些所谓没有受过教育但听老一辈人谈过那些久远抑或新近历史故事的人那里,收集这个国家的口头上的历史。德国、南非、非洲西南部的文件和国际档案馆的文件也可以被列入历史内容,一个人,身份背景首先是基于种族,其次是基于纳米比亚这个国家。在西南非洲人民组织的领导之下,发动为纳米比亚自由而战的斗争,他们最终取得了胜利。

纳米比亚现在独立了,它的旗帜飘扬在联合国,在国际理事会,纳米比亚的代表现在可以像所有的参与者一样平等发言。在温得和克,你们选出来的议会和政府有立法权和决定纳米比亚经济、社会和政治政策的责任。他们也有实施这些政策并使之服务于纳米比亚人民的责任。

因为,人们在一起,平等地组成这个国家,如果人民得不到发展,发展就毫无意义。人们可以建造建筑物,也可以拆除它们,公路、铁路、工厂等,这些对于发展来说都是至关重要的,但是其自身无法发展自己。

真正的发展是人民的发展。用南方委员会报告的话来说,发展就是一个"使人们潜力爆发、树立自信、倡导生命尊严和成就的过程"。发展必须基于原则之上,要自力更生,要在人民和国家自由的基础上进行合作。

在纳米比亚和其他地方,独立斗争的成功就意味着机会,意味着人民可以按照自己的文化和价值观,团结协作建立美好的自由生活。而且你们已经开始了。

我觉得,在过去的两年,纳米比亚政府和人民也开始了某些事情:那就是,已认识到要实现真正的独立,并为了自身的目标而利用它,这也是一场斗争,和你们最近取得的成功一样伟大。的确,在某些方面,根据自己的社会价值为自由发展而战比获取政治独立还要困难。

这当然需要坚持和耐心。在国际上,丛林法则一样适用。强权即公理。这也同样适用于国家关系、经济贸易和文化交流。而且越来越适用于贫困国家,甚至贫困国家内部。因此,那些经济、军事力量强大,科学技术领先的国家,就可以不顾他国的需求和想法,运用其力量让那些贫困国家为其利益服务。

独立的纳米比亚还非常年轻,大部分人民没有受教育和训练的机会,由于冶金工业受外国控制,经济依然落后。尽管我认为纳米比亚的发展潜力很大,但是现在还是一个贫穷的国家,人民生活、基础设施、生产部门方面,有极大的投资需求。关于这些基本需求,为了根除种族歧视和剥削,纳米比亚正努力去整顿国家的社会经济结构。

这个任务对纳米比亚来说是艰巨的,但这也是全部非洲国家的任务。我们之间的不同不在于是否有种族歧视和剥削,而在于种族歧视和剥削的程度。不幸的是,由于不同的殖民后果,尤其是不同的语言、行政管理模式、贸易交流的壁垒,有时候不同会掩盖事实。这就意味着,非洲国家之间彼此交流、贸易来往或是相互学习时,他们必须克服种种障碍。

然而,非洲国家的共同之处比差异更显根本。我们共有的是:被压迫和奴役的历史,贫穷落后,国际上无权无势。并且,我们都有看重血缘关系和群体社团的文化。

我们赖以生存和发展需要的世界给我们以挑战。我们的价值观和斗争经验为我们提供了迎接挑战的基础。在非洲国家内部,通过团结合作,我们可以处理当今世界的发展和自由问题,并以此为基础去创造一个更好的世界,就纳米比亚而言的非洲,以及就非洲而言的整个南方,团结就是力量。为共同的目标团结协作,我们就可以避免、战胜或者消除落后、贫穷和在国际上无权无势的状况。

这个目标和统一行动所需的先决条件都确实不会马上实现,也不会很快实现;它将是一次斗争,一次艰难而漫长的斗争。但是除了致力于这一目标并拒绝屈服外,我们所能做的就只有保持耐心和坚持不懈的斗争。

在非洲,我们在目标上取得了一致,并且制定了措施去实施,尽管措施不一定完美,但是确实有了措施,而且是我们的措施。我们有非洲统一组织,并且我们也在老的南部非洲发展协调会议的基础上建立了南部非洲发展共同体。

纳米比亚和坦桑尼亚都是这些组织的成员,也是不联盟运动和77国集团的成员。利用这些组织,明智地选择我们的策略和措施,谨慎小心地发展,我们非洲所有的国家就能实现国家的自力更生、集体的自力更生以及与世界强国关系上的发展中国家的团结一致。

贵国邀请我就像邀请朋友,就像欢迎久未回家的兄弟。作为朋友和兄弟,我来了;我非常光荣地来到我在非洲的另一个家园——纳米比亚。我们最终的目标是戴上成功的王冠。当非洲的种族隔离最终消失,我们,所有的非洲人都将能够有尊严地在我们大陆的土地上穿行。

# 46 联合国教科文组织对人类尊严和自由的责任

## 在接受联合国教科文组织 1992 年西蒙·奥利弗奖时的演讲
## 法国,巴黎:1992 年 10 月 21 日

> "任何不能分享的自由都是不长久的,而且没有任何自由是可以脱离秩序存在的……人不可能仅靠面包而活,但人确实靠面包而活。它代表了生活的权利,一种属于所有人的权利,无论是强者还是弱者,无论是富有还是贫穷……"

总干事先生,两年前您说过联合国教科文组织西蒙·奥利弗奖是在委内瑞拉政府的倡议下设立的,目的是为了感谢那些为保卫人类尊严作出积极贡献的人。因为这个原因,我感到非常遗憾,因为在今天的演讲台上我没能见到昂·珊·苏·基女士并对她给予称赞。并且,出于同样的原因,对于我能够当选为这个奖项的获得者之一,我感到非常地荣幸。

不同于其他机构,联合国教科文组织的建立,是为支持和促进全世界人类的尊严及文明行为。因为它是一个有关不同人类社会文化的机构,涵盖了教育及科学技术领域。其旨在推进事实真相,为人类服务,而这是从对所有人类和文化的平等权利及基本尊严的认知开始的。

人类尊严的一个重要元素是人类的自由——个人的自由。个人的自由是作为人类最根本的东西。它是人类定义的一部分。夺走一个人的自由相当于拿走了他人性中很重要的一部分。这就是为什么无论以何种形式,奴隶制度都是如此地没有人性。

但是人不是孤立存在的。如果上帝想这样的话,他可以给每个人安排一个星球去生活。他没有这样做。他让我们成为一个社会群体——必须生活在一起的人类。而文明则是有关于这个社会群体的。

所以我们有一个关于这个社会群体中的人的问题,如果这个问题存在的话。我之所以说"如果这个问题存在的话"是因为基本上没有什么问题。社会的作用就是为其成员提供最大限度的自由:也就是,社会中一个人的自由不会与另一个人的自由相冲突。这种最大限度的个人自由只能由社会提供和保障。

在20世纪,我们对许多罪行感到震惊,这些罪行是以国家的需要及社会的需要的名义犯下的。在欧洲,有些哲学家把人类的生命视为表面上为"国家的兴趣"而存在。在亚洲,据称那些骇人听闻的罪恶以"建立一个新的纯洁的社会,会为所有人着想"的理由而被审判。

在美国,国家的内部及外部力量支撑犯罪者的"失踪"。在非洲,经历了可怕的奴隶制度和殖民制度之后,我们以"国家安全"的名义犯下了太多的罪行。

这些事情都是野蛮的,他们与文明的举止背道而驰。他们是对人类尊严的否认,是对任何文明的否认。一个社会群体如果不重视及尊重它的社会成员,就不再是一个社会群体。它仅仅是个人在一个领域的集合,就像动物一样。当个人为了所有人的自由生活和工作在一起,彼此尊重且举止文明时,才能称之为一个社会群体。

但是如果个人的自由变得猖獗,人们用他们的权力去反对其他人,且不受有组织的社会的谴责,那么这个社会群体便不能继续存在。这是对他人自由的否定。任何不能分享的自由都是不长久的,而且没有任何自由是可以脱离秩序存在的。

索马里的人们还有什么样的自由吗?或者,南斯拉夫的人们还有什么样的自由吗?当社会群体不再是一个群体时,人权在哪里呢?秩序的缺失就是暴行的开始。

一个有秩序的社会群体的确有责任和权利在攻击还没有开始前去预防对其和平的攻击。一个文明的社会群体为了其潜在的受害者及犯罪嫌疑人,应该用最少的强迫和最大的尊重去做这件事。

总干事先生,人不可能仅靠面包而活,但人确实靠面包而活。它代表了生活的权利,一种属于所有人的权利,无论是强者还是弱者,无论是富有还是贫穷。与此同时,为每个人权利的斗争需要个体间自由的平衡。

经济和社会权利需要和与文化和政治权利一样得到尊重。贫穷、弱小的人也需要可以被社会群体给予力量来保护自己,同时为他们人类尊严的提升而斗争。拥有政治的权利，却没有生存的权利，这样的权利是没有意义的。

人类的尊严确实需要政治上的自由，但必须是在文明框架下的自由。因此，人类的尊严需要社会群体内的民主，也需要社会群体不断为保护所有人的权利而斗争，与权力的诱惑作斗争。国家力量不是社会力量存在的唯一形式。

民主意味着社会决策的积极参与，以及对任何成功或失败的社会事件所做决策的接受。

但是积极参与的组织形式会根据社会文化及社会经济发展水平而变化。一个教育水平良好的社会所适合的体系，建立在电脑及现代化的沟通方式上，并且地方之间观点的沟通不存在障碍。但这种体系却不适用于那些没有这些东西的社会。如果没有意识到这个事实，民主就行不通了，会变得混乱不堪。民主会变成一个笑柄，而暴权则又一次获得胜利。

这就意味着坦桑尼亚、罗马尼亚、古巴及孟加拉国的文化应该与法国、日本、美国和俄罗斯的文化一样，得到同样的尊重。联合国促进文化尊重及发展的责任与它支持人类尊严和促进文明发展的责任直接相关。

显然，从全世界的动荡不安来看，没有何种文化是完美的。所有的文化都需要发展、成长及适应现代科学技术的法则。没有一种文化是静止的，每一种文化都不断从自身的经验及其他的文化中学习。

非洲文化容许对妇女剥削的镇压，不管社会群体感多么强烈。许多文化容许人的剥削和镇压，并且这些文化中的从业者研究出了氢弹及为治疗主要儿童疾病的预防接种技术。

那些把利欲视为比人类的公平和基本尊严更重要的国家需要文化的学习和发展。因为，绝对的贫穷和富裕在任何地方都与人类尊严不符，与世界的和平与和谐不符。现在，没有任何正当理由实行文化自负，尤其没有理由在前冷战时期，把一国的政治及经济哲学强加给世界上的其他国家，并用军事和经济力量来实现此目标。

我再重复一遍：一国之内应该实现一种平衡，在社会群体中，一个人的权利和义务应该实现平衡。一个人的权利与另一个人的权利间实现平衡。坚持这种平衡是政府在民主制度下的重要任务。

但是国家在自给自足或分离的情况下便不能安排他们的事物。科学技术的发展，无论好坏，已经使社会成为一个整体。世界上的国家安全不得不彼此依存。而且摆在他们和我们面前的问题是,我们和我们的国家能否在一个文明的社会群体中彼此依存,或是以一种冲突集合体存在,在这个集合体中实行各种各样的法律。就像一国之内,我们必须做出选择,建立国际性民主制度,还是忍受技术、经济和军事上强大但不稳定、最终会走向灭亡的独裁专制。

为文明世界的斗争依然在继续。经历了1945年到1949年的战争之后,联合国建立,它的附属机构也陆续建立。我们拥有最早的国际法,但却没有任何的国际强制方法去支持它。实际上,在国际上,我们没有法律规则,只有权力规则。没有国家间的民主,只有权力上的发号施令。我们拥有的,比如说联合国教科文组织,可以说是国际间民主在制度上的开始,这种制度没有被权力所嘲笑和压制。

在联合国大会上,所有的代表地位平等。所有人都可以发言,所有人都有投票的权利。但是弱小的国家以经验得知,使用这种自由的权利实际上会使他们国家的人民在福利上付出巨大的代价:国际间的贸易途径或信誉会被否定,或会遭受其他形式的制裁。被选举为安理会的一员来代表一个地区,实际上在联合国就拥有真正的权力,在今天,这对一个发展中国家来说是一种惩罚,也门知道,古巴知道,委内瑞拉知道:这些国家在不同时期都在那个位置经历过。

我们现在拥有的,从国际角度来说,是一个被经济和技术力量强大的国家所主导的社会。我们拥有各式各样的法律。从经济、文化和政治上说,这是真的。人类必须改变这种格局。我们应该一起为国际民主而努力,找到正确且有效的方法。

总干事先生,作为科学、文化、经济及在有些时候,军事上独裁的长期受害者,发展中国家的人们不能放弃斗争。南半球发展中国家的政府和人民应该继续坚持不懈地为他们自己以及其他人的公正、尊重和尊严斗争。他们在争取适合于他们国家的民主形式的同时,也必须为国际间的民主斗争。

为了实现这个目标,我相信南半球的发展中国家会得到经济富裕国家及发达国家人们的支持。因为,不论他们的政府说了或做了什么,北半球的人们知道民主不会局限于国家的边界,并且民主不会建立在国际间不公平的政治和经济体系之上。实际上,现在许多国际间公平的支持者来自于北半球。世界已经失去这其中最伟大的一位——威利·布兰特,人类尊严的伟大保卫者。

总干事先生,联合国教科文组织会成为且应该成为全世界人民友好会见,用文明举止谈论彼此间不同并且互相学习的地方,应该继续成为努力在人和社会中传播理解尊重的地方,并且,为了世界上的大多数人,应该继续成为一个对人类尊严的平等尊重渗透到每个活动领域的地方。

我们都要为此而努力。

# 47 种族隔离制必须彻底消除

## 在国际反种族主义运动会议上的演讲
## 伦敦英国圣公会总部大楼:1993 年 6 月 14 号

> "改变南非的政治力量格局是至为关键的一步。我们至今还未实现这一步。但是,让所有人不要生活或工作在这样的假象之下:军事力量格局和经济力量格局会自动在政治改变后立刻发生基础性的变化。这种事情不会发生。"

在 1959 年,特雷弗·赫德尔斯顿神父和我都在伦敦召开的反种族隔离运动开幕式上讲话。那之后我们很少有人想过,在 30 多年后情况变好之前,南非的境况会变得多糟糕。

至此,我们仍不能庆祝种族隔离的最后终结。随着多党会谈的重新开始和德克勒克政治运动的许多迹象的出现,我们已经有新的理由燃起希望。但是,还存在如克里斯·汉曾经描述过的"种族隔离制像低强度战争一样"威胁着人们。我们有理由悲痛,种族隔离制至今仍在南非上蹿下跳。

仅仅在去年一年,在南非就有数千人因为种族主义被杀害或致残。他们的每一个人,非国大、政治教育委员会、旁观者或是因卡塔的支持者,都是种族主义直接或间接的受害者。并且,在反种族主义领导中,有两个大的目标。

克里斯·汉在为人类自由的斗争中,是一个英勇的、值得信赖又可信任的领导者,不过他已经被暗杀了。此外,奥利弗·坦博也已经去世。

克里斯·汉是更为年轻的一代,是南非和其他每个国家未来的重要部分。虽然我对他不甚了解,但是我认可他在武装斗争中的领导,并且当朝向公正的和平发展的机会出现,他就投身于推动这项运动深入发展。或许正是为了在和平实现种族主义灭亡的道路上增加一个障碍,他被杀害了。因此,整个非洲愈加贫困。

我与奥利弗·坦博十分交好,他十分长寿,并且将整个生命投入到无私奉献的服务中去。当其他领导人被逮捕的时候,他恰巧在国外作为非洲国际会议的代表开会。他用后来被流放的时间参加国际性运动支持非洲国际会议,并重新组建军队武装,在运动逐渐发展壮大、斗争更艰难的时刻保持整个运动的统一。在被放逐的时候,奥利弗一次也没有屈服于领导者的诱惑。

他从不允许任何人忘记他是非洲国际会议"过渡期主席",也不允许任何人忘记重要的领导或其他人在南非被监禁或被奴役。我借此机会来赞扬这样一位伟大的领袖和伟大的人。我很荣幸认识他并在为非洲的自由斗争中作为他的朋友和同事。

作为奥利弗的代替者,我在这里演讲能力略显不足,因为奥利弗本该做这次演讲。但是奥利弗,即使他赢得了荣誉,却和克里斯·汉以及数百万的其他南非人一样,直到去世,也没有在自己的国家里获得投票权。

种族主义至今仍然存在。现在如果他们愿意,曼德拉和德克勒克可以在一个水池里游泳。现在只有很少的南非黑人居住在贫民区以外。少数有色人种和南非印第安人的投票权被剥夺,给了指定的人,用这些词来描述人类是多么可怕的一件事。在南非只有少数的非白人部长。但是权力还是停留在原处,即掌握在南非白人的手中。

现在,我们有了改变这一现状的希望。但是,只有当权力易主,种族主义被终结的那天才会来临。在那之后会有一个在国家控制下的过渡的行政委员会管理国家,还有独立的选举委员会和媒介委员会,直到建立在成人选举权而非种族基础上的选举团被选举出来。

我们仍要重申在1959年运动喊出的口号:种族隔离制必须彻底消除。

实现这个目标还有许多工作要做。南非人民都了解这一点。即使人们在为争取自由的斗争中不断死亡,在实行了45年种族隔离制或依然受其影响而产生的暴力中仍有死伤,人民的斗争依然在不断加强。

但是,南非以外的反种族主义运动遭受了挫折,或许我们懈怠了工作。但是德克勒克的部长和官员们却在华盛顿、伦敦、波恩、莫斯科,甚至一些非洲首都作为贵宾受到接待。从商就已经受人尊重,甚至开始和南非种族制度有政治联系。大家都在急着与南非建立外交关系、在南非投资或是从南非寻求投资。

我很遗憾地说许多非洲国家（包括我自己的国家）正向巨大的困难屈服，加入这股潮流，好像无论如何这也为他们巨大的经济困难提供了一个解决的途径。

那些对解除压力提出质疑的人得到这样的回复："德克勒克遇到了困难，他需要鼓励和帮助。他必须要为已经做出的改革予以回报。"曼德拉每天都面对来自种族主义的新暴力：一次又一次地谋杀，一个又一个领导人被枪杀。群众的愤怒与日俱增。

非国大卷入了这场民愤，这是人民的运动，因此不能失败。运动领导者已竭力引导民众情绪使之恢复秩序，这样民众情绪在反种族主义运动中能有效用。至今，这些外部的现实主义者，顽固派商人以及这些自诩为民主主义者的人，不再说曼德拉和他的同事一定受到了进步思潮的帮助。与之相反的是，当会谈拖延伴随着越来越多痛苦的事，人民呼吁纳尔逊·曼德拉和他的同事认识到德克勒克和保守党派的困难。或者，非洲民族会议被告知问题在于因卡塔，这恰恰是种族主义政策的产物，但是却开始了一段自己的新生活。

国际反种族主义运动必须驳斥那些手段，我们仍然要说：种族隔离制必须彻底消除。

将来种族主义终会消失。在南非首先将会有一个过渡期，然后民主选举的政府会出现。南非的反种族主义运动让这些都不可避免。唯一的问题在于在那发生之前多少苦难和民愤将会出现。

现在我们，在这次反种族主义运动中不能放弃。我们反对种族主义的斗争必须要恢复并且要重新组织。许多自发组织和更年轻的领导者在运动中十分活跃。运动从未被集中控制。但是，我们需要更多支持者，我们需要新思想。终结种族主义的外部压力一定要重生，支持过渡期和后种族主义时期政府的计划一定要准备好。

这些是这次会议的争端。追求南非民主的外部压力怎样才能被唤醒？外面的世界怎样能帮助这些国家的人民去克服这些年的困难？在这些年里，种族主义思想和指引已经被蓄意培养起来，确切地说，是强加在人民身上。怎样去帮助人们处理不公平却长时间影响人们的种族不公平以及扭曲的教育和训练体系？怎样在不造成混乱和国家生产财富能力的情况下，迅速给受压迫者带去公平？

还有如此多的问题需要解决。种族主义被带到周边自由非洲国家的问题必须要考虑到。他们的苦难仍然很沉重。问题仍然在继续,因为人类的罪恶会继续伴随他们。在安哥拉,战争正在继续,安盟正获得来自南非的非官方援助。在莫桑比克,由伊恩·史密斯创建的组织,在他去世之后由南非重组,至今仍帮助受奴役和受威胁的人们。并且,自从他们一个个地实现独立,没有任何经济支出强加在南非更加贫困的邻国身上。

这次会议要想想我们是怎么发展至此的。这首先意味着一旦民主政府存在,我们中的年轻人会大力支持。民主政府将会需要帮助,因为面临的巨大任务是空前的。

种族主义是罪恶的。反种族主义斗争已经是并且仍会是一个反对邪恶势力的道德斗争。瓦解它既不会减轻已经形成的罪恶,也不会磨灭它在南非以外的影响,也不会使种族主义引起的道德腐败消失,这些影响会让种族主义受害者深受触动。

现在不是所有存在于南非的暴力运动都是政府鼓励或发动的。在约翰内斯堡和开普敦,谋杀率是世界所有城市中最高的。并且,南非是世界上强奸案发生最多的国家。在无家可归者的讥讽声中,或在遭受苦难的醉汉的愤怒声中和报复的盲目冲动中,恶性犯罪声称是为了保护私人财产利益。

这些是事实。这个在多数城市地区打破法律和规定的现象有其罪恶的根源,那就是种族主义。这很大程度上归因于所谓的支持种族主义的执行机构。而当要与犯罪作斗争的时候,他们既没有时间,也不值得信任。但是,这些事实不会被抹掉并且当有选举的时候,无论是否是民主组织,他们的影响也不会突然结束。当然,他们会很严重地使每个组织和民主选举的流程变得复杂。

推翻种族主义既不会解决国家的贫困问题,也不会解决个人的家庭问题。

南非经常被提到,好像是一个发达富裕的国家,其实不然。他只是比非洲其他国家更加工业化。世界银行将其划分为中上等收入国家,人均国民生产总值是坦桑尼亚的十倍。至今,南非的人均国民生产总值仍比英国少20%。

南非表面的财富仅仅是建立在参观中心的约翰内斯堡、比勒陀利亚或开普敦基础上的假象。即使是这样,南非经济整个结构和组织依赖于四个方面:持续的种族主义;恶劣的工人剥削;贫困者、没有一技之长者、失业者以及绝望的人们增加,他们必须为自己和孩子赚取食物;除此之外,还有白人技术工人不间断的移民。经济旨在为20%的南非白人提供利益和服务,而其他人种的需要仅需达到维持这一制度运转的程度即可。

"种族隔离制必须消除"的内在要求是通过其他的与人类平等及人类尊严的原则相一致的东西,代替种族主义经济的四大支柱。并且这是后种族主义时期政府将要预见的真正问题所在。的确,可以说,这是一个民主政府必需和不可避免的潜在目的,需要或者已经显示出与"种族主义必须彻底消除运动"合作的人的理解和支持。

南非大量的非白人急切渴望改变,并且他们十分愤怒。他们现在就想要改变。他们想要从他们作出贡献的南非经济的成果中真正得到分享,他们希望得到允许可以这样做。并且,他们想要终结这有辱人格的平等——"白人等同于老板"和"黑人等同于失败者"。他们有权利来要求这些。对黑人的否认是一种日复一日的侮辱。

但是,创造这种事情与要求这种事变得更加容易。我重申一下:南非不是一个富裕的国家。一旦民主的南非开始应对大多数人民的贫困问题,目前表面的财富的限制作用将会十分明显。梦想要从南非取得大量投资的非洲国家要注意到这个事实。

南非超过85%的土地仍在白人手中。自从1948年以来,强制非白人种族搬离这些土地的情况一直存在。去年十月份,喀奥西部落被南非自卫武装从他们1850年开始居住的土地上强制搬迁。

简单改变法律和将人们迁回原住地并不能取消这种不公平。因为大多数的相关部落不再以可识别的形式存在。土地重新划分为小的单位、新的基础设施、长周期低利润、培训、积极有耐心并有奉献精神的领导:所有这些东西将会十分必要。这些事情的实现也需要有奉献精神、有技能的人力资源和资金支持。

工厂、矿井和商业农场必须要用一种新的管理方式,这种方式承认所有人的尊严。但是,它也仍需要一种有技巧的管理方式。何时何地非白人才能有机会学习这些技能?像班图教育行动、部落学院等,多少人已经设法去克服巨大的障碍,决意去阻止他们这样做?

目前,政府每年为每个黑人在校孩子花费4兰特,而为每个白人孩子花费24兰特。想要消除这巨大的悬殊和不均等很困难。但是,通过削减白人特权来减少不均等是十分必要的。在部落团体和欧洲会出现什么样的反应呢?我们很容易发现种族主义的罪恶，这好像是种族主义受害者的烦恼。

当未来的民主政府发现做这些事十分必要的时候，政府会需要理解和支持。

至于数百万的失业者，他们大多数是黑人，但现在失业者中也有一些白人。即使是在最好的投资环境下，减少失业者数量也需要金钱和时间。工资级别极度不平等，问题层出不穷。

现在，我们或许很容易发现种族主义的最大成功之处在于通过采取行动，用种族歧视和种族地位的病毒传染了所有种族。这会使终结种族主义、传播真正民主、处理不公正社会中的基本经济问题的每一步努力变得更为复杂。几十年来人们虽然抵制种族歧视国家，但他们为了生存下去，被迫在种族歧视国家里谋求生计。将来他们对待别人的态度不会受种族歧视的影响么？

至今，民主最基本的是对所有人平等和权利平等的认可，以及愿意忍受甚至与你有分歧的人共事。改变南非的政治力量格局是至为关键的第一步。我们至今还未实现这一步。但是，让所有人不要生活或工作在这样的假象之下：军事力量格局和经济力量格局会自动在政治改变后立刻发生基础性的变化。这种事情不会发生。

重要的方式是，第一个民主政府将能够变革军队和社会领导。新政府能够并且必须要制定新政策。但是，现代化经济和军队依赖于工程师、电脑程序设计师、教师、科学家、技术人员等。这些人是政策的制定者。他们当中没有在40多年的种族主义者教化和实践中受到影响的人么？

外部的反种族主义运动怎样帮助一个民主的南非政府去努力解决这些问题？这个政府将会面临现在就要迫切要求公平的民众。并且政府会有国外的敌人，他们太焦躁以至于不能立刻抛却失败来将南非转变为一个为全体人民、全体种族实现公平的天堂。

可以确信的是我们至少应该加强努力，尽力去教化世界其他地方的人民种族主义在南非的罪恶。以及关于罪恶的种族主义继续打着"民主"或"人权"的借口在某些地方继续存在。

但是我们应该要做的比那更多。南非人民，甚至是非洲南部人民，在克服45年的种族主义造成的经济和社会影响方面，需要帮助。这次会议就是讨论用这些方式我们怎样为南部非洲提供帮助。

# 48 联合国儿童基金会组织工作必须继续

### 在德国联合国儿童基金会组织委员会成立四十周年会上的演讲
### 德国,波恩:1993年6月22日

> "我们都有经济难题。但是,印度有句谚语:'我过去总是抱怨无鞋可穿,直到发现还有人没脚。'"

---

几乎无人承认自己不关心孩子。民族,宗教和肤色不涉及其中。除了政治争端,孩子是现代社会最宝贵的。

联合国儿童基金会组织是关于孩子的组织;没有人会承认不喜欢。但是儿童基金会很幸运地被政府授权,并赢得了发达国家和发展中国家政府的尊重。甚至报纸也没有鄙视它。我知道儿童基金会在我国很多地方的影响和在发展中国家其他地方的一些工作。在这方面,我很钦佩他们。

儿童基金会作为紧急基金会而建立,来处理二战后的状况。但是孩子们的危机仍旧存在,尤其在发展中国家。其中,儿童基金会最新数据表明,在48个国家中,超过10%的儿童在五岁以前死亡。在17个国家中,超过20%的儿童死亡。

所以,儿童基金会的工作能继续并扩大范围是全世界的幸运。这项工作需要继续,至少直到全世界像德国一样,婴儿死亡率低于1%。

联合国儿童基金会很快意识到,没有得到儿童所属的家庭、团体的帮助,他们将孤立无援。在大部分发展中国家的政府和人民共同的极大努力下,儿童可以免受六种主要接触性传染病侵害,这意味着每年世界上将减少三百万儿童的死亡,联合国儿童基金会的领导层正致力于这一难题。但是,每年仍有1.7万儿童死于这些原因,所以该项工作还在继续进行。

你可以为营养不良的孩子改善或搭配日常膳食或增补维生素 A，儿童基金会这样做了。在长期干旱和战争灾难过后，这样的工作是必要的，但这不是长久之策。必须解决好造成像营养不良这样疾病的内在原因。

所以，联合国儿童基金会帮助妈妈们理解怎样利用当地资源为她们的孩子提供最好的营养膳食。但是，如果这些妈妈没有办法获得原材料，只知道需要什么是没用的。所以，基金会不得不增加当地食品产品的数量，或无论如何帮助妈妈们赚得充足的钱来买必要的食物。

然而，如果妈妈们花费很多时间和精力，走数英里来获取做饭所需的燃料和饮用水，她们怎么能照顾好孩子呢？还有，如果因环境卫生问题水源被污染，又会怎么样呢？答案是显而易见的：孩子们会生病，很多孩子会死亡。

因此，对孩子们的责任使儿童基金会成为区域农村整体发展规划的促进者和积极参与者。一系列能够提升儿童生存环境的措施包括：植树造林工程、推广可替代性燃料供应工程或妇女保护计划等。

根据这类活动得出的经验，联合国儿童基金会发现以团体为基础的工作项目可以产生更巨大的长期影响。所以，帮助人们认识到实施这些项目是为了他们自己和儿童，基金会只是项目的"推动者"和"生产建设者"。如果不能实现这些目标，那么联合国儿童基金会将会提供相关的培训、物质帮助或者在目前的基础之上，提供一些可以帮助人们解决自身问题的技能。

在我的国家，发展是以人为中心、自下而上的，而联合国儿童基金会就是典型榜样。作为一个热心市民，我很感谢联合国儿童基金会并为它所做的一切而感到高兴。

但我不想给人们留下这样的印象：所有事情都进展很好。不是的！儿童基金会的资源是非常有限的，然而工作需要却遍及所有发展中国家。有时活动很大程度上依赖于其他捐赠者的经济参与。事实是政府救助现在正减少，对其要求在逐渐增加。

更进一步讲，儿童基金会大部分费用来自也不得不来自所工作的国家。但在南非的一些国家和许多很贫穷的发展中国家，初级商品的出口价格降低，进口价格升高，这在严重影响国民收入的外部因素中占很重要的位置。

在非洲大多数国家，包括我自己的国家，真正的人均收入比在 70 年代中期更低。并且我们大多数国家现在仍负有巨额债务。

坦桑尼亚就是一个很好的例子。很多债主国，包括德国，已经把他们对坦桑尼亚政府的贷款转变为拨款了。然而，即使这样，我也不确定现在坦桑尼亚是否能完全偿还得了外债利息。因为，这样做意味着要耗尽60%的出口收入！然而，不能偿还就不可避免地导致每年债务越来越高！1991年，非洲偿还给债主国260亿美元，债务却仍旧在增加！

所以这表明只有更少的钱可供国家、城镇或当地的以人为中心的发展使用。非洲现在在后退而不是进步。儿童营养不良再次上升，孩子和孕妇的死亡率出现增长迹象，学校的入学率也在下降。

联合国儿童基金会组织很快认识到他们所有的努力取决于经济现状，这是许多发展中国家的政府无法控制的。1987年的一份报告指出，国际货币基金结构调整方案对世界最贫穷的国家有很糟糕的影响，并且呼吁为之行动。虽然"以人类的名义进行调整"延迟了国际财政机构的政府政策，但是我们在发展中国家仍旧看到调整方案中那熟悉丑陋的嘴脸：因为现实仍旧没有改变。

就在几星期以前，联合国儿童基金会的资深成员为缓解非洲债务据理力争。如果没有他们的争取，在一个拥有34个国家的大陆上，有25个国家就被基金会认为是最不发达国家，而其贫困程度会在20世纪90年代更加严重。

德国的联合国儿童基金会组织委员会已经成功为基金会筹集了基金。我恭喜所有参与这项工作的成员。我请求你们继续做这些有意义的工作，并筹集更多的钱。联合国儿童基金会组织将其充分利用。但我请求你们也让德国人民意识到当前国际经济秩序的现实情况以及对发展中国家的孩子和母亲造成的影响。

我还要请求另外两件事情。第一，确保德国政府对发展中国家的救助不会降低，仍保持当前德国国民生产总值0.42%水平。第二，为这一比例稳步发展而继续工作，直到德国达到国民生产总值0.7%的国际目标。

我请求这些事情，因为我知道德国正花费大量的金钱来处理统一问题；也遭受经济衰退，这给人民制造了很多困难。我也知道你们的人均收入在1990年超过了22000美元。世界银行把43个国家归类于"低收入经济"，他们的人均收入是350美元。我们都有经济难题。但是，印度有句谚语："我过去总是抱怨无鞋可穿，直到发现还有人没脚。"

在委员会40周年纪念日之际，我表示真诚的祝贺。你们肩负着艰巨的任务，对你们我寄予厚望！

# 49 一个正义的非洲：道德与经济

## 在路德国际会议上的演讲
## 阿鲁沙：1993年9月12日

> "我相信对于难以解决的经济政策和社会优先权问题，仅靠道德的方法是不能够确保建立'一个正义的非洲'的。但是，正义的社会将不会，也不能由我们的公民，尤其是我们的领导者在毫无道德标准下建立……"

> "不久之前，我询问世界货币基金组织的结构调整项目都在哪儿成功了，得到的答案是，其中之一就是坦桑尼亚……"

首先，请让我抒发一下对这次道德讨论会能够在坦桑尼亚举行的喜悦之情；其次，我想表达对你们邀请我来分享一些想法的谢意。你们的主题是：在"一个正义的非洲"下的道德与经济。我所理解的你们的最终目的是：去考虑作为一个团体中的积极成员或是作为独立的个体，你可以做点什么来促进公平的实现？

我认为，很有必要去强调：当我们讨论"一个正义的非洲"的时候，我们是在讨论非洲人民以及作为非洲国家的成员的生活状况。在这种情况下，我们在这儿讨论的是作为个体和团体中成员的人们。

即使是为了活着，我们每个人也都需要吃饭，需要保护自己远离各种各样的危险。作为一个团体中的成员，不管是大还是小，我们都需要公认的（并且必须加强的）秩序体系。它可能采取社会惯例或是成文的形式，但都是生死攸关的。在索马里和南斯拉夫，我们可以看到舆论支持的政治秩序崩溃的结果。对所有的道德团体和所有持有政治观念的人们来说，这都是灾难性的。

曾经有过一张联合国儿童基金会的海报，上面画着一个孩子，当他被问到长大后想做什么,他回答说:"活着。"生命是最基本的人权。如果公平正义意味着任何东西,那么它必须保护生命。这也应该一直是所有社会、经济和所有层面的政府政治活动的潜在目的。这种基本的人权永远都不能被包括一个团体中的宗教领导者在内的积极分子所遗忘。

因此,当讨论"道德和经济"时,我们会问这样的问题:现在的国内和国际经济政策对人们尤其是对孩子们是有利的还是有害的? 如果它们是有害的,那么我们应该对它做点什么? 还有我自身可以做点什么来促进正义? 让我再来加点,在会议之外,还有另一个针对每一个人的问题:我是为了个人获得由不公平的体系提供的机会在探索,还是我努力依照我自己的原则去生活而不管体系是如何的?

生命是第一项权利。当然我们不是动物。大人们可以做决定,他们也确实决定了去和那些对他们来说看起来显而易见的社会不公平作斗争——像种族隔离,殖民主义或是宗教镇压。他们可能也决定了要拿起武器,如果他们相信他们的政治统一受到威胁,或者如果政治逐渐破坏他们生命中的经济基础而他们又看不到改变这种政策的其他方式。在经济和和平之间有着不可否认的联系。

为了拥有食物、衣服、避难所和其他生活的必需品;为了不恐惧地生活,同时也图谋生计;自由,至少是去拒绝那些你没有参与但是影响着你的生活的决定;关于自由的协会,演讲和赞扬——所有的这些在一起组成了作为一个在"公平和正义"之下的人的基本生存原则。换句话说,所有的这些被普遍地接受为基本的人权。

如果你只考虑这些权利中的一个,那么你不可能拥有一个正义的非洲,例如单一的公民权利,单一的社会权利或是单一的经济权利。在任何一个单位里,它们都是互相联系的。即使这样,对于我来说似乎存在着优先权,至少是行动上的。因此,在短期内,不同的权利之间确实会产生冲突。

例如,当陆地上爆发了饥荒,其他的人们拥有这个具有优先权的人想要的所有食物,即使只是为了满足健康需要,如果给了他,人们就什么都没有了,甚至可能死去,那么他们应该给予么? 或者,没有足够的食物给每一个人,那么这些可利用的食物应该基于什么样的基础被分配? 如果有新的供应来源的话,那么在防守或者维持秩序,或者组织多党选举,又或者是其他非食物项目上应按照怎样的比例来消耗这些资源呢？小部分的可用资源是应该给予健康卫生服务来获得胰岛素，如果没有胰岛素的话这个病人就会死亡，还是应该花费在购买基本药品上来对付可能杀害更多数量的人的疟疾？

在一个贫穷的国家里，这样的选择对于政府来说是日常的政策问题。在非洲，就算是在最基本的人权之间的冲突问题都是很常见的。一个国家（或者是其他社会单元）的财富依照商品和人类资源是不能满足人类所有的基本需求的。

这并不是全部，还有现实与将来相对立的问题。如果现在你花钱并且在资本投资上使用技术人力，那么将来会收获更多的财富。但是花费在这个问题上的金钱和努力并不能同时地适用于目前的消费。这个问题可能变成不是拥有胰岛素或是氯喹，而是拥有它们两者中的一个，或者是在未来的财富创造中进行资本投资，这就是关于私人投资，或是现有税收或其他税收，这些都包含道德元素。

关于政治的意识形态的基本问题通常归根结底于你如何来问这些问题，如何来回答这些关于生产和分配国家财富的问题。道德观念是相关的，但是通常是经济的评判标准。

然而，非洲的国家也是世界这个国家团体中的一部分。我之前问过的关于一个国家如何分配财富的问题也可以在整个世界中来问。尤其是世界被如此安排，富裕的发达国家自动地通过国际间的积极秩序变得越来越富有，而与此同时贫穷的发展中国家继续贫穷甚至越来越贫穷，这是符合道德标准的么？国内的，国际的，这些问题都是与论题息息相关的。但是这些天，人们几乎很少提及世界经济关系问题，除了那些特立独行的发达国家的理想主义者或者来自发展中国家的充满渴求的人提及。

"经济自由"的争论，作为引领正义的化身和最终改善是被人们所熟知的。如果一个男人或是女人高效率地种田，或者是作为一名医生或商人勤奋地工作，又或是在一些产品的生产过程中，他或她为什么没有得到奖励以便于他们购买所需要的化妆品、电视机、汽车？据说这样的个人奖励会增加社会的不平等，但是最终会带给所有人更多的财富，所以在胰岛素和氯喹之间的选择就不需要再做了。并且，不管这到底是不是真的，为什么聪明幸运的经济自由要被限制而去支持迟钝的不幸的经济呢？

再者，为什么一个人、一个国家要把特权给效率、经济效率、自由竞争和贸易保护主义而不是去享受这可能产生的利益呢？当然，这是由国家中的人民来决定这些是否是最高社会价值观，即使这有可能导致无家可归的人睡在纽约和伦敦的街道上——使贫穷在世界各地加重？那么剩下的我们拥有什么样的权力来批评美国和英国那些主要影响他们自己的公民的决定呢？我想我们没有更多的权利，只是不得不批评非洲政府为他们公民所做的决定。

然而，我认为比起要求他们接受他们作为世界公民的职责，我们拥有更多的权利。虽然我们拥有这样的义务，任何人在这个地球的行为都会影响别人，但是却是美国的、欧洲的、日本的经济行为影响着全世界的经济。像坦桑尼亚这样的国家所做出的经济决定不会对富裕的国家产生影响。

每一个非洲的独立国家都在理论上拥有权利在其选择的基础上来组织经济。我说的是理论上来讲，因为历史遗留下来的征服和殖民证明了一个国家是无法同其邻国隔绝的。况且，在这个高科技时代，也无法同这个世界上任何一个部分隔绝。尤其是，贫穷的国家不能和富裕的国家分离，发达国家、军事强国不能和跨国公司断绝联系。

非洲人民也的确不想让他们自己与外界脱节。他们确实不喜欢那些国际间的联系和贸易所导致的必然结果。但是，每一个非洲政府都不得不做出大量解释，当按照保护经济外部控制的事实，可能需要控制进口时。

然而，任何非洲国家以前对国外进口设置的限制现在都基于自由化而结束了，或是作为国际货币基金组织、世界银行、信用援助捐赠者的条件迅速地结束了。有关国家政策是为了促进经济自主和出口是为了满足进口的需要的想法，是很难同当今经济自由化的正统说法和以出口为导向的经济增长相协调的，这些都由国际货币基金组织和世界银行的制约性所强迫的。

我们贫穷的国家不久将成为世界自由贸易的最大参与者。然而，残酷的现实是非洲国家和非洲人民是在一个由富裕和发达国家所主导的世界市场中竞争。富裕的一方固定了他们购买的价格和他们卖出的价格。

在非洲的城镇中，贫穷的人们通常选择避免在市场中购买东西，市场被相对富裕者所资助，自然价格就会高一些。他们通常在卖他们自己生产的东西的时候讨价还价。但是，实质上，只有一个世界市场。咖啡的出口价格在任何地方都是一样的，它的水平似乎更多地是由中层人士和投机者来决定，而不是由生产的花费或是消费者愿意支付多少来决定。但是，投机不能固定拖拉机和其他制造的商品的价格。这是基于生产中的花费，包括在发达国家中的工人的生活水平和雇佣者需要获得的利润。

并不令人惊奇的是，最不发达国家的贸易条款一年比一年恶化。非洲发展银行说在1980年和1990年之间恶化了20%。在这段时间里，非洲出口了具有更高呼声的主要商品，但是却没有钱来支付来自发达国家的更昂贵的制造品。

如果我们的国家能够拥有他们的主要商品，例如，通过把生剑麻加工成麻线，使它们达到关税表中发达国家出口的标准。在这种情况下，平均关税率约是12%，或者说如果关税率不是一个障碍，他们发现配额被进口（作为棉布衣服），或者被称作是自愿协议，迫使他们限制他们的出口。并且，如果他们尝试通过资助出口来反击这种贸易限制，他们就会很快被通知这是违反国际货币基金组织的最新条款，其后果就是没有其他富裕国家会给予信任或是援助。

主席先生，批判任何政党的非洲政府都是一件容易的事情。并且，我的确不是没有意识到他们所有的错误，有意而为或者常见的腐败。但是这些事情发展到了最糟糕的地步。只有在最极端的情况下，他们才是最主要的原因。铜币、棉花、咖啡、矾土、可可粉等的价格最主要是受到非洲选举的影响。任何政府，革命的，反动的，或是一个好的政府的模范，都必须面对事实，当它的出口商品价格降低时，这个国家的财富也会减少。

"如果你仅仅投资于电讯、公路和铁路，你就可以建立现代化工厂生产这个世界所需要的东西，也就可以不再贫穷。"这句话对一个非洲国家说是没有用的。建立充足的基础设施是花费很大的，也需要很长时间。据我所知，要花费九年的时间来决定建立一个大型水电站。由于东西德国的统一，德国的私营企业不愿意投资于东德落后的基础设施，尽管东德还不是东欧国家中最不发达的国家。

非洲国家不仅是在发展中，他们还很贫穷。他们政府的任务就是将贫穷尽可能公正地分配给每个人，同时也要抓住金钱，尽可能向未来财富的创造进行投资。对于长期的进步，我们的国家别无选择，只能在他们所拥有的基础上成长和进步。

不幸的是，由于自由化的政策使其更为困难。当商品在一小块地上耕作出来或是在劳动密集型的工厂中生产出来,很可能进入到一个全球市场,与通过1993年的科学技术生产出来的商品相比是没有竞争性的,除非是在工资无法养活一个工人的情况下。因此,自力更生的发展计划是唯一前进的道路,它利用了方法上的限制。没有清楚认识到这点导致了目前的债务问题。在匆忙之中,我们从外面借用了太多,当我们被鼓励去通过银行家来寻找顾客的时候,利息就被提高了。

我反复强调,在发展的进程中,非洲政府需要确保所有人民都有充足的食物并且有最基本的健康保障还要受到教育。没有这些服务,国家就不能前进,不论拥有多少金钱,这种发展都不意味着人民的发展。并且如同其他发展中国家一样,人口快速的增长率给非洲造成了一定的负担。

因此,尽管对几乎所有的非洲政府来说,做所有需要做的事情是不可能的,加上优先权一直备受争议,政府对于物品的分配随时有可能受到指责。享有优先权会伴随着做出艰难的选择,而且通常反映出伦理观。

那么世界货币基金组织和世界银行又扮演着什么样的角色呢?那么援助呢,不管是官方的还是自愿的?世界货币基金组织和世界银行都应隶属于他们的独立国成员,目的是为了分别促进国际间的经济稳定和发展。其特许状给予了他们指示那些申请信用或贷款的政策的权力。

但是,在实践中,对于一个发展中国家来说,签署一项世界货币基金组织的协议意味着接受了大量货币贬值的约束性,接受了价格控制的结束,接受了所有的津贴,进口的自由化和减少公共支出。这需要债务服务被优先考虑,或重新安排,或保持原样。这些天以来,对好的管理(由发达国家定义)的需求逐渐增大,并补充说明了在达成协议之前必须接受并不体面的证书,而是官方援助或是与其他发达国家协商债务重新拟定的必需品。

因此,当一个国家举步维艰,与世界货币基金组织的协商也就只是意味着讨论目前发达国家经济如何快速发展的细节。为了有资格得到援助,人们发现由援助国分发的援助减少了,而且在未来会越来越少。

在同世界货币基金组织签署了结构上的调整协定之后,对政府来说,涉及到召集警察甚至是军队来强迫它来反对来自贫穷国家的抗议是必要的,而这一点都不足为奇。我们都有听说过非洲的一些城市中的面包或是暴乱使得这些行为变得至关重要。但是我无法回忆起任何一次暴乱,或是任何一次抗议是由富裕国家来反对这些协议的。

那些富裕的和腐败的国家通常都是这些反人类计划的受益者,这种现象非常普遍。因此,政府在健康和教育上的支出,还有食物上的津贴,都为了所谓的减少公共支出而被减少了。但是,在政治和军事上的花费反而增大了!与此同时,世界货币基金组织和世界银行的协商者返回了华盛顿,而我们的政府成员成为了被欺骗利用的受害者。

最近,驻非洲的世界银行的副主席杰克科思先生发表了一次演讲,他声称在未来银行不会为30个非洲经济体编写计划,不会由在华盛顿的项目管理单元来经营。我希望这种觉得华盛顿最有权威的认识不是真的。但是经验告诉我们,世界货币基金组织和世界银行仍将继续坚持采用这种经济灾难性的和不道德的策略来对付我们真正的经济困难和发展需求。

我还怀疑世界货币基金组织和世界银行是否会取消对发展中国家的债务,这些债务会被他们用来监督完成灾难性的政策和项目。此时,我们仍然具有债务服务和偿还服务的优先权。1987年的一次世界银行审计报告显示在撒哈拉以南的地区,75%的农业项目都失败了。不久之前,我询问世界货币基金组织的结构调整项目都在哪儿成功了,得到的答案是,其中之一就是坦桑尼亚。

主席先生,非政府组织对非洲的援助来自千千万万普通民众工作和金钱上的志愿贡献,他们希望帮助那些不如自己幸运的人们。一大部分的援助在灾难侵袭过后被用来完成至关重要的安抚工作,少部分来帮助人们实现自身发展的活动。这两种形式的帮助都是有价值且应被感激的。

但是,自愿的贡献并不能在帮助国家进步或当地基础设施完善上起很大作用。或许可以为由村民建造的学校盖个屋顶,却不能训练老师或是给老师付工资。基础设施的发展是至关重要的。然而,也是非常昂贵的。

非政府组织并不是官方援助的替代品,非政府组织比较小幅度地减少了国际经济秩序的紧急情况。而且自愿的组织存在一个问题,那就是发展中国家会因为腐败的政府被诅咒。在这种情况下,除了安慰工作,非政府组织也许可以做得更多。

腐败对于任何国家来说都是恶劣的,是贫穷人民的瘟疫,是公平正义的天敌,是所有宗教信仰的咒语,必须坚决反对。我们的首要任务在于与国家息息相关的公民。但是,有的时候,非政府组织中的富裕国家也有职责采取一定的行动。

　　这是一件很难简明评价的事情。因此,我不相信任何形式的援助约束性是符合道德标准的。必须允许每一个独立国家的人们以他们自己的方式来处理事务。我知道发达国家中的诚实慷慨的人们或政府没有理由去支持贫穷国家腐败的政府。

　　但是,在过去,问题是非洲的官方援助都被用来支持一些腐败的、粗俗的政体。发达国家的纳税者给予的资源被偷偷地用来动摇和推翻民众的政府。民众的政府保障了基本的食物,健康和教育,即使他们的方法对富裕的人来说有些艰难。一些西方的主要国家是有罪的,他们是非洲和其他发展中国家腐败政体的最大支持者。

　　许多总统,曾经在人民帮助下才得以镇压反抗,而他们都在自己当政的时候令人恶心地富裕起来了。那么,争取安哥拉彻底独立,全国同盟是如何筹措资金的?现在又是如何被提供资金的?莫桑比克全国抵抗运动又是如何幸存下来并且一直持续到莫桑比克的浩劫来临?就算冷战结束美国又会改变据点么?难道非政府组织的责任不是尝试使这些事情成为一个奇迹么——还是去履行支持那些恶魔的职责?

　　主席先生,我刚刚对你的讨论提出了问题,我还没有回答。我相信对于难以解决的经济政策和社会优先权问题,仅靠道德的方法是不能够确保建立"一个正义的非洲"的。但是,正义的社会将不会,也不能由我们的公民,尤其是我们的领导者在毫无道德标准下建立。

　　有关道德的问题是不容易的。我们不能在社会中作出多大贡献或是实现太多,除非我们在有组织的团队中工作,不管是官方的还是自愿的。任何一个团体都是由大众组成的,由像我们一样的群众组成。我们中所有人都会自私和自傲。我们都有我们的需求,我们都奴隶于各种形式的诱惑。

　　当我们对与我们所联系的组织感到不满意时,就面对着这样的问题:组织的错误能否通过我们的工作来减小,或者最诚实的行为是辞职,还是尝试其他的方式?这些问题是与政府中的领导者和高级官员息息相关的,如果还有的话,我想还有自愿组织中的领导者。

　　我们不可能从这个世界上退出。但是,我们中的每一个人,作为一个独立体,都有责任去判断,去思考我们如何尽最大的贡献来为人类建造一个更美好的世界。我回到我开始的地方。人类就代表着人民,所有的人民:个体和社会中的成员。

无论个人还是集体,无论是经济原因还是个人关系,如果我们忘了道德的存在,就要自己承担风险。

# 50 非洲统一：非洲统一组织的未竟事业

**在非洲统一组织解放委员会正式解散之前的
最后一次会议上的演讲
阿鲁沙：1994年8月15日**

> "我们需要统一，没有统一的非洲大陆就没有未来。这是我们都知道的。每天的新闻都会报道非洲的一些问题，这就使得世界上其他国家忽视非洲，甚至还随意干涉非洲。"

---

非洲统一组织的创立者为其设立了两个目标：一是使非洲彻底从殖民主义和少数种族统治中解放出来，二是实现非洲的统一。他们对第一个目标的重视度可以从非洲统一组织解放委员会建立的事实中推断出来，1963年5月在埃塞俄比亚的亚的斯亚贝巴举行的非洲统一组织的成立大会上决定建立该委员会。委员会的任务是服务于非洲的解放运动以实现刚刚所说的第一个目标。

事实上，解散解放委员会是在庆祝第一目标的实现。因为，南非被获准成为非洲统一组织成员，随之，我们为自由而战的纳尔逊·曼德拉总统在今年6月份出席了非洲统一组织召开的突尼斯峰会，他的出席代表了一个非种族的、后种族隔离制度的民主的南非共和国，这也说明非洲统一组织创始人的第一目标已经实现。

我们非洲大陆已经完全从殖民主义和少数种族统治中解放出来了。因此，对我而言，接受邀请在非洲统一组织解放委员会解散前的最后一次会议上讲话，是非常令人高兴的事，同时是一种非凡的荣耀。这是一个很好的时机来认识并感谢委员会的所有具有奉献精神的成员们。同时这也是一个来庆祝和感谢所有为非洲问题竭尽全力的所有解放委员会成员的好机会。

没有人能够估量出该委员会对非洲的彻底解放作出了多大的贡献。但是这并不重要。重要的是该组织服务于非洲解放运动,只要一号召,就会为其工作。这就为非洲人民的反殖民主义,反"骑手和马"(过度自由)式的种族制度以及反种族隔离制度的斗争提供了大力支持。

在军事上,解放委员会为前线的战士提供了强有力的后方支援。不管是直接性的还是通过对非洲统一组织的报道,解放委员会都能够召集和引导来自世界其他各地的支持力量,那就是大批的非非洲反殖民主义和反种族主义者。

该委员会的成员国和工作人员与非洲统一组织的其他国家通力合作,在非洲为人民的尊严、平等、国家独立而战的斗争中,令人引以为豪。虽然这只是我的个人意见,但是我相信很多人都想说一句:谢谢你们!同时我也代表所有坦桑尼亚人对非洲统一组织表示感谢,感谢把解放委员会的基地设在达累斯萨拉姆,这给坦桑尼亚带来了荣耀,感谢授予我们国家特权,由非洲统一组织任命我们的一位公民成为解放委员会的执行秘书,陆军准将哈希姆·姆比塔是最后一任执行秘书,我们为他对我们大洲的解放所作出的贡献感到骄傲。

并不是每一个非洲国家都是解放委员会的活跃分子。这也是预料之中的,因为这是非洲统一组织的委员会,在其授权之下运作,并且受到所有非洲同胞的支持。但是,我们一直走在非洲国家的最前沿,这就在很大程度上保证了我们从殖民主义和少数种族统治中解放出来。这个承诺基于两种坚定的信仰:一是,那时非洲的每一块土地都处在殖民统治及种族制度之下,每一个独立国家的自由并不绝对。二是,非洲其他地方殖民主义的存在以及种族主义的统治侵犯了非洲大陆每一位公民的人性及尊严。就是这种承诺及信念让我们走到了一起,通过解散非洲统一组织解放委员会来庆祝第一目标的实现。正是因为第一目标已经实现,所以我希望利用这次机会力劝阁下,您现在应该给予组织创始人所确立的第二个目标必要的关注了。

第二个目标的重要性可以从我们大陆组织的名称很明显地看出——非洲统一组织。统一是我们的目标,是我们的目的,也是我们能够有效地为非洲服务的工具。然而,我们现在还没有准备好为统一而战。

非洲统一组织的所有成员国,即使是只有成员资格的国家,都认为统一就是力量。他们也意识到只有不断地朝着统一的目标努力,我们非洲才能成为世界经济、政治、社会事务的平等有效的参与者。

非洲统一组织设立的这两个目标是紧密联系,不可分割的。我们的最终目标始终是所有非洲国家的统一。该目标实现的一个明确要求就是全非洲的自由。统一目标的实现,使非洲此时此刻能够庆祝种族隔离制度的结束,这是非非洲人在我们大陆上殖民和种族压迫的最后堡垒。当非洲国家一致同意弱化为解放而战的斗争时,我们推迟了这一目标的实现。但是我们异口同声,行动一致,这就推进了我们非洲大陆的解放进程。如果为自由而战的斗争者之间在这一地方或其他地方出现了暂时的不团结,那么非洲的整个解放事业就会遭遇挫折,这时候自由委员会的任务之一就是促进前线解放党和军队之间的团结合作。

回顾历史,关于非洲统一组织为什么没有设立统一委员会而是设立解放委员会,我们能够找出很多原因。也许,最重要的原因是害怕会危及这个脆弱的统一体,而这一统一体以非洲统一组织成立的事实为代表。因为,非洲统一组织本身的成立就使得两个非洲组织以前的成员团结到一个组织里,这两个组织是所谓的蒙罗维亚团体和卡萨布兰卡团体,这两个团体之间总是对彼此的目的和意图持怀疑和谨慎的态度。

非洲统一组织成立至今已有 30 多年了。然而对统一问题一直保持高度警惕,其成立的原因已经成为历史而且不再是一个完成更进一步的统一的威胁。但是,我们不能否认除此之外还有很多其他的威胁,因为我们不能装作正在刻意加强组织的统一。相反,我们并不在意非洲统一组织的团结问题。

既然非洲已经从外国的或种族主义者的统治中解放出来了,那么非洲统一组织的实用性就会被质疑。可以确定的是,几乎没有一个非洲国家会质疑非洲的统一,或者是非洲统一组织自身的未来发展以及它在国外或是贸易方针政策上的优势。许多国家甚至不会优先考虑向非洲统一组织缴纳每年的会费,但是这不能减少我们对其领导者及秘书处的抱怨,他们有的事情该做却没做!

几乎所有的非洲统一组织的成员国经济贫穷,政治弱势。他们大多数还在偿还巨额的外部债务,有的还受制于国际货币基金组织和世界银行。在参与国际谈判时,我们在日内瓦和纽约的代表已经结盟成共同非洲或 77 国集团,但是我们指示我国大使如果某一个捐赠国的大使主动来我国要求我们政府领导者放弃这一立场,那么我们就放弃。当我们处于外部压力之下或是遇到我们内部无法解决的政治困难时,我们不会向非洲统一组织寻求帮助,甚至在寻求其他帮助之前不会咨询非洲统一组织。相反,我们认为它不能干预内政,因为一旦干预就会有损国家主权,我们更愿意向法国、英国、美国这样的国家寻求帮助,因为他们会客观无私地给予我们帮助,然而我们自己国家的组织可能会别有动机。

一次又一次,我们大陆许多国家都是作为行乞的个体国行动,而不是作为非洲整体的一部分。所以,我们每个国家和非洲整体,都处于弱势和边缘化的世界的一部分。然而,这已经不稀奇了;非洲统一组织对统一大业的完成已无计可施。

就统一而言,非洲统一组织更多的是一种抱负而不仅仅是一个事实。我们因解放而团结,并且非洲现在已经被解放了。但是在许多人们共同关心的议题上我们并没有团结。我们认为改变很重要,这个改变就是,我们必须要有一个优秀的非洲统一组织秘书长和一个能够保证实现统一的积极的主席。在这些情况下,非洲统一组织确实为非洲做了大量的优秀的工作,更多的是通过外交活动和开发利用非洲的潜能,而不仅仅是基于非洲当前的统一现状。

阁下,这还不够。我们正在浪费时间,正在浪费人民的精力,正在浪费我们潜在的团结力量。统一永不会轻易实现,但是,我们决不能再仅仅满足于我们这已经达成的低程度的统一,正是有了这低程度的统一才能使我们完成更大程度的任务,以此来支持非洲的解放。

非洲统一组织的创建人设立了解放委员会。我强烈要求我们这一代的领导者和人民通过设立非洲统一组织统一委员会来开始实现非洲统一的运动。统一委员会的任务将是为非洲统一做规划,制定出实现统一的必要步骤,并发起运动来实现统一。

我的时代已经过去。在我的时代,我们做了许多事情,但是也有许多事情没有完成。未完成事情之一就是我们没有刻意为了统一去做工作:我们被统一的假象所迷惑!知道其重要性后,我们也开始探讨统一问题。但是大多数情况下,我们坚决认同国家的甚至是非洲统一组织的方针,就好像统一需要它一样,但事实上,我们这一行为根本与统一无关。

我强烈要求这一代的非洲领导人改正我那一代所犯的错误,成立非洲统一组织统一委员会并且用行动充分发挥其作用,使之对于统一既有承诺又有行动上的保证。始终保持坚持不懈的毅力为统一做规划并付诸实践,作为解放先锋队为我们大陆从外国及种族主义者的压迫中解放出来而努力工作。

成立统一委员会并不能创造出统一。但是它是走向统一的开始。统一的实现是需要花费时间的,它的成功取决于统一委员会重新唤起人们对于统一的强烈愿望,是人们呼吁统一。它的成功还取决于统一委员会在组织统一运动及制定实现非洲统一步骤的实践工作。

这样一个非洲统一组织的委员会不会从无所事事开始。我们有地方组织,有实用组织。我们成立组织的基础是非洲统一组织本身及其成就。我们怎样才能使非洲成为一个真正的非洲,而不仅仅是52个统治单位的集合,这52个统治单位的领导人每年聚会一次来通过决议,而其他时候却忽视决议的存在呢?

我们需要统一,没有统一的非洲大陆就没有未来。这是我们都知道的。每天的新闻都会报道非洲的一些问题,这就使得世界上其他国家忽视非洲,甚至还随意干涉非洲。

为了安全与稳固我们需要统一。我们需要把我们现在所庆祝的非洲的绝对政治自由变为现实。我们需要减少我们对外界力量的依靠。我们也需要统一来使我们在世界统治中找准自己的定位,这样我们就可以被倾听,被尊重,而不是被忽视,因为我们既弱势又破碎。我们需要统一来提高包括我们在内的人类的尊严。由于非洲许多国家之间缺少统一,使得非洲大陆成为世界上的弱势大陆。主席阁下,改变这一处境是您神圣的责任。

主席先生,让我们群策群力开始工作,以一种内在的团结的姿态共同工作,为了非洲的统一,为了非洲的和平,也为了非洲的自尊。这项工作并不容易也不会迅速完成。然而,我们能够完成,也必须完成。这项工作是您的职责。为了非洲的统一,付出努力,制定计划,开展运动,付诸实践。

# 51 了解当代的非洲：
在南南合作中印度所扮演的角色

### 在印度国际中心会议上的演讲
### 印度，新德里：1996年2月15日

> "非洲已经在努力解决非洲常务和制度化的问题，尽管努力不一定有回报，但是我们的努力也常常被忽视，甚至归功于了其他机构。"

讲话开始前，请允许我由衷地感谢组织这次会议的印度国际中心，这次大会旨在促进对当代非洲的了解和认识。现在非洲有7.5亿人口，大约占世界人口总数的13%，其中约有5.6亿人口居住在撒哈拉沙漠以南地区，该地区占世界陆地面积的18%。

居住在撒哈拉沙漠以北的非洲人民，主要集中在地中海和尼罗河峡谷一带。历史上，该地区和欧洲大陆联系密切，并且在欧洲历史发展中占有举足轻重的地位。然而，散布在撒哈拉沙漠以南大片地域的人们和世界其他地区的联系却是在这很长一段时间之后才发展起来的。

连续三个世纪，美洲大陆和加勒比岛上的人们大规模地抓捕和贩卖奴隶，并发配他们到大农场、矿井、工厂和殖民者的家中劳作。被运输和贩卖的非洲青年不计其数，难以估量，但其中至少有1.2千万到达西半球，而死于所谓的"中程"的可能超过100万人。无法计算但无疑数量极大的非洲人死于因抢夺奴隶而引发的战争中，整个奴隶贸易对非洲西部和南部地区的经济和社会造成不可估量的损失，毕竟所有的受害者都是处于生产能力最旺盛时期的青年男女。

在莫桑比克北部地区,对来自非洲东部的奴隶进行的贸易开始和结束得都较晚,并且主要是为了满足中东和一些印度群岛地区对国内雇工的相对低的需求。但是,在我曾祖父的那个年代,远到维多利亚湖内陆,被奴隶主抓住的威胁是切实存在的,而并非是为了吓唬任性的孩子而编造出来的故事。在那之前的很长一段时间,它已经成了形成我们社会结构的有力要素之一。

当"跨大西洋奴隶贸易"在 16 世纪早期兴起的时候,奴隶制就不再是一个新名词了。"非洲奴隶贸易"的不同首先在于波及的人数之多,地域之广,时间之长,在这期间,它不断地毁灭,摧残着非洲。第二点不同在于受害者的非人性化,在贸易过程中,他们变成了动产,和贸易的其他商品并无不同。人们可能会争论说在过去的两三个世纪里折磨着整个世界的种族主义正是奴隶制的产物,因为此时所有的非洲人开始被看作低人一等。

了解奴隶贸易对社会、经济造成的破坏对认识当代非洲是非常必要的。因为除了直接影响,它们所造成的混乱也极大地制约了非洲本土在这期间以及后来很长一段时间的社会政治以及技术发展。非洲的殖民地化助长了人口买卖,在某些情况下甚至和人口贸易重叠进行。殖民地化的本质对理解当代非洲也是同等重要的。

除了南非,在较小的范围内,阿尔及利亚、肯尼亚和津巴布韦都有欧洲的殖民地,然而殖民者们对他们所统治的非洲地区的经济发展却没有作出任何贡献。这里有亟待开发的荒岛,荒岛上遍布着黄金、铜、钻石矿藏和一些橡胶或剑麻庄园。为了方便开发,殖民者们建了连接着欧洲的火车轨道、道路和其他的交通方式。

然而,这只是为了达到殖民管理的最低标准,因为管理者们感兴趣的事是是否维护了法律和秩序,或者是采掘业是否雇佣了劳动力。总的来说,这个新独立的国家并没有太多地将公共教育、训练、公共医疗卫生服务继承和延续下去,那些在传教士保护下所提供的除外。

因此,当非洲西部国家开始独立,非洲东部的人民却没有那么幸运。举例说明一下,在 1952 年,我是第一个拿到大学学位的坦噶尼喀人,不久以后,被刺杀的自由圣斗士成为第一个获得大学学位的莫桑比克人,我们两个都必须走出国门才能获得上大学的机会。我国人民在独立前不久的"内治"时期建立了我国的第一所大学,开始时,学校里仅有 13 个学生。

非洲现在经过培训的人大多是国家在获取独立后,在新政府的主持下受教育的,而且是在科技快速发展、政治冷战、国际经济新秩序对发展中国家不利(有时特别敌对)的情况下进行的。另外,与此同时,冷战和种族隔离制度使南部非洲国家情况更加恶劣。

我强调历史背景是因为这对于理解现在的非洲及其问题是很重要的。虽然对非洲所有国家目前正在恶化的经济社会条件几乎毫无快速转化之法,但是对非洲的未来我依然充满信心。非洲是世界上最落后的地区,对坏消息趋之若鹜的国际媒体,在成功解决了奴隶制和殖民主义遗留问题的非洲地区没有发现新闻,却在卢旺达、布隆迪、索马里和利比亚发现了有价值的东西。但是非洲已经开始解决这些问题,尽管有时并未对其成功高奏凯歌。

1963年,非洲统一组织成立。每个非洲国家(目前只有摩洛哥除外)都成为其一员。起初的两个目标是,非洲大陆团结一致和摆脱殖民统治。我们已经成功达到第二个目标。非洲统一组织致力于建立地区经济、社会、政治合作。统一组织的峰会每年举行,各个部长的常务会议更是频繁召开。由于成员国资源匮乏,国家贫穷,限制了种种活动,但是非洲统一组织的宏伟目标依然在一步步慢慢实现着。

非洲的政治、经济和社会问题,包括国内争端,都由非洲统一组织的各个成员国在各种会议上讨论。当国家内部或国家之间出现政治危机,非洲统一组织总是竭尽全力地予以解决或努力再建和平秩序。此外,统一组织也积极与非洲经济委员会合作,努力促进成员国之间协调合作的实际进程,致力于到2020年建立非洲共同市场的规划纲要,这是由统一组织和经济委员会共同倡导的。

换句话说,非洲已经在努力解决非洲常务和制度化的问题,尽管努力不一定有回报,但是我们的努力也常常被忽视,甚至归功于了其他机构。

非洲统一组织取得的重大成就之一是与种族隔离进行的斗争,在斗争过程中,该组织由于被怀疑将所有的注意力都放在种族隔离的问题上而经常受到谴责。现在,在曼德拉总统和他的国家统一政府的同僚的领导下,一个严肃认真并且先进的政府在统治着南非。

这是一个致力于提高所有公民的福祉,促进其发展的政府,尤其是那些长期遭受压迫的非洲社会的公民,这也是一个能够并且愿意促进区域和次区域政治,经济和社会合作的政府。我想我这么说是对的,加入非洲统一组织是新南非的第一步外交政策的举措。

非洲一个不为人知的组织是南部非洲发展共同体,该组织现在有12个成员国。纳米比亚和南非解放后,他们加入了建立南非发展协调大会的那9个国家,该大会成立于1980年,该组织也正是由该大会发展起来的。不久之前,毛里求斯也加入了该共同体,从一开始,该共同体就致力于发起积极的运动来促进成员国之间的合作与统一。

自成立以来的12年间,协调大会优先发展此区域的基础设施建设,如今,公路、铁路、电子通讯、航空飞机以及共享电网将所有的成员国紧密联系起来。当然,我们要做的还有很多,但是现在开车从坦桑尼亚到安哥拉,到纳米比亚甚至是南非已经成为了一种可能。我并不是说这种旅行是舒适的、高效的,但至少我们可以这样做了,然而之前,这完全是不可能的。与此同时,尽管战争给莫桑比克和安哥拉造成了破坏,现在或者是很快人们就可能从莫桑比克的马普托打电话到安哥拉的罗安达,而不必经过葡萄牙。然而,在南部非洲发展共同体成立之前,并不存在这样的联系。

通讯联系的增强促进了南部非洲发展共同体内部贸易的扩大,贸易的延伸已经取得了显著的成就,尽管到目前为止这种贸易增长大多只是发生在几个双边和三边自由贸易次群体中,这些次群体致力于逐步成长为一个南非社区群体,最后发展成为一个共同市场。与此同时,这些群体也很快就组织了农业研究领域的合作。

我被告知在协调大会和共同体的支持下,科学家已经研制出了适合在该地区的生态条件下种植的新的种子,并且分配给了成员国。这次科学合作只是整个正在进行的基于南非的食品安全组织运动中的一部分。

南部非洲发展共同体决定提高在发展融资方面的自力更生的能力,因为认识到它不能再像早期一样依赖于以融资形式进行的外部金融支持。然而,对南部非洲发展共同体项目的外部直接投资依然有很大前景。

南部非洲发展共同体按照每一个成员国负责某一或某些主要方面构建其独特的分散的架构,这是其活力之一。它的秘书处规模一直很小,每位成员都尽责地对应某一地区的领导人。另外,该组织带有浓厚的政治背景,在共同的反对种族隔离的斗争中不断成长。积少成多,为了将来的经济一体化目标,它向新成员敞开大门。

在东非,重建东非共同体(取代 1977 年解散的东非共同体)的尝试最近向前迈出了重要的一步,在阿鲁沙建立了一个小秘书处,在下个月开始办公。这个基础使三个国家的民众认识到彼此的合作在东非已有很多年,远远超过分裂的时间。并且,在主要的公共服务和共同市场安排成为政治问题及伊迪·阿明在乌干达统治的牺牲品的时候,一些机构,如东非发展银行,仍继续存在。

另外,埃塞俄比亚和厄立特里亚的重新稳定可能使这些国家与东非已有组织的联合。并且,南部非洲发展共同体和东非组织通过坦桑尼亚的双重成员身份而得以重叠,这是完全可能的,我确信南部非洲发展共同体和新东非共同体在某些时候将会合并。如果这变为现实,它将会使几乎整个东部和南部非洲的稳定、经济发展和集体自立得以制度化和强化。在未来 15 到 20 年里,这片辽阔地区可能会成为非洲的东盟。非洲的这块次区域也会因为其战略地位成为与亚洲和拉丁美洲合作的先锋,相互获益。

在非洲也有很多其他的次区域群体,尽管遇到了很多政治和社会问题,但他们依然存在并为更加统一和经济不断进步而努力奋斗,例如,西非经济共同体,包括利比里亚,塞拉利昂和尼日利亚等其他成员国。现在,如果这一组织可以推进已经实现了的次区域经济合作,那么可以做出更加卓有成效的贡献。不久之前,在尼日利亚的领导下,听他们致力于创造利比里亚的和平环境并且维护和平,这成为了鲜被提及的另一个非洲国家所作出的贡献。阿拉伯马格里布联盟尽管在阿尔及利亚遇到困难仍在继续运转;整个的区域合作在该组织的支持下从未停止。

综合考虑,非洲的次区域组织为区域内贸易增长作出卓越的贡献,贸易额从 1970 年的 6.57 亿美元上升到 1992 年的 43.64 亿美元,这只是非洲总的对外贸易额的一部分,最新数字显示占总贸易额的大约 7%。但是我们的方向和目标是明确的,区域内贸易持续增长,非洲正朝着更多领域的合作和更加集体独立自主、自力更生的方向发展,开始为未来的发展奠定基础。

但是,非洲也很关注能否和其他发展中国家进行贸易,以此来扩大贸易领域,从而减少对发达的工业化国家的依赖性。因此,在 1991 年非洲 19% 的进口来自亚洲。然而在 1970 年,这个数字仅为 7.6%。但是在 1991 年非洲仍有将近 85% 的出口流向了发达国家。例如,在过去的 10 年里,尽管坦桑尼亚不断扩大和印度的贸易,但是该贸易量仍然是微不足道的,印度的进口仍然有很多的扩展和多样化的空间。然而，现实是非洲仍然主要出口初级产品，但是通过更多的当地的加工和转化成消费品，非洲尝试着增加产品的附加值。

我认为，在这个领域里，亚洲和印度可以在非洲的发展中发挥更大的作用。印度和许多东非国家已经签订了大量的双边合作协定。目前，仅和坦桑尼亚这一个国家，印度就签订了6份合作协定，其中包括一个涵盖广泛的"友好和技术、经济和科技合作协议"，另外还有一个印度孟买商人会所和坦桑尼亚的贸易、工业和农业会所合作协议。

和印度签订的技术扶持协议也为东非国家的发展作出巨大贡献，再举一个我自己国家的例子，超过700位公务员从在印度的培训中获益，而整个培训的费用则是由印度支付的。坦桑尼亚的学生可以获得大学里的奖学金和一些技术培训机会。另外，还有非常重要的一点是，印度为不同行业的小型企业提供了技术协助和贷款。

这样的非洲国家和亚洲国家间签订的双边协定是非常重要的。然而，令我感到振奋的是双方正在努力实现"印度洋沿岸倡议"。我觉得这样的倡议可以变成印度洋沿岸的固有的、制度化的，但非官僚主义的组织结构是很好的，因为大海也有自己的逻辑。

几个世纪以来，大西洋不断扩展延伸着北美和欧洲之间的贸易联系，不久之前，几个拉丁美洲国家和西非国家建立了贸易联系。

相对来说，面积较小的地中海使得贸易、移民和文化交流已经进行了许多世纪，交流领域之广吸引了欧盟国家开始关注北非国家的发展。甚至辽阔的环太平洋地区也开始联合成一个组织，尽管该地区发展中国家很自然地对组织内伙伴间权力失衡感到担忧。印度洋周边的国家在开发海洋资源上进展缓慢，对海洋的开发成为了贸易以及其他形式的合作和联系的一种路径。虽然被当时的航运技术所限制，但历史上，亚洲和非洲都有联系，正如几世纪前一样，单桅三角帆船仍可以从阿拉伯出发航海到东非。东非沿海国家的考古学显示有远自中国的贸易货物。在上个世纪，人们就看到移民在东非港口的街道上走动，甚至在我们内地的乡镇也能看到许多移民，虽然他们是乘坐英国或其他欧洲国家的船只而来。

我相信这个倡议将会继续下去并将为印度洋周边国家的合作奠定坚实的基础，我希望不久之后其他印度洋沿海国家将参与到准备工作中来，并且最终所有的国家将成为互惠互利的南南跨区域合作中心的一部分。印度作为这些国家中最大最发达的国家,在合作发展中需要扮演重要的、主动的、建设性的角色。

我真诚地希望这次大会将会为这一进程的早日实现摇旗呐喊。

# 52 后种族隔离时代，既是对南非的挑战，也是整个非洲的责任

### 在南非福特哈尔大学接受法律荣誉博士学位时的演讲
### 南非：1998年4月23号

> "非洲目前的形势堪忧。如果说非洲还没有失去当初其开创者们的宏图愿景，现在也面临着失去的危险。在满怀热情地取悦和模仿世界强国时，我们也已经失去了自己的现实感。所以，当听到南非领袖呼吁非洲复兴时，我又重获希望。我需要你们的想象和活力，为非洲注入新的希望。"

校长先生，由您亲授南非著名大学的法律荣誉博士，我深感荣幸。南非大学众多，但由于种族隔离政策，福特哈尔大学又因其无白人而最为著名。确实，在西非和中非，众多寻求高等教育的人祈求进入福特哈尔大学的珍贵机会。因此，许多非洲领袖出自贵校，他们除了来自南非，还有非洲南部和东部的一些地方。

在南非，这些令人敬仰的领袖最早的是察哈里埃·马修斯，他是首个毕业于贵校的学生，于1923年被授予学位，那时我只有两岁。后来，他因学者、律师、政客、宗教领袖以及外交官的身份卓然于世。总统纳尔逊·曼德拉，非国大的奥利弗·坦博和戈万·姆贝基，政治行动委员会的罗伯特·索布奎、因卡塔自由党的领袖布特莱齐都相继加入了这一行列，但是留名青史的只是少数。

南非以外领袖包括津巴布韦的总统罗伯特·穆加贝、博茨瓦纳共和国总统卡马和乌干达的总统卢利、赞比亚的穆利基和塔穆登达。这张有如此出众的毕业者的名单一定使得贵校受到其他学校的羡慕。因此，祝贺你们不畏艰难取得

的伟大成就。我也心怀谦卑地真诚地感谢这所大学，允许我成为其中一员。

现在，这个伟大的大学是个自由的学府，一个没有种族隔离的、民主的、没有人种之分的位于南非的真正自由的学府。此外，允许我说一点，有一个南非的总统，不仅毕业于贵校，也是一个高尚的人，他很有名望，而且是当今世界仅次于教皇的有着道德权威的人。

现在这个国家的人面临着极好的机遇，我们有机会建立属于人民的国家财富，他们虽遭受了很多苦难，但是也已经具有了基本经济基础以及工业基础，有能力去建立一个为所有公民提供最新生活的国家。

但是机会仅仅在种族隔离结束之后，并且以其结束的方式被创造，南非人民会面临新的问题和挑战。在这样的境遇下，这个国家的许多人民受了很多苦，努力了很久。

种族隔离消除后，社会和人际关系的根本改变是缓慢的，也不可能一夜完成。要彻底消除种族隔离政策有意引起的不公平现状，比如财富、收入、教育以及医疗机会的不公平等，需要几代人的努力。

现在，南非是一个民主、无种族歧视的国家。这是事实。但是，种族隔离刻意灌输的情绪不会像关闭水龙头一样可以消除掉。确实，并不是所有在种族隔离中受益的人都愿意放弃曾经属于他们的特权。再进一步说，许多在种族隔离政策中遭受侮辱和恐吓的人仍然感到不安。

甚至对于那些想抓住由新南非提供的机遇的人来说，这也是非常困难的。可以想象，个人或众人之间公平的合作，合作双方也许并不很了解，也许了解的都是一些不好的方面，或者彼此之间的交往是老板和下属，狱卒和犯人，穷人和富人的关系。人际关系，几乎完全取决于肤色，决定是否拥有权力，只会导致互相猜忌和恐惧。

克服这些态度对尝试建立崭新的南非的未来起到至关重要的作用。人民大众是奇迹的创造者！每每去南非，我都感动地想说声谢谢，因为人民使像我这样的黑种人能够站在这里演讲。是的，尽管种族隔绝仍然有所遗留，所有的固有障碍仍然存在，人民仍会建立你们最梦寐以求的南非。我们祝你们成功，因为在新的南非你们将变得更好。你们努力去构建它，因为这会使我们以及我们这个地区的邻国变得更好。

校长先生，种族隔离下的南非对邻国像具有毁灭性的不稳定剂。南非种族隔离的损失强加在了安哥拉和莫桑比克,很难去推测和想象与冷战时期的反共产主义的勇士一起携手并进。但是博茨瓦纳、津巴布韦、赞比亚,当然,还有纳米比亚都是南非种族隔离攻击下的受害者。莱索托和斯威士兰也没有幸免于难。由于你们已经创下的奇迹,由南非所造成的对邻国的破坏以及不稳定的时代现已成为历史,尽管仍然是一段新历史。

作为南部非洲发展共同体的一员,南非已是正在发展中的国家,而不再是邻国的不稳定因素。从整体上来说,不仅是为我们,也是为这个组织中所有的国家,通向更美好未来的大门已经敞开。我们怎么能不希望你们成功呢?南非的成功又怎么不会使其他发展中的伙伴受益呢?

然而,就像种族隔离对南非的影响不会因为南非新的宪法和领导力而突然消除一样,种族隔离制度为对抗其邻国所采取的行动而造成的后果也不会瞬间消失。

因此,当南非加入南方合作委员会时,其经历和德国很相似,那个时候欧盟开始发展。西欧的其他国家为他们战胜纳粹政体而欢呼雀跃。1947年以后,他们发现,德国的政府、领导以及政治体制与19世纪30年代末和19世纪40年代前半叶的不同,那时欧洲正遭受许多的苦难。

胜利的欧洲盟国也认识到,通过和他们故敌——德国的统一,为了西欧的经济合作做一些重整,无论是经济上还是在冷战时期各国的安全保障问题上,西欧各国都受益颇多。尤其是欧洲国家,在强国美国的影响下,他们将逐渐在国际占据更有利的竞争地位。

尽管如此,在一定程度上,一些欧洲国家仍然对德国人的野心持怀疑态度。因为他们害怕德国潜在的经济实力。确实,他们害怕德国以一种新的方式统治他们,毕竟德国是欧洲面积最大、人口最多的国家,既是一个有着漫长的工业传统,也是拥有技能精湛、严谨守时优秀劳动力的国家。

在1945年以后的50多年,由于战争的影响,人们对德国的怀疑并没有彻底消除。但是,当一些对1939—1945年战争有着恐怖记忆的人变老逝世后,那段历史对当今欧盟的瓦解所产生的直接影响就更小了,或者也可以说,实际上,在逐渐瓦解欧盟的过程中也扩大了其盟国的数量。但是,我想强调一点:那种情形具有偶然性。在合作伊始,欧洲各国排外的民族主义很容易复燃,所以欧洲各国的合作就受到了影响。

欧盟之所以没有瓦解，很大程度上是因为德国政府领导人不但认识到他们目前在经济和政治上的潜力，也认识到他们新的合作伙伴对德国所持有的怀疑态度。在康拉德·阿登纳之前的成功的总理们，已经意识到在处理他们国家新伙伴的事情上需要最大限度的灵活处理。因此，多年之后，德国领导人们倾向于表现出他们支持公平的原则，所有国家的社会团体和联盟，仅仅希望为他们争取一个平等的地位。

必须要强调一点的是，德国人的敏锐性并不足以让他们克服过去的怀疑并逐渐建立统一的欧洲。一些更小的欧洲国家减少对德国的怀疑也是很必要的。德国本身存在很多问题，所以其邻国也应该试着去理解那些问题并帮助其克服，从而适应新的欧洲是很重要的。尽管竭力想要成为合格的欧洲人，但是由于人们仍然怀疑德国人怀有隐藏的野心，在这种阴影下，至少可以说，即使是对最支持德国的领导人来说也是很令人沮丧的。

我们原谅过失，忘记痛苦的能力是巨大的。如今，看一看你们伟大的国家发生的一切。我无法相信，不论是南非还是其在南部非洲发展共同体中的伙伴，会缺少欧洲领导人为西欧实现目标的智慧，更何况，欧洲各国之间有着更长的斗争史。我们也应该克服历史的阻碍，共同建立一个自由、团结、繁荣的地区。

是的，由于历史和相对力量的影响，南非需要灵活地处理与邻国的问题。心存谦逊、包容、慷慨的品格，去做你们正在做和将要做的事情。

但是，我有一个请求。有时历史和环境授予个人或国家难以避免的责任。非洲目前的形势堪忧。如果说非洲还没有失去当初其开创者们的宏图愿景，现在也面临着失去的危险。在满怀热情地取悦和模仿世界强国时，我们也已经失去了自己的现实感。所以，当听到南非领袖呼吁非洲复兴时，我又重获希望。

我需要你们的想象和活力，为非洲注入新的希望。因此，要敏感一些！但是，拜托，拜托，不要畏首畏尾！也不要特立独行！你们肩负重任在这个地区，我们已经习惯一起工作。并且，南非领导人和其邻国已经携手拼搏，致力于将我们国家从殖民主义和种族歧视的枷锁中解放出来。所以，我们是为了国家经济解放而团结合作的好伙伴。我们在一起。只要共同努力，我们将克服一切困难！

# 53 领导与管理的变革

## 在英联邦大学协会五周年纪念大会上的演讲
## 加拿大,渥太华:1998 年 8 月 17 日

> "世界上几乎每个国家都有一个少数阶层,他们已拥有财富与权势,却仍醉心于钱财权力的追逐,对百姓的疾苦却漠不关心。"

应大家要求,以"领导与管理的变革"为题做演讲,我虽未迟疑,但仍需澄清一下,就"领导"与"管理"而言,本人未做过理论研究。从专业上讲,我是一位受过训练的教师,由于历史的偶然,成为我国民族解放道路的先锋,后来又成为政府领导人。因此只能说,我领导与管理的经验很长但却有限,而且从未涉及领导大学之道。

变革始终是贯穿人类历史经验的一部分。但是,今天,变革的速度之快却是前所未有的。变革范围广且初现之时又往往难以觉察。有谁,在一个与世隔绝、自给自足的非洲村庄里,首次见到锡制的油桶就能够预见其经济和社会的影响?

在一个发展中国家,有多少人能够意识到,一个遥远国家的经济危机会给所有人的生计带来灭顶之灾?当一系列变革在持续不断地发生的时候,又有几人能恍悟一切变化的潜在根源?于社会,于个人,适应当今变化之快已属不易,要彻底避免变革就是无稽之谈了。

数十年前,当我还担任总统的时候,我告诉坦桑尼亚的人民,在他们面前的选择,就是改变,或者是被改变。但是,我错了!对于他们来说根本没有选择,他们必须去改变,而且还需要不断地被改变。

回忆过去,我认为在我那个时代,作为一名领导者所需要承受的压力要比

当今领导者所需承受的压力少得多。对于变革的要求,是来自于我们这些领导者以及一些相似的人员。我们,是代表着一个联合的社会来讲话的。我们要求结束那些对于我们人民的外来控制,这些控制是无形的,却又简单易懂。

那些领导过独立运动的人们从未料想到,实现政治自由后的我们又被如枷锁般的持续增长的外部经济所囚禁。最先认清现状的人是加纳总统,科瓦米·恩克鲁玛,他嘲弄似地讲述了现行的新殖民主义。但即便是他,也曾提出:"先建立政治王国,其他的都将随之而来。"

现今,当人民的期望已不再止于了解发生何事以及为何发生,领导人就必须去应对那些民众知之甚少的经济影响。百姓手里的棉花、咖啡、铜的价格在持续下跌,而那些他们想去购买的商品却在不断涨价。解释其原因何等困难!又该如何让普通工人明白为何以同样钱币换得的米粮不胜往昔。即使能将问题条分缕析,其解释也无法迎合百姓的期望。他们希望米价在可接受范围之内,他们希望政府为之努力。

漫漫荒野,在通往那片满是牛奶和蜂蜜的许诺之地上,当人们渴求水和食物,或者是对食物一点点简单的改变时,摩西正经历着痛苦,因为他被告诫在埃及一切都更好。当他向上帝呐喊:"主啊!我应该对这些人做些什么呢?有时他们甚至想拿石头砸我。"于是,清水涌于岩石,甘露现于空中,鹌鹑隐于树丛。这是上帝的答案!在全球化和自由化的茫茫大地上,我们的圣灵,我们的女神却是那冰冷无情的市场。

当今的领导问题大多与水、食物、工作、住房、教育以及社区有关。我们需要做的是组建我们的共同体,团结人们的力量让他们采取行动,以此增加人们——甚至所有人所需的货物和服务的补给。当然,人民不是傻子。下雨的时候,或是厄尔尼诺带来洪水时,他们并没有责怪政府。他们所切切实实要求的,是政府能够提供紧急粮食供应,或者是帮助他们重建桥梁,或是其他的事情,通过这些,他们能够度过这场灾难就足够了。而且,需要强调的是,他们并不需要领导人对为什么不采取行动提供任何借口,所谓国际货币基金组织要求政府给外债以保障的优先特权这样的借口,人民是决不会接受的。

即使没有全球化所给的压力,没有所谓的国家金融体系,独立后的我们要实现社会和经济目标依旧艰难。外部势力集团对自由的呼吁汇集了所有这一体系下的受害者。不论是贫穷还是富有,不论是博学还是无知,不论是基督教徒还是穆斯林人士,不论是婆罗门还是贱民,不论是豪萨人还是约鲁巴人或伊博人,大家都渴望其民族得到解放,愿为之战斗并拥护其领袖。

然而不幸的是,调动所有的资源,使人人拥有干净水源、教育机会、健康保障、生存技能在现实生活中是行不通的。因为,世界上几乎每个国家都有一个少数阶层,他们已拥有财富与权势,却仍醉心于钱财权力的追逐,对百姓的疾苦却漠不关心。

我们的国家,坦桑尼亚,在所拥有的和没有的东西之间有条鸿沟,而且这条鸿沟越来越大,在我们注意到这件事情之前,它仅刚刚独立。我们没有一个发展完善、能够盈利的个人部门。我们那些拥有特权的团体都来自于政治领导者和官僚阶层,在过去受殖民统治的时候,他们很穷,但是现在,他们却用自己崭新的地位,在党内和政府里面为自己谋取财富。而且,当下最最重要的是整个国家团结在一起,与我们口中所谓的三个敌人抗争,那就是:贫穷、愚昧和疾病。

坦桑尼亚获得独立的时间不长,我们就已觉察贫富差距在逐渐拉大。我们曾经是,当然现在也是,一个非常贫困的国家,仍然没有建立起完善的盈利性的私营部门。而那些也曾在殖民统治下苟延残喘的人,如今已摇身一变成为政治领袖与新官僚,组成了特权阶层,以党和政府的职位来谋取私利。这样的发展将会使领导阶级与群众的关系疏远。而当今我们所肩负的任务需要全民族的紧密团结,去征服我们的敌人:贫穷,愚昧,疾病。

因此,我们明确提出了一个新的国家目标。在阿鲁沙有关社会主义和自力更生的宣言中,我们强调一切发展为人民,当然是所有的人民,而不仅仅是那一小部分特权阶层。我们制定法规限定领导权限,并踏上了实现这宏图大业的征途。

我们成功确立了完善的国内一党执政制。显然,它绝非英国议会或美国国会的复制,也与苏俄政体大相径庭。我们并不是赞美这一制度,好让别人去效仿,因为这一制度是只为我们服务的。这一制度强调共同利益,以及公民所关注的所有事情,增强了部长和议员们的责任意识,而这正是我们一直所追寻的。

阿鲁沙宣言,国内一党专政,还有我们的母语——斯瓦希里语以及一支高度政治化和纪律化的国家军队,终使这片土地上近126个部族融合为统一的民族。这份成就巨大得足以为我们至今所享有的政治稳定做出解释。但在我国,财富权力不均的加剧,不断的经济灾难,持续给稳定性造成了压力。

一位睿智的英国人说过这样的话：权力诱发腐败，绝对的权力导致绝对的腐败。最终，我们执政的一党也会变得绝对、官僚、腐败。我们必须变革。现在我们正在尝试多党制，抛弃了《阿鲁沙宣言》，不过在我看来实为不智之举。我们也在尝试资本主义的自由市场经济。因此我下面的谈话将与这一问题有关，即如何在当今国际大环境中管理民主主义和资本主义，实现权力的平衡等问题。

冷战如阴影般笼罩于第三世界，大量贪婪无耻的独裁者由西方所扶持，肆意横行。马科斯、索摩查斯、博卡萨、蒙博托都是西方民主政治的门徒。甚至有此种言论：南越要举行大选，也需问过美国人的意见，因为他们害怕，倘若选举是自由公正的，共产主义很有可能获胜。

冷战已经结束，令人振奋的是，如今，还是那些相同的西方国家成为了民主的最大赢家，世界各地到处都有民主的选举。但同样也正是现在，他们开始渴求另一种民主——科学民主。民主一直被人们当作一种可以被套用的借口，就好像克隆羊多利一样，在世界的任何地方都被应用。我们必须管理我们自己民主的发展和变革，这一点我们不同意，却又在徒劳地争辩。我们争辩，说为了让民主正确地运行，国家机器必须适应国家文化、各个条件以及当下的社会环境，当然，还需要适应自然，适应一个国家和人民的共同目的。西方国家的民主就是这样发展的。美国民主、英国民主、加拿大民主、瑞士民主以及其他国家的民主，他们都是民主主义，但他们却不是某一个原始模型的克隆物。他们都是互不相同的。人们应该允许发展中国家去发展他们自己的机构和特色民主。

举个例子来说，布隆迪的人民想设计一套专门适合布隆迪的民主主义，他们并不需要为这一想法感到抱歉。重要的是那确实是民主的，而不仅仅是一个被布隆迪人民所接受并且服务于他们利益的民主。

但是除了教条的民主主义之外，我们现在还需要同教条的资本主义作斗争。再者说，现在轮到了这样一种情况，资本主义世界坚守一种特定的科学资本主义，而其他每一个国家都需要遵守这一主义——这就是自由放任的自由市场资本主义。这一主义的宣传者们相信，让布基纳法索、中国、印度、俄国、波兰、巴西、坦桑尼亚、老挝和斐济去效仿美国的资本主义是可行和合理的。但是，我必须再一次强调，这是荒谬、可笑的！

在当今的资本主义世界中,我们是不是只有一种资本主义?德国资本主义、法国资本主义、意大利资本主义、日本资本主义以及韩国资本主义,是不是都是美英两国资本主义的克隆物?他们是不是以相同的方式发展?回答显而易见,"不是这样的"。我再一次强调,在我们现实生活中,没有哪一个国家实施了纯粹的自由放任的资本主义。那么,为什么,发展中国家的资本家们不被允许发展他们自己形式的资本主义呢?

这个英联邦大学协会,就像其他共同体组织一样,是一个内部成员可以互相讨论咨询的个体。这一组织让成员们来分担问题,并且讨论能解决这些问题的可行方法。通过这一方式,提高并促进了各个组织和成员之间的合作机制与互相帮助的能力。但是,我们的英联邦大学协会对我们这些大学没有实施任何权利管制,也没有一种势力能够代表它。而且,即使我们是互相学习的,也没有哪所大学正在努力让其他大学效法它。你们自身资源和经验的不平等是众所周知的,但却已经融入了相互尊重当中。英联邦大学协会提高了所有个人的独特性,还有平等权。

在世界上,大约有200多个领土国家,还有更多的经济和社会团体。他们当中的每一个,从某种程度上来说,都是互不相同的。但是,不可避免地,他们之间又相互影响着。所以,一些国际组织和一些功能机构由此而创立。在这些国际体中,有些确实需要有行政功能,因此他们代表着行政力量。

不幸的是,这些确实拥有行政力量的国际机构,却全部建立在另一种行为规则之上。这一行为规则意在提高,而不是降低,那些已经很强大的国家和经济单位的相对力量。不过这确实是事实,看看那些与金融和贸易有关的组织,有关它们理事会的表决,都是以财富和贸易伙伴的数量来决定的。

因此,这些在理论上独立且具有客观功能的机构,在现实中是被一些利益集团所控制的。而这些集团,正是由世界上最富有、最发达、最独断的国家政府组成的。国际货币基金组织、世界贸易组织以及世界银行,都成为了一种障眼法,以此来遮盖一种现实。这现实就是,大部分的发达国家用他们自己巨大的经济力量来谋取自身经济利益。

曾经有那么一段时间,一个发展中国家的领导人可以对国际货币基金组织或世界银行说"不"。但是,现在,在一个高度负债的贫穷国家,或是在遇到金融问题的印度尼西亚和韩国,没有哪个领导人能够不顾后患地说"不",因为他的国家很有可能因此而遭到迫害！所以,为了报答来自国际债权人的紧急救助资金,一些领导人被迫让自己的国家接受一种新殖民主义。这种情况,就是当下很多非洲国家的情况。

现在,强权国家很少让自己的士兵冒着生命危险进行海外探索,他们大多会用自身的经济力量来确保国家利益和国际目的。政府向群众解释这一行为,经常会说成"是为了支持人权和民主"。

一些好心人也经常支持这样的说法,因为他们支持人权和民主。他们并没有意识到,国家对于基本人权的滥用是非常普遍的,而这一现象导致的直接后果就是发展中国家的领导人努力实现政治稳定——他们竟将国际货币基金组织的药物强行灌送到他们人民的喉咙之中！

最终的后果,或许可以叫作"国际货币基金组织的面包暴动"。如果这些暴动被武力镇压,或是通过政治手段被解决掉,那么人们的不满将会越来越严重,之后,很有可能爆发成为通常的社会暴乱,甚至是一场内战。但是,领导者们不可能利用政治和军事的力量,来告诉人们要做什么,之后再强迫他们做什么(如果他们不乐意去主动做的话)。而且,任何现代社会都认为,无论在什么情况下,用武力来对抗那些正在与持续增长的贫困作斗争的饥饿的人们,都是可憎的。

在非洲,发展中国家一直以印度尼西亚为标榜进行发展。即使知晓非洲与亚洲东南部国家经济实况各不相同,即使领悟到亚洲"四小龙"的强盛中并无一国因其自由资本主义发展而来,我们依旧盲目追随着。

然而现在,印度尼西亚已没落于国际货币投机者的铁蹄之下,其总统也被迫下台。对于他的失败,我们又听到了一贯的解释:这是一个腐败且独裁的政府,一个违背人民意愿的政府,一个因扼杀自由而丧失主权的政府。印度尼西亚再次成为典例,却是予以示警的反面教材。

我们甘心长期屈服于富豪与强权的长鞭之下,去全球化、自由化,去将国营企业私有化,去神化市场之功,去削弱政府之责使其无力干涉贫富之差。所有的这一切,毫无疑问,在任何国家里一小部分人将因此飞黄腾达获得财富与权力,同样大多数人面临的将是极度的贫困与无尽的失望。

这绝非是实现世界和平与稳定的良策。无论是国家还是国际,维系其和平稳定唯有公平。若想实现世界和平,国际组织必须以民主为基石进行管理,以求对世界人民负责。

在整个世界飞速前进之时,民主、公平理应得到提升。但实际却与此背道而驰。当今世界不再仅仅是混乱无序,更被蛮横、专制、不平的阴云所笼罩。这片阴云下一个国家尚且动荡不安,世界又怎会和平?现今局面绝非偶然!

# 主要译名对照表

（按中文拼音排列）

## A

《阿鲁沙宣言》 Arusha Declaration
阿明，伊迪 Idi Amin
阿拉法特，亚西尔 Yasser Arafat
艾鲍曼（坦噶尼喀）有限公司 A. Baumann & Co. (Tanganyika) Ltd.
艾登，安东尼 Anthony Eden
爱贝蒂，穆兹·盖勒斯 Mzee Gallus Abedi
爱德华，特文宁 Twining Edward
爱丁堡公爵 the Duke of Edinburgh
奥博特 Obote
奥林匹欧 Olympio

## B

巴哈人 Baha
巴哈亚人 Bahaya
巴加莫约 Bagamoyo
巴塔制鞋公司 Bata Shoe Company
巴锡基维协会 Paasikivi Society
班图斯坦 Bantustan
鲍威尔，以诺 Enoch Powell
北欧-坦噶尼喀工程 Nordic-Tanganyika Project
贝专纳兰 Bechuanaland
本·贝拉 Ben Bella
比夫拉 Biafra

波德戈尔内 Podgorny
博杜安国王 King Badouin
博茨瓦纳 Botswana
博顿利 Bottomley
博马尼，保罗 Paul Bomani
布尔人 Boers
布哈 Buha
布克巴 Bukoba
布隆迪 Burundi
布拉柴维尔 Brazzaville
布拉瓦约 Bulawayo
布蒂亚马 Butiama
布提库，约瑟夫 Joseph W. Butiku
布鲁姆，芭芭拉 Barbara Broome
布罗兹夫人 Madame Broz
布洛克，克拉顿 Clutton Brock
布廷巴 Butimba

## C

冲伯，莫伊兹 Moise Tshombe
昌得工业 Chande Industries
查加人 Wachagga
纯净食品生产有限公司 Pure Food Products Co. Ltd.
村庄发展委员会 Village Development Committees
村庄安居方案 Village Settlement Schemes

## D

达尔格蒂（东非）有限公司　Dalgety Co. (East Africa) Ltd.
达菲，詹姆斯　James Duffy
达格·哈马舍尔德基金会　Dag Hammarskjöld Memorial Foundation
达累斯萨拉姆大学学院　University College, Dar es Salaam
达累斯萨拉姆师范学院　Dar es Salaam Teachers' College
丹麦英格丽德女王　Queen Ingrid of Denmark
道格拉斯休姆，亚力克　Alec Douglas-Home
德国麻风病协会　German leprosy Association
东非大学　University of East Africa
东非公共事务组织　East Africa Common Services Organization
东非共同市场　East African Common Market
东非共同体　East African Community
东非航空公司　East Africa Airways
东非和中非泛非自由运动组织　Pan-African Freedom Movement for East and Central Africa (PAFMECA)
东非货币委员会　East Africa Currency Board
东非经济共同体　Economic Community of Eastern Africa
东非联邦　East Africa Federation
东非商会　Commerce of Eastern Africa

东非铁路培训学校　East African Railway Training School
东非学院　East Africa Colleges
东非饮料公司　East African Breweries Ltd
东非与罗得西亚　East Africa and Rhodesia
东非中央立法议会　Central Legislative Assembly of East Africa
东英吉利亚大学　University of East Anglia
多伦多大学　University of Toronto
杜波依斯，雪莉·格拉哈姆　Shirley Graham du Bois
杜波依斯，威廉　Willian du Bois

## E

E. N. I 炼油厂　E. N. I. Oil Refinery
恩多拉　Ndola
恩克鲁玛，克瓦米　Kwame Nkrumah
恩科莫，约书亚　Joshua Nkomo
恩戈马斯　Ngomas

## F

泛非主义　Pan-Africanism
泛非大会　Pan-African Congress
泛美航空公司　Pan-American Airways
范·诺斯特兰　Van Nostrand
非洲合众国　Federation of Africa
《非洲论坛》　African Forum
非洲教育与投票权　Africa Education and Voting Powers
非洲历史国际大会　International Congress on African History

非洲联邦　United States of Africa
非洲人国民大会　African National Congress（ANC）
非洲商业（海外）有限公司　African Mercantile Co.（Overseas）Ltd.
非洲—设拉子党　Afro-Shirazi Party
非洲声音　Africa Speaks
非洲特别报道　Africa Special Report
非洲统一　African unity
非洲统一组织　Origanizaion of African Union（OAU）
非洲统一组织宪章　OAU Charter
菲利普，凯尔　Kjeld Philip
菲利普委员会　Philip Commission
腓特烈九世　King Frederick IX

## G

克拉顿-布洛克，盖　Guy Clutton-Brock
盖塔区　Geita
革命党　Chama cha Mapinduzi
公共账户委员会　Public Accounts Committee
戈戈人　Wagogo
贡倍素固　Gombe Sugu
观察家报（伦敦）　The Observer（London）
国际记者俱乐部　International Press Club
国家保险有限公司　National Insurance Corperation
国家发展公司　The National Development Corporation（NDC）
国家贸易公司　State Trading Corporation（STC）

国家体育馆　National Stadium
国民财产　National Property

## H

哈博罗内　Gaborone
赫德尔斯顿，特雷弗　Trevor Huddleston
黑尔　Hale
黑尔水力发电站　Hale Hydro-electric Station
货物配送　Distribution of goods
怀特海德，埃德加　Edgar Whitehead
赫赫起义　Hehe war
哈亚人　Wahaya
华盛顿，布克　Booker T. Washington
胡南　Hunan

## J

加维，马库斯　Marcus Garvey
教皇保罗六世　Pope Paul VI
吉里总统　President Giri
吉拉吉公司　G. R. Jivraj
基多舞　Kiduo
基武科尼学院　Kivukoni College
基巴哈　Kibaha
基巴哈北欧中心　Kibaha Nordic Centre
基博火柴厂　Kibo Match Factory
基顿杜　Kitundu
《集团居住法》　The Group Areas Act
贾马尔，埃米尔　Amir Jamal
杰萨，诺莫汉德　Noormohamed Jessa
经济事务与发展计划部　Ministry of Economic Affairs and Development

Planning
金斯顿　Kingston

## K

卡瓦瓦,拉希迪　Rashidi M. Kawawa
卡比里,波希　Mposhi Kapiri
卡布拉巴萨项目　Cabora Bassa project
卡拉伊,久洛　Gyula Kallai
卡马,塞雷茨　Seretse Khama
卡里巴大坝　Kariba Dam
卡鲁姆,阿贝德　Abeid Karume
卡皮奥　Carpio
卡皮里姆波希　Kapiri Mposhi
卡瑞姆基厅　Karimjee Hall
卡萨木巴拉先生　Mr Kasambala
卡斯特德,贝蒂　Betty Karstead
卡翁达,肯尼思　Kenneth Kaunda
喀格拉河　Kagera River
坎嘎布　Khangas
坎帕拉协议　Kampala Agreement
坎伯纳,奥斯卡　Oscar Kambona
凯塔,莫迪博　Modibo Keita
康格舞　the Konge
科尔切斯特　Colchester
科罗圭　Korogwe
科萨塔　Cosata
普拉特,克兰　Cran Pratt
克耶拉萨塔尔面粉厂　Kyela Sattar Mills
肯雅塔,乔莫　Jomo Kenyatta

## L

拉贾尼面粉厂　Rajwani Mills

拉梅奇委员　The Ramage Committee
拉斯基　Laski
乐乐玛玛舞　Lele Mama
利比里亚　Liberia
联合国第四委员会　the Fourth Committee of the United Nations
联合国粮农组织大会　the Food and Agriculture Organization
联合国托管地　Trust Territories
联合国托管理事会　Trusteeship Council
联合国托管领土协议　United Nations General Assembly
联合国托管委员会　the Trustteeship Council of the United Nations
联合贸易有限公司　Associated Traders Ltd.
卢蒙巴　Lumumba
卢萨卡　Lusaka
卢旺达　Rwanda
鲁菲吉　Rufiji
鲁伏—姆尤西铁路　Ruvu-Mnyusi railway link
伦诺克斯-博伊　Lennox-Boyd
罗得西亚　Rhodesia
罗斯教授　Professor Ross
卢萨卡宣言　Lusaka Manifesto
洛伦索-马贵斯　Lourenco Marques
洛松齐　Losonczy

## M

《民族党人》 Nationalist
马菲亚　Mafia
马空能,拉斯　Ras Makonnen

马及马及起义　Maji Maji Rebellion
马坎巴库　Makambaku
马兰古　Marangu
马林巴琴　the marimba
马鲁马酋长　Chief Maruma
马萨西　Masasi
马萨伊(人)　Masai
马苏瓦　Masuwa
马谢尔,萨莫拉　Samora Machel
玛利诺传教会　Maryknoll Mission
麦克杜格尔　McDougal
麦克雷雷学院　Makerere College
曼恩亚,埃拉斯托　Erasto Mang'enya
曼加拉舞　the Mangala
曼利,迈克尔　Michael Manley
曼利,诺曼·华盛顿　Norman Washington Manly
曼勒,诺曼　Norman Manley
梅鲁山　Mount Meru
蒙博托　Mobutu
蒙德拉纳,爱德华多　Eduardo Mondlane
摩加迪沙　Mogadishu
莫罗戈罗农业学院　Morogoro Agricultural College
莫罗戈罗师范学院　Morogoro Teachers' College
莫希　Moshi
姆巴莱　Mbale
姆汗比利医院　Muhimbili Hospital
姆普瓦普瓦　Mpwapwa
姆塔瓦公司　Mtava
姆特瓦拉　Mtwara
姆特瓦拉港　Mtwara port

姆托—瓦—姆布　Mto-wa-Mbu
姆瓦杜伊　Mwadui
姆瓦利姆　Mwalimu
姆瓦兰奇发展公司　Mwananchi Development Corporation
姆旺萨苏,贝斯马克　Bismark Mwansasu
姆旺萨苏,安娜　Anna Mwansasu
姆万扎(地区)　Mwanza
姆温茵瓦,埃丝特　Esther Mwinyimvua
姆文纳麻风病医院　Mwena Leprosarium
姆翁戈祖　Mwongozo
穆加贝,罗伯特　Robert Mugabe
穆隆古希　Mulungushi
穆索马　Musoma
穆瓦康格尔　Mwakangale
穆佐雷瓦主教　Muzorewa Bishop

## N

纳钦圭阿　Nachingwea
纳塔尔　Natal
纳扬午姆米舞　Nyang umumi,
南罗得西亚　Southern Rhodesia
南部非洲发展协调会议　Southern African Development Coordination Conference(SADCC)
南部非洲发展共同体　Southern African Development Community (SADC)
内罗毕大学学院(皇家学院)　Nairobi University College(Royal College)
尼雷尔,布里特　Burite Nyerere
尼雷尔,朱利叶斯　Julius Nyerere
尼迈里　Nimeiry

尼亚库萨人　Wanyakyusa
尼亚姆维奇人　Mnyamwezi
尼亚萨湖盐矿　Nyanza Salt Mines
尼亚萨兰　Nyasaland
尼瑟尔,诺埃尔　Noel N. Nethersole
内图,奥古斯蒂诺　Augustino Neto
努乔马,恩杜古·萨姆　Ndugu Sam Nujoma

## O

欧文　Owen
欧内斯特,瓦齐　Vasey Ernest
奥斯曼　Osman

## P

帕德莫尔,乔治　George Padmore
帕尔梅,奥洛夫　Olof Palme
帕莱　Pare
《皮尔斯委员会报告》　Pearce Commission
《旁观者》　Spectator
皮尔森,莱斯特　Lester Pearson
俾格米人　Pygmie
普拉特,克兰福德　R. Cranford Pratt

## Q

乞力马扎罗本土合作联盟　Kilimanjaro Native Cooperative Union (KNCU)
乞力马扎罗啤酒厂　Kilimanjaro Brewery
乞力马扎罗山　Mount Kilimanjaro
前线国家　the Front Line States
乔治,亨利　Henry George
乔纳森,莱布阿　Leabua Jonathan
琼布　Jumbe
全非人民大会　All African People's Congress

## R

茹高耶,约翰逊　Johnson Rugoye
瑞典社会民主党　Swedish Social Democratic Party

## S

萨巴萨巴节　Saba Saba Day
萨法里　Safari
萨拉扎　Salazar
桑给巴尔　Zanzibar
尚翁贝教师学院　Chang'ombe Teachers' College
神殿水库　Nyumba ya Mungu Dam
圣弗朗西斯学院　St Francis College
圣玛丽学校　St Mary's School
圣西门　Saint-Simon
史密斯,伊恩　Ian Smith
史密斯麦肯齐有限责任公司　Smith Mackenzie & Co. Ltd.
世界大学服务组织　World University Service
施乌基,伊萨　Issa Shivji
斯内斯,乔克　Jock Snaith
斯德哥尔摩　Stockholm
斯坦利维尔　Stanleyville
斯瓦希里　Swahili
斯瓦伊,诺西洛　Nsilo Swai
松巴万加　Sumbawanga
松盖阿　Songea
《社会党报》　Socialist Party Newspaper

苏丹社会主义联盟　Sudanese Socialist Union
苏库马地区　Sukumaland
苏库马人　Msukuma
苏伊士运河　Suez Canal
索尔兹伯里　Salisbury
索罗蒂飞行员培训学校　Soroti Pilot Training School
索兹格瓦,恩杜古·保罗　Ndugu Paul Sozigwa
所罗门·马兰古学院　Solomon Mahlangu College

## T

塔波拉　Tabora
坦博,恩杜古·奥利弗　Ndugu Oliver Tambo
坦噶　Tanga
坦噶尼喀　Tanganyika
坦噶尼喀包装公司　Tanganyika Packers
坦噶尼喀波特兰水泥厂　Tanganyika Portland Cement
坦噶尼喀发展公司　Tanganyika Development Corporation
坦噶尼喀非洲民族联盟　Tanzania African National Union (TANU)
坦噶尼喀非洲民族联盟青年团　TANU Youth League
坦噶尼喀非洲人协会　Tanganyika African Association (TAA)
坦噶尼喀国际贸易与信用公司　International Trading & Credit Co. of Tanganyika
坦噶尼喀合作供应联合有限公司　Co-operative Supply Association of Tanganyika Ltd.
坦噶尼喀金属盒厂　Tanganyika Metal Box
坦噶尼喀劳动者联盟　Tanganyika Federation of Labour (TFL)
坦噶尼喀农业合作社　Cooperative Supply Association of Tanzania (COSATA)
坦噶尼喀提炼公司　Tanganyika Extract Company
坦噶尼喀全国总工会　National Union of Tanganyika Workers
坦盟之声　Voice of Tanu
《坦桑尼亚日报》　Daily News
坦桑尼亚联合共和国　United Republic of Tanzania
坦桑尼亚面粉厂　Tanzania Millers
坦桑尼亚啤酒厂　Tanzania Brewery
坦桑尼亚银行　Bank of Tanzania
坦赞铁路　Tanzania—Zambia Railway (TAZARA)
唐纳德,卡梅伦　Cameron Donald
汤姆普森,杜德利　Dudley Thompson
特恩布尔,理查德　Richard Turnbull
特立尼达人　Trinidadian
特鲁多总理　Prime Minister Trudeau
托利,贝蒂　Betty Tully
统一坦噶尼喀党　United Tanganyika Party
屯特海外贸易有限公司　Twentsche Overseas Trading Co. Ltd.

## W

瓦哈人　Waha
瓦扎纳基部落　the Wazanaki
《外交事务》　Foreign Affaris
万亚克于撒　Wanyakyusa
威尔逊　Wilson
威格尔斯沃思（非洲）有限公司　Wiggleworth & Co. (Africa) Ltd.
威廉姆斯,西尔维斯特　H. Sylvester Williams
威廉姆森钻石矿　Williamson's Diamond Mines
威斯敏斯特模式　Westminster Model
维尔茨堡　Wuerzburg
维沃尔德,亨德里克　Hendrik Verwoerd
乌邦戈　Ubungo
乌干达人民大会党　Uganda People's Congress (UPC)
乌呼鲁　Uhuru
乌贾马村　Ujamaa villages
乌普萨拉　Uppsala
乌扎那奇　Uzanaki

## X

西湖　West Lake
西蒙斯顿基地　Simonstown Base
西蒙斯顿协议　Simonstown Agreements
西南非洲人民组织　South West African People's Organization (SWAPO)
西索尔,雷夫　Rev Sithole
西托莱,恩达班宁基　Ndabaningi Sithole
希尼安加　Shinyanga
希斯　Heath
象牙海岸　Ivory Coast
《星期日新闻》　Sunday News

## Y

牙买加人民民族党　Jamaican People's National Party (PNP)
伊巴丹大学　Ibadan University
伊博人　Ibo People
伊利伍夫,所罗门　Solomon Eliufoo
伊林加区　Iringa Region
英联邦　Commonwealth
英联邦皇家社会杂志　the Royal Commonwealth Society Journal
英特拉塔　Intrata
友谊纺织厂　Friendship Textile Mill
约翰逊,华莱士　Wallace Johnson

## Z

泽泽琴　the Zeze
钻禧礼堂　the Diamond Jubilee Hall
中非联邦　Central Africa Federation
中央立法议会　Central Legislative Assembly

图书在版编目(CIP)数据

尼雷尔文选.第4卷,自由与解放:1974～1999/(坦桑)尼雷尔著;谷吉梅等译.—上海:华东师范大学出版社,2015.5
ISBN 978-7-5675-3539-8

Ⅰ.①尼… Ⅱ.①尼…②谷… Ⅲ.①尼雷尔(1922～1999)-文集②政治学-文集 Ⅳ.①D0-53

中国版本图书馆 CIP 数据核字(2015)第 099989 号

尼雷尔文选 第四卷(1974～1999)

## 自由与解放

著　者　[坦桑]朱利叶斯·尼雷尔
译　者　谷吉梅　廖雷朝　徐红新　苏章海
译　校　沐　涛
策划组稿　王　焰
项目编辑　王国红
审读编辑　吴飞燕
责任校对　梁宁莹
装帧设计　高　山

出版发行　华东师范大学出版社
社　　址　上海市中山北路 3663 号 邮编 200062
网　　址　www.ecnupress.com.cn
电　　话　021-60821666 行政传真 021-62572105
客服电话　021-62865537 门市(邮购)电话 021-62869887
地　　址　上海市中山北路 3663 号华东师范大学校内先锋路口
网　　店　http://hdsdcbs.tmall.com

印刷者　上海中华商务(联合)印刷有限公司
开　　本　787×1092 16 开
印　　张　20.5
插　　页　4
字　　数　309 千字
版　　次　2015 年 8 月第一版
印　　次　2015 年 8 月第一次
书　　号　ISBN 978-7-5675-3539-8/K·435
定　　价　82.00 元

出 版 人　王　焰

(如发现本版图书有印订质量问题,请寄回本社客服中心调换或电话 021-62865537 联系)